Die Zulässigkeit von Beschränkungen der Arbeitnehmerfreizügigkeit durch Wettbewerbsverbote und Verschwiegenheitspflichten

Europäische Hochschulschriften

European University Studies

Publications Universitaires Européennes

Reihe II	**Rechtswissenschaft**
Series II	Law
Série II	Droit

Band/Volume **5888**

Roman Parafianowicz

Die Zulässigkeit von Beschränkungen der Arbeitnehmerfreizügigkeit durch Wettbewerbsverbote und Verschwiegenheitspflichten

PL ACADEMIC RESEARCH

Bibliografische Information der Deutschen Nationalbibliothek
Die Deutsche Nationalbibliothek verzeichnet diese Publikation in der Deutschen Nationalbibliografie; detaillierte bibliografische Daten sind im Internet über http://dnb.d-nb.de abrufbar.

Zugl.:Frankfurt (Oder), Europa-Univ., Diss., 2016

Berichterstatter:
Prof. Dr. Eva Kocher (Erstberichterstatterin)
Prof. Dr. Carsten Nowak (Zweitberichterstatter)

D 521
ISSN 0531-7312
ISBN 978-3-631-67583-0 (Print)
E-ISBN 978-3-653-07144-3 (E-PDF)
E-ISBN 978-3-631-69957-7 (EPUB)
E-ISBN 978-3-631-69958-4 (MOBI)
DOI 10.3726/978-3-653-07144-3

PL Academic Research ist ein Imprint der Peter Lang GmbH.
Peter Lang – Frankfurt am Main · Bern · Bruxelles · New York · Oxford · Warszawa · Wien

Diese Publikation wurde begutachtet.

www.peterlang.com

Vorwort

Diese Arbeit wurde im Juli 2015 von der Juristischen Fakultät der Europa-Universität Viadrina Frankfurt (Oder) als Dissertation angenommen. Im April 2016 fand die Disputation statt.

Die in der Arbeit behandelte Richtlinie des Europäischen Parlaments und des Rates über den Schutz vertraulichen Know-Hows und vertraulicher Geschäftsinformationen (Geschäftsgeheimnisse) vor rechtswidrigem Erwerb sowie rechtswidriger Nutzung lag zum Zeitpunkt der Annahme dieser Arbeit als Dissertation als Vorschlag vor, der damit Gegenstand der Arbeit ist. Unmittelbar im Anschluss an die Disputation ist die Richtlinie in Kraft getreten, woraufhin die Arbeit im Nachgang der Disputation im Hinblick auf den Verlauf des Gesetzgebungsverfahrens aktualisiert wurde.

Ich danke herzlich meiner Promotionsbetreuuerin Frau Prof. Dr. Eva Kocher für die Anregung zu diesem Thema, die stets hervorragende Betreuung und die wertvollen Ratschläge, die zum Gelingen der Arbeit beigetragen haben. Insbesondere die von ihr organisierten regelmäßigen Doktorandenkolloquien waren für mich eine große Hilfe. Dies gilt nicht nur für die fachlichen Diskussionen, sondern auch in psychologischer Hinsicht, da der Kontakt mit „Leidensgenossen“ stets auch eine motivierende Wirkung hatte.

Ein besonderer Dank gilt meinen Eltern, ohne die ein Studium und dieses Promotionsvorhaben niemals möglich gewesen wären. Sie, sämtliche weiteren Familienmitglieder, meine Freunde und Arbeitskollegen haben mir durchweg die Daumen gedrückt, mir Mut zugesprochen und mich dadurch zum Abschluss des Promotionsvorhabens angespornt, wofür ich sehr dankbar bin.

Der größte Dank gilt meiner Frau Odile, die mir bei diesem Promotionsvorhaben mit großer Ausdauer und viel Geduld zur Seite gestanden und mir jederzeit den Rücken frei gehalten hat. Sie musste viele Entbehrungen in Kauf nehmen, wenn diese Arbeit mal wieder Vorrang vor familiären Unternehmungen hatte. Dennoch hat sie mir immer ein offenes Ohr geschenkt, mich unterstützt und aufgebaut, vor allem in Zeiten, in denen ich an mir und dem Gelingen der Arbeit gezweifelt habe. Ich kann mich sehr glücklich schätzen, so eine tolle Frau an meiner Seite zu haben, der ich diese Arbeit hiermit widme!

Inhaltsübersicht

Inhaltsverzeichnis

Abkürzungsverzeichnis

a.a.O.	am angegebenen Ort
ABl.	Amtsblatt
Abs.	Absatz
AEUV	Vertrag über die Arbeitsweise der Europäischen Union
AFG	Arbeitsförderungsgesetz
AGB	Allgemeine Geschäftsbedingungen
allg.	allgemein/en
Alt.	Alternative
AP	Arbeitsrechtliche Praxis (Zeitschrift)
ArbG	Arbeitsgericht
ArbGG	Arbeitsgerichtsgesetz
ArbNErfG	Arbeitnehmererfindungsgesetz
ArbRAktuell	Arbeitsrecht Aktuell (Zeitschrift)
ArbRB	Arbeits-Rechts-Berater (Zeitschrift)
ArbVG	Arbeitsvertragsgesetz
ARegV	Verordnung über die Anreizregulierung der Energieversorgungsnetze
Art.	Artikel
AuR	Arbeit und Recht (Zeitschrift)
AZWV	Anerkennungs- und Zulassungsverordnung Weiterbildung
BAG	Bundesarbeitsgericht
BAG	Bundesarbeitsgericht
BB	Betriebs-Berater (Zeitschrift)
BB	Betriebs-Berater (Zeitschrift)
Bd.	Band
BDSG	Bundesdatenschutzgesetz
BetrVG	Betriebsverfassungsgesetz
BGB	Bürgerliches Gesetzbuch
BGBl.	Bundesgesetzblatt
BGH	Bundesgerichtshof
BImSchG	Bundesimmissionsschutzgesetz
BIP	Bruttoinlandsprodukt
BPersVG	Bundespersonalvertretungsgesetz
BT	Bundestag
BVerfG	Bundesverfassungsgericht
bzgl.	Bezüglich
bzw.	Beziehungsweise
CCZ	Corporate Compliance Zeitschrift (Zeitschrift)
ChemG	Gesetz zum Schutz vor gefährlichen Stoffen (Chemikaliengesetz)

d.h.	das heißt
DesignG	Designgesetz
DM	Deutsche Mark
Drucks.	Drucksache
e.V.	eingetragener Verein
EG	Europäische Gemeinschaft
EL	Ergänzungslieferung
EL	Ergänzungslieferung
EMRK	Europäische Menschenrechtskonvention
ErfK	Erfurter Kommentar zum Arbeitsrecht
etc.	et cetera
EU	Europäische Union
EUGH	Europäischer Gerichtshof
EU-GRCh	Charta der Grundrechte der europäischen Union
EuR	Zeitschrift Europarecht (Zeitschrift)
EUR	Euro
EUV	Vertrag über die europäische Union
EuZW	Europäische Zeitschrift für Wirtschaftsrecht (Zeitschrift)
EWG	Europäische Wirtschaftsgemeinschaft
EWR	Europäischer Wirtschaftsraum
F&E	Forschung und Entwicklung
F&E	Forschung und Entwicklungen
f.	Folgende
GebrMG	Gebrauchsmustergesetz
GeschmG	Geschmacksmustergesetz
GewO	Gewerbeordnung
GG	Grundgesetz
ggf.	Gegebenenfalls
GmbH	Gesellschaft mit beschränkter Haftung
GPR	Zeitschrift für Gemeinschaftsprivatrecht (Zeitschrift)
GRC	Grundrechtecharta
GR-Charta	Grundrechtecharta
GRUR	Gewerblicher Rechtsschutz und Urheberrecht (Zeitschrift)
GVG	Gerichtsverfassungsgesetz
h. M.	herrschende Meinung
HGB	Handelsgesetzbuch
i.d.R.	in der Regel
i.S.d.	im Sinne des
i.V.m.	in Verbindung mit
i.V.m.	in Verbindung mit
ITC	Innovative Technologie Center GmbH
JA	Juristische Arbeitsblätter (Zeitschrift)
KMUs	Kleine und mittelständische Unternehmen
LAG	Landesarbeitsgericht

m.w.N.	mit weiteren Nachweisen
MünchKommBGB	Münchener Kommentar zum Bürgerlichen Gesetzbuch
MünchKommHGB	Münchener Kommentar zum Handelsgesetzbuch
NJW	Neue Juristische Wochenschrift (Zeitschrift)
Nr.	Nummer
NVwZ	Neue Zeitschrift für Verwaltungsrecht (Zeitschrift)
NZA	Neue Zeitschrift für Arbeitsrecht (Zeitschrift)
NZA-RR	Neue Zeitschrift für Arbeitsrecht Rechtsprechungsreport (Zeitschrift)
o. g.	oben genannt/e
o.Ä.	oder Ähnliches
PatG	Patentgesetz
RdA	Recht der Arbeit (Zeitschrift)
Rn.	Randnummer
Rs.	Rechtssache
S.	Satz
sog.	sogenannt/e
StGB	Strafgesetzbuch
TRIPS	Trade-Related Aspects of Intellectual Property Rights
u. a.	unter anderem
UrhG	Urhebergesetz
UWG	Gesetz gegen den unlauteren Wettbewerb
v.	Vom
vgl.	Vergleiche
VO	Verordnung
VwVfG	Verwaltungsverfahrensgesetz
WRP	Wettbewerb in Recht und Praxis (Zeitschrift)
WTO	World Trade Organization

1. Teil: Einleitung

A. Problemaufriss/Ziel der Untersuchung

Im Rahmen eines Arbeitsverhältnisses erlangen Arbeitnehmer während ihrer arbeitsvertraglich geschuldeten Tätigkeit vielfach Kenntnisse über sensible kaufmännische Daten des Arbeitgebers, Kenntnisse über beim Arbeitgeber entwickelte und angewandte Fertigungsverfahren, Produktionsprozesse o. Ä. Für den Fall, dass ein Arbeitnehmer beabsichtigt, noch während des laufenden Arbeitsverhältnisses eine Zweitbeschäftigung oder nach Beendigung des Arbeitsverhältnisses eine Anschlussbeschäftigung bei einem anderen Unternehmen aufzunehmen, entsteht beim (ehemaligen) Arbeitgeber die Sorge, dass diese Kenntnisse gemeinsam mit der Arbeitskraft des Arbeitnehmers an ein Konkurrenzunternehmen gelangen und diesem dahingehend einen Wettbewerbsvorteil verschaffen, als diese Kenntnisse durch den Arbeitnehmer bzw. das Konkurrenzunternehmen verwertet, kopiert oder anderweitig verwendet werden.

In der deutschen Rechtsordnung sind Wettbewerbsverbote sowie Verschwiegenheitspflichten sowohl während des laufenden als auch nach Beendigung des Arbeitsverhältnisses anerkannt, welche dieser Sorge des Arbeitgebers begegnen und einerseits schon die Aufnahme einer Tätigkeit des Arbeitnehmers bei einem Konkurrenzunternehmen verhindern (Wettbewerbsverbot) oder aber diese nur unter Wahrung der Verschwiegenheit zulassen.

Dies wirft die Frage auf, wie sich diese arbeitgeberseitigen Schutzinstrumente zu der in Artikel 45 AEUV geregelten Grundfreiheit der Arbeitnehmerfreizügigkeit, die in Deutschland seit dem 1.1.2011 uneingeschränkt gilt, verhalten. Diese sieht nämlich vor, dass sich jeder Unionsbürger zur Aufnahme einer Tätigkeit in jeden Mitgliedstaat der EU begeben darf. Neben einem umfassenden Diskriminierungsverbot gewährleistet die Arbeitnehmerfreizügigkeit ein mittlerweile anerkanntes Verbot unverhältnismäßiger Beschränkungen. Danach ist jede Vorschrift untersagt, die einen Arbeitnehmer, der Staatsangehöriger eines Mitgliedstaats ist, daran hindert oder davon abhält, sein Herkunftsland zu verlassen, um von seinem Recht auf Freizügigkeit Gebrauch zu machen, auch wenn sie unabhängig von der Staatsangehörigkeit des Arbeitnehmers angewandt wird.

In Deutschland existiert zur Zulässigkeit von Wettbewerbsverboten bzw. Verschwiegenheitspflichten eine umfangreiche Judikatur, welche die Zulässigkeit von Wettbewerbsverboten bzw. Verschwiegenheitspflichten im Lichte der grundrechtlich in Artikel 12 Abs. 1 GG verbürgten Berufsfreiheit betrifft. Gerade weil Wettbewerbsverbote vielfach aufgrund des grenzüberschreitenden Tätigkeitsbereichs von international agierenden Unternehmen auch räumlich EU-weit Geltung entfalten, verwundert es sehr, dass der EuGH bislang noch nicht zur europarechtlichen Zulässigkeit von Wettbewerbsverboten bzw. Verschwiegenheitspflichten Stellung nehmen musste. Lediglich vereinzelt wurde diese Frage in der juristischen Fachliteratur aufgeworfen.

Diese Arbeit hat daher als Ziel, die Frage zu untersuchen, ob die in Deutschland anerkannten Wettbewerbsverbote und Verschwiegenheitspflichten in das durch die Grundfreiheit der Arbeitnehmerfreizügigkeit gewährleistete Beschränkungsverbot eingreifen und ob und – falls dies der Fall ist – unter welchen Voraussetzungen ein entsprechender Eingriff gerechtfertigt ist. Des Weiteren wird untersucht, inwieweit die deutsche Rechtslage mit den europarechtlichen Vorgaben zu vereinbaren ist.

B. Gang der Untersuchung

Die Untersuchung beginnt im zweiten Teil mit der Darstellung des konkreten Gewährleistungsinhalts des Beschränkungsverbots. Sodann werden die Rechtsgrundlagen sowie der nach der deutschen Rechtslage zulässige Inhalt von Wettbewerbsverboten und Verschwiegenheitspflichten erläutert und das Vorliegen einer Beschränkung geprüft.

Im dritten Kapitel wird zunächst der Prüfungsmaßstab bzgl. der Rechtfertigung eines Eingriffs in das Beschränkungsverbot dargestellt und anschließend untersucht, ob die Beschränkung gerechtfertigt ist.

Das vierte und letzte Kapitel fasst die Ergebnisse zusammen und schließt sodann mit einem Ausblick auf die ggf. aufgrund europarechtlicher Vorgaben erforderlich werdenden Modifikationen im deutschen Recht.

2. Teil: Vorliegen einer Beschränkung der Arbeitnehmerfreizügigkeit

Fraglich ist, ob Wettbewerbsverbote bzw. Verschwiegenheitspflichten die in Artikel 45 AEUV geregelte Arbeitnehmerfreizügigkeit beschränken.

A. Inhalt und Umfang des Beschränkungsverbots aus Artikel 45 AEUV

Gemäß Artikel 45 Abs. 1 AEUV ist die Freizügigkeit des Arbeitnehmers gewährleistet.

I. Inhalt des Beschränkungsverbots

Die Arbeitnehmerfreizügigkeit gewährt das Recht, sich um tatsächlich angebotene unselbständige Erwerbstätigkeiten zu bewerben (Artikel 45 Abs. 3 a) AEUV), diese aufzunehmen und auszuüben (Artikel 45 Abs. 3 c) AEUV) – wobei es dem Arbeitnehmer diesbezüglich freisteht, ob er im Zielstaat einen Wohnsitz nimmt oder ob er in seinem Herkunftsstaat verbleibt (Artikel 45 Abs. 3 b) AEUV) – sowie das Recht, nach Beendigung der Beschäftigung im Hoheitsgebiet seines Beschäftigungsstaates unter von der Kommission festgelegten Bedingungen zu verbleiben (Artikel 45 Abs. 3 d) AEUV).

Nach dem Wortlaut in Artikel 45 Abs. 2 AEUV umfasst die Arbeitnehmerfreizügigkeit vorrangig die Abschaffung jeder auf der Staatsangehörigkeit beruhenden unterschiedlichen Behandlung des Arbeitnehmers in den Mitgliedstaaten in Bezug auf Beschäftigung, Entlohnung und sonstige Arbeitsbedingungen.

Wettbewerbsverbote bzw. Verschwiegenheitspflichten verletzen dieses in Artikel 45 Abs. 2 AEUV geregelte Diskriminierungsverbot nicht, da die Pflicht zur Wettbewerbsenthaltung bzw. Verschwiegenheit seitens des Arbeitgebers regelmäßig unabhängig von der Staatsangehörigkeit des Arbeitnehmers auferlegt wird, sodass keine unmittelbare Diskriminierung vorliegt. Zudem ist auch keine mittelbare Diskriminierung aufgrund der Staatsangehörigkeit ersichtlich, da Wettbewerbsverbote bzw. Verschwiegenheitspflichten nicht so ausgestaltet sind, dass sie trotz herkunftsunabhängiger Geltung im Wesentlichen oder ganz überwiegend einen Arbeitnehmer aus einem anderen Mitgliedstaaten betreffen oder einen Inländer faktisch gegenüber einem EU-Ausländer besser stellen.[1]

1 Koenig/Steiner, NJW 2002, 3583 (3584) zu nachvertraglichen Wettbewerbsverboten, wobei diese Ausführungen auf Wettbewerbsverbote während des laufenden Arbeitsverhältnisses sowie auf Verschwiegenheitspflichten übertragbar sind.

Neben dem ausdrücklich in Artikel Abs. 2 AEUV geregelten Diskriminierungsverbot hat der EuGH in ständiger Rechtsprechung über den Wortlaut des Artikel 45 Abs. 2 AEUV hinaus ein Beschränkungsverbot entwickelt[2], das auch unterschiedslos geltende, auf alle Unionsbürger anwendbare Rechtsvorschriften oder andere Maßnahmen als unvereinbar mit der Arbeitnehmerfreizügigkeit erachtet, wenn diese die Unionsbürger davon abhalten, von ihrem Recht auf Freizügigkeit und somit dem grenzüberschreitenden Arbeitsmarktzugang Gebrauch zu machen.[3] Begründet wird dies damit, dass die Freizügigkeit des Arbeitnehmers einen der fundamentalsten Grundsätze der EU darstellt und sämtliche Bestimmungen über die Freizügigkeit dem Arbeitnehmer die Ausübung jeder Art von Berufstätigkeit im Gebiet der Union erleichtern sollen.[4] In diesem Zusammenhang sollen die EU-Bürger das unmittelbar aus dem AEUV abgeleitete Recht, ihr Herkunftsland zu verlassen, um sich zur Ausübung einer wirtschaftlichen Tätigkeit in das Gebiet eines anderen Mitgliedstaates zu begeben und sich dort aufzuhalten, uneingeschränkt wahrnehmen dürfen.[5]

Dieses heute allgemein anerkannte[6] sog. Beschränkungsverbot des Artikel 45 Abs. 2 AEUV unterwirft nationale Vorschriften bzw. Maßnahmen, bei denen nur die Möglichkeit besteht, dass sie die Wahrnehmung dieses Freizügigkeitsrechts im Zusammenhang mit der Aufnahme einer Beschäftigung in einem anderen Mitgliedstaat für einen Unionsbürger weniger attraktiv machen könnten, einer unionsrechtlichen Kontrolle.[7] Dabei genügt es grundsätzlich, wenn diese Maßnahme geeignet ist, die Ausübung des Freizügigkeitsrechts zu behindern oder weniger attraktiv zu machen.[8]

II. Tatbestandliche Begrenzung des Beschränkungsverbots – Abgrenzungskriterium des (Arbeits-) Marktzugangs

Aufgrund des Zwecks der grundfreiheitlich gewährleisteten Arbeitnehmerfreizügigkeit ist eine tatbestandliche Begrenzung des Beschränkungsverbots zu befürworten. Die Grundfreiheit der Arbeitnehmerfreizügigkeit gewährleistet nämlich zunächst

---

2 Siehe die übersichtliche Darstellung der Rechtsprechungsentwicklung bei Haratsch/Koenig/Pechstein, Europarecht, 9. Auflage 2014, Rn. 926.

3 U. a. EuGH v. 15.12.1995 – C-415/93 (*Rs. Bosman*) = NJW 1996, 505 (510), EuGH v. 26.1.1999 – C-18/95 (*Rs. Terhoeven*) = BeckRS 2004, 74729 (Rn. 39), EuGH v. 27.1.2000 – C-190/98 (*Rs. Graf*) = AP EG Art. 39 Nr. 2 (Rn. 23), EuGH v. 16.3.2010 – C-325/08 (*Rs. Olympique Lyonnais*) = NJW 2010, 1733 (1734/1735).

4 U. a. EuGH v. 15.12.1995 – C-415/93 (*Rs. Bosman*), a. a. O. (S. 509/510).

5 U. a. EuGH v. 26.1.1999 – C-18/95 (*Rs. Terhoeven*), a. a. O. (Rn. 38) m. w. N.

6 Siehe nur die zusammenfassende Darstellung der Literaturauffassungen bei Calliess/Ruffert/*Brechmann*, EUV/AEUV, 4. Auflage 2011, Rn. 50 zu Art. 45 AEUV m. w. N.

7 U. a. EuGH v. 31.3.1993 – C-19/92 (*Rs. Kraus*) = BeckEuRS 1993, 198091 (Rn. 32).

8 EuGH v. 12.9.2002 – C-431/01 (*Rs. Mertens*) = BeckRS 2004, 77219 (Rn. 37), Haratsch/Koenig/Pechstein, a. a. O., Rn. 926, Schulze/Zuleeg/Kadelbach/*Pache*, 3. Auflage 2015, S. 414, siehe auch Thomas, NVwZ 2009, 1202 (1207), der von abstrakter Geeignetheit der Beeinträchtigungswirkung der Maßnahmen/Vorschriften spricht.

lediglich die Liberalisierung der grenzüberschreitenden Standortwahl und somit die Integration der EU-Bürger in den mitgliedstaatlichen Arbeitsmärkten.[9]

Bezweckt ist damit aber nicht, sämtliche mitgliedstaatliche Vorschriften und Regelungen, die naturgemäß von Mitgliedstaat zu Mitgliedstaat variieren, unter einen unionsrechtlichen Rechtfertigungszwang mit der Begründung zu stellen, diese Unterschiedlichkeit behindere die Ausübung der Arbeitnehmerfreizügigkeit bzw. mache diese für die Arbeitnehmer weniger attraktiv.[10]

Daher bedarf es einer Abgrenzung derjenigen, die Verwirklichung der Arbeitnehmerfreizügigkeit beeinträchtigenden Maßnahmen von sonstigen, nicht beeinträchtigenden Maßnahmen. In einer Vielzahl von Ansätzen[11] zur Begrenzung des Beschränkungsverbots hat sich das Kriterium des Marktzugangs in der Rechtsprechung des EuGH etabliert und auch in der überwiegenden juristischen Fachliteratur zu Recht Zustimmung erhalten.

Hiernach unterfallen lediglich solche Regelungen bzw. Maßnahmen dem Beschränkungsverbot, die den Arbeitnehmern spezifisch den Zugang zum Arbeitsmarkt der jeweiligen Mitgliedstaaten verwehren.[12] Entscheidend ist folglich, ob die fragliche Regelung bzw. Maßnahme einen Zusammenhang zur grenzüberschreitenden Aufnahme und Ausübung der unselbständigen Erwerbstätigkeit, also dem Zugang zur Beschäftigung, aufweist.[13] Regelungen, die nur irgendwie Auswirkungen auf die Entscheidung des Arbeitnehmers haben, Zugang zu dem Markt eines Mitgliedstaates zu suchen, sind hiervon abzugrenzen.[14]

Diese Formulierungen erinnern teilweise an die zur Warenverkehrsfreiheit entwickelte sog. Keck-Rechtsprechung des EuGH, wobei der EuGH diese bislang nicht dogmatisch auf die Arbeitnehmerfreizügigkeit übertragen hat, deren Grundgedanke jedoch berücksichtigt wird.[15]

---

9 Streinz/*Franzen*, EUV/AEUV, 2. Aufl. 2012, Rn. 88 zu Art. 45 AEUV.

10 Grabitz/Hilf/Nettesheim/*Forsthoff*, Das Recht der europäischen Union, Bd. I EUV/AEUV, 55. EL, 2015, Rn. 193 zu Art. 45 AEUV unter Verweis auf ein Zitat des Generalanwalts Mischo in seinem Schlussantrag vom 7.7.1998 in der Rs. EuGH, C-255/97 (*Pfeiffer*), nachgewiesen bei Juris, Rn. 58, die Reichweite des Beschränkungsverbots im Rahmen der Niederlassungsfreiheit betreffend; Schwarze/*Schneider/Wunderlich*, EU-Kommentar, 3. Auflage 2012, Rn. 45 zu Art. 45 AEUV.

11 Siehe hierzu nur die zusammenfassende Darstellung bei Thomas, NVwZ 2009, 1202 f.

12 EuGH v. 15.12.1995 – C-415/93 (*Rs. Bosman*), a. a. O. (Seite 510), EuGH v. 9.9.2003 – C-285/01 (*Rs. Burbaud*) = BeckRS 2004, 75990 (Rn. 101), Haratsch/Koenig/Pechstein, a. a. O., Rn. 932, Grabitz/Hilf/Nettesheim/*Forsthoff*, a. a. O., Rn. 220–227 zu Art. 45 AEUV, Calliess/Ruffert/*Brechmann*, a. a. O., Rn. 51 zu Art. 45 AEUV m. w. N.

13 Ehlers/*Becker*, Europäische Grundrechte und Grundfreiheiten, 4. Auflage 2014, Rn. 43 zu § 9.

14 Grabitz/Hilf/Nettesheim/*Forsthoff*, a. a. O., Rn. 227 zu Art. 45 AEUV.

15 Vedder/Heintschel von Heinegg/*Epiney*, Europäisches Unionsrecht, 1. Auflage 2012, Rn. 18 zu Art. 45 AEUV, beschränkend auf zugangsbeschränkende Maßnahmen des Zielstaates Haratsch/Koenig/Pechstein, a. a. O., Rn. 932.

B. Beschränkung der Arbeitnehmerfreizügigkeit durch das während des laufenden Arbeitsverhältnisses geltende Wettbewerbsverbot

Unter Zugrundelegung vorstehender Maßgaben könnten Wettbewerbsverbote eine Beschränkung i. S. d. Artikel 45 Abs. 2 AEUV darstellen.

Im deutschen Rechtssystem existieren Regelungen zu Wettbewerbsverboten während des laufenden und nach Beendigung des Arbeitsverhältnisses.

I. Rechtsgrundlage des während des laufenden Arbeitsverhältnisses geltenden Wettbewerbsverbots

Fraglich ist zunächst, welche Regelung bzw. Maßnahme Gegenstand der Prüfung einer Beschränkung ist, d.h. auf welcher Rechtsgrundlage der Arbeitnehmer verpflichtet ist, dem Arbeitgeber während des laufenden Arbeitsverhältnisses keinen „Wettbewerb"[16] zu machen.

1. §§ 60, 61 HGB

Gesetzlich geregelt ist ein während des laufenden Arbeitsverhältnisses geltendes Wettbewerbsverbot in den §§ 60, 61 HGB.

a. Regelungsinhalt

Die Regelung des § 60 HGB wurde in ihrer heutigen Fassung mit dem Inkrafttreten des HGB vom 10. 5. 1897[17] zum 1. 1. 1900 als Nachfolgeregelung zu Artikel 59 Abs. 1 des Allgemeinen Deutschen Handelsgesetzbuches in der Fassung vom 5. 6. 1869[18], der ganz allgemein die Berechtigung des Handlungsgehilfen zur Vornahme von Handelsgeschäften ohne Einwilligung des Prinzipals untersagte, eingeführt.[19]

§ 60 Abs. 1 HGB untersagt es dem Handlungsgehilfen, ohne Einwilligung des Prinzipals weder ein Handelsgewerbe zu betreiben (§ 60 Abs. 1 Alt. 1 HGB), noch in dem Handelszweige des Prinzipals für eigene oder fremde Rechnung Geschäfte zu machen (§ 60 Abs. 1 Alt. 2 HGB).

Verstößt der Handlungsgehilfe gegen das Wettbewerbsverbot, ist der Prinzipal berechtigt, vom Handlungsgehilfen Unterlassung der wettbewerbswidrigen Tätigkeit zu verlangen.[20] Des Weiteren bestimmt § 61 Abs. 1 (1. Alt.) HGB, dass

---

16 Es sei zunächst nur abstrakt von „Wettbewerb" gesprochen. Welche konkreten Handlungen hiervon erfasst werden, wird sogleich noch erörtert.

17 (RGBl. S. 438).

18 (Bundes-Gesetzblatt des Norddeutschen Bundes S. 404).

19 Ebenroth/Boujong/Jost/Strohn/*Boecken*, HGB, 3. Auflage 2014, Rn. 1 zu § 60 HGB.

20 U. a. Oetker/*Kotzian-Marggraf*, Kommentar zum HGB, 3. Auflage 2013, Rn. 3 zu § 61, Baumbach/Hopt/*Roth*, HGB, 36. Auflage 2014, Rn. 2 zu § 60, Salomon/Fuhlrott, BB 2011, 1018 (1020).

der Prinzipal seinerseits berechtigt ist, den Handlungsgehilfen auf Schadensersatz in Anspruch zu nehmen, wenn durch den jeweiligen Verstoß gegen das Wettbewerbsverbot ein Schaden beim Prinzipal entstanden ist. Hauptanwendungsfall ist diesbezüglich der Ersatz des entgangenen Gewinns, wobei auch die Aufwendungen zur Schadensermittlung sowie zur Aufdeckung von Art und Umfang der Pflichtverletzung mitumfasst sind.[21]

b. Keine Analoge Anwendung der §§ 60, 61 HGB auf sonstige Arbeitnehmer

Die §§ 60, 61 HGB erfassen nach dem Gesetzeswortlaut aber nur Handlungsgehilfen und damit nur Personen, die in einem Handelsgewerbe zur Leistung kaufmännischer Dienste gegen Entgelt angestellt sind (§ 59 Abs. 1 HGB).[22]

Für sonstige Arbeitnehmer existiert demgegenüber keine ausdrückliche gesetzliche Regelung, die ein Wettbewerbsverbot während des laufenden Arbeitsverhältnisses anordnet.

Das in den §§ 60, 61 HGB geregelte Wettbewerbsverbot könnte in analoger Anwendung auch für Arbeitsverhältnisse gelten. Voraussetzung ist, dass die Rechtsordnung eine unbewusste, d. h. planwidrige Regelungslücke enthält und der zu beurteilende Sachverhalt mit einem vom Gesetzgeber geregelten Tatbestand im Hinblick auf die Interessenlage so vergleichbar ist, dass die Erstreckung der in der Norm vorgesehenen Rechtsfolge in Anbetracht des Regelungszwecks und -plans des Gesetzgebers geboten erscheint.[23]

aa. Keine planwidrige Regelungslücke

Fraglich ist, ob eine planwidrige Regelungslücke besteht.

aaa. Keine Regelungslücke

Richtig ist, dass – wie oben bereits aufgezeigt wurde – eine ausdrückliche Regelung eines Wettbewerbsverbots während des laufenden Arbeitsverhältnisses für sonstige Arbeitnehmer fehlt und sich der persönliche Anwendungsbereich der §§ 60, 61 HGB nur auf Handlungsgehilfen beschränkt.

(1) Existenz des § 241 Abs. 2 BGB

Allerdings existiert für sonstige Arbeitnehmer die Nebenpflicht im laufenden Arbeitsverhältnis zur Rücksichtnahme auf die Rechte, Rechtsgüter und Interessen des Arbeitgebers sowie, die Ziele und Zwecke des Arbeitgebers zu fördern und zu unterstützen (sog. Treuepflicht).[24]

---

21 Oetker/*Kotzian-Marggraf*, a. a. O., Rn. 4 zu § 61 m. w. N.

22 MünchKommHGB/*von Hoyningen-Huene*, HGB §§ 1 – 104 a, 3. Auflage 2010, Rn. 7 zu § 60.

23 U. a. Regenfus, JA 2009, 579 (580).

24 U. a. Schaub/*Vogelsang*, Arbeitsrechtshandbuch, 15. Auflage 2013, Rn. 1 zu § 54 Wettbewerbsverbote im bestehenden Arbeitsverhältnis.

Unter dem Oberbegriff dieser Treuepflicht des Arbeitnehmers ist eine Reihe von Nebenpflichten des Arbeitnehmers zusammengefasst, die inzwischen in § 241 Abs. 2 BGB als Rücksichtnahmepflicht statuiert sind.[25]

§ 241 Abs. 2 BGB wurde 2002 durch das Gesetz zur Modernisierung des Schuldrechts vom 26. November 2001[26] in das BGB aufgenommen und hat klargestellt, was zuvor schon etablierte Dogmatik war, dass nämlich das Schuldverhältnis den Schuldner zusätzlich zu (auf die Veränderung des status quo gerichteten) Leistungspflichten, aber auch unabhängig von solchen zur Rücksichtnahme auf die Rechtssphäre des Gläubigers verpflichten kann (Schutz- und Nebenpflichten).[27] § 241 Abs. 2 BGB verpflichtet den Arbeitnehmer insoweit zur Rücksichtnahme auf die Belange des Arbeitgebers[28], wobei unter diesen Belangen Rechtsgüter, Rechte und Interessen des Arbeitgebers zu verstehen sind.[29] Dieser Rücksichtnahmepflicht immanent sind u. a. Nebenpflichten wie Schutz-, Fürsorge- und Obhutspflichten, d. h. allgemein die Pflicht, sich so zu verhalten, dass u. a. das Eigentum, das Vermögen sowie sonstige Rechtsgüter des Arbeitgebers nicht verletzt werden, wodurch in erster Linie der Schutz der Rechtsgütersphäre des Arbeitgebers bezweckt wird.[30] Inhalt dieser Rücksichtnahmepflicht ist auch, dass ein Arbeitnehmer während des laufenden Arbeitsverhältnisses keine „Konkurrenztätigkeit“ ausüben darf, d. h. dass dem Arbeitnehmer, solange das Arbeitsverhältnis besteht, grundsätzlich jede „Konkurrenztätigkeit“ zum Nachteil des Arbeitgebers untersagt ist, auch wenn der Einzelarbeitsvertrag keine ausdrückliche Regelung enthält.[31]

(2) Zwischenergebnis

Vor diesem Hintergrund ist festzuhalten, dass ein während des laufenden Arbeitsverhältnisses geltendes Wettbewerbsverbot zwar nicht ausdrücklich vom Gesetzgeber geregelt wurde, dieses aber Inhalt der von § 241 Abs. 2 BGB erfassten Rücksichtnahmepflichten während des laufenden Arbeitsverhältnisses ist.

bbb. Keine Planwidrigkeit

Unterstellt, es existiere eine Regelungslücke, müsste diese zudem planwidrig sein.

---

25 U. a. Schaub/*Linck*, a. a. O., Rn. 2 zu § 53 Allgemeine Nebenpflichten des Arbeitnehmers.

26 (BGBl. I Seite 3138).

27 MünchKommBGB/*Bachmann*, 6. Auflage 2012, Rn. 2 zu § 241.

28 MünchKommBGB/*Bachmann*, a. a. O., Rn. 46 zu § 241 m. w. N.

29 Dornbusch/Fischmeier/*Löwisch*, Kommentar zum gesamten Arbeitsrecht, 7. Auflage 2015, Rn. 2 zu § 241 BGB.

30 Bamberger/Roth/*Sutschet*, BeckOK BGB, Stand 1.2.2015 Edition 34, Rn. 89 zu § 241 BGB m. w. N.

31 BAG, Beschluss v. 17.10.1969 – 3 AZR 442/68 = AP BGB § 611 Treuepflicht Nr. 7 (unter III. 3. a)), Urteil v. 26.9.2007 - 10 AZR 511/06 = NZA 2007, 1436 (1437).

(1) Tätigwerden des Gesetzgebers in Kenntnis der Rechtslage nur bei nachvertraglichen Wettbewerbsverboten

Dafür, dass der Gesetzgeber in Bezug auf ein während des laufenden Arbeitsverhältnisses geltendes Wettbewerbsverbot bewusst keine ausdrückliche Regelung – ggf. in Ansehung der sich aus § 241 Abs. 2 BGB ergebenden Rücksichtnahmepflichten – getroffen hat, spricht, dass der Gesetzgeber für den Zeitraum nach Beendigung des Arbeitsverhältnisses tätig geworden ist und insoweit die Möglichkeit, dem Arbeitnehmer für eine gewisse Dauer nach der Beendigung des Arbeitsverhältnisses ein Wettbewerbsverbot aufzuerlegen, gesetzlich geregelt hat.

Gemäß § 110 S. 1 GewO können Arbeitgeber und Arbeitnehmer die berufliche Tätigkeit des Arbeitnehmers für die Zeit nach Beendigung des Arbeitsverhältnisses durch Vereinbarung beschränken, wobei gemäß § 110 S. 2 GewO die §§ 74 bis 75 f HGB entsprechend anzuwenden sind.[32] Diese Regelung trat durch das Dritte Gesetz zur Änderung der GewO vom 24.8.2002 mit Wirkung ab dem 1.1.2003 in Kraft. Die Aufnahme der Regelung diente insoweit der Klarstellung und einem gesetzlichen Nachvollzug der höchstrichterlichen Rechtsprechung.[33] Hintergrund war, dass die §§ 74 f. HGB durch das BAG in ständiger Rechtsprechung auf alle sonstigen Arbeitnehmer entsprechend angewandt wurden, sodass die bis dahin in § 133 f GewO enthaltene Regelung über ein nachvertragliches Wettbewerbsverbot für technische Angestellte gegenstandslos geworden war[34].

(2) Nichtberücksichtigung von Gesetzesinitiativen

Auch anschließend war dem Gesetzgeber durchweg bekannt, dass es Bestrebungen gab, eine ausdrückliche Regelung eines Wettbewerbsverbots für das laufende Arbeitsverhältnis in ein Gesetz zu fassen. Diese Bestrebungen mündeten in Entwürfen zu einem Arbeitsvertragsgesetz. In dem von Henssler und Preis im Auftrag der Bertelsmann Stiftung vorgestellten Diskussionsentwurf eines Arbeitsvertragsgesetzes (ArbVG) – Stand November 2007[35] – war in § 80 die Regelung eines während des laufenden Arbeitsverhältnisses geltenden Wettbewerbsverbots vorgesehen. Dies gilt auch für den in Kooperation und Förderung der Rosa-Luxemburg-Stiftung e. V. Berlin erstellten Entwurf für ein Gesetz zur Regelung der Mindestbedingungen im Arbeitsverhältnis – Arbeitsvertragsgesetz – von Petermann (Herausgeber), Hultsch und Schmidt – Stand November 2010[36]. Auch dort war in § 100 eine Regelung zur Wettbewerbsbeschränkung während des laufenden Arbeitsverhältnisses enthalten. In Kenntnis dieser Vorschläge für eine gesetzliche Regelung eines während des

---

32 Hierzu in Abschnitt C. dieses Teils sogleich noch ausführlicher.

33 Landmann/Rohmer/*Gotthard*, GewO, 68. EL 2014, Rn. 11 zu § 110 GewO unter Verweis auf die entsprechenden Ausführungen in der Begründung des dritten Änderungsgesetzes zur GewO (BT-Drucksache 14/8796, Seite 26).

34 Landmann/Rohmer/*Gotthard*, a. a. O.

35 NZA-Beilage 2007 Heft 6, 21 f.

36 Online Abrufbar unter dokumente.linksfraktion.net/mdb/42022917.pdf.

laufenden Arbeitsverhältnisses geltenden Wettbewerbsverbots hat der Gesetzgeber aber keine entsprechende ausdrückliche Regelung erlassen.

(3) Zwischenergebnis

Damit liegt auch keine planwidrige Regelungslücke vor.

bb. Ergebnis

Im Ergebnis sind die §§ 60, 61 HGB mangels planwidriger Regelungslücke nicht in analoger Anwendung auf sonstige Arbeitnehmer bzw. Arbeitsverhältnisse im Allgemeinen anwendbar.[37]

2. Konkretisierung des allg. Rechtsgedankens in § 241 Abs. 2 BGB durch §§ 60, 61 HGB

Wie oben ausgeführt, ist der Arbeitgeber während des laufenden Arbeitsverhältnisses durch die in § 241 Abs. 2 BGB geregelte Rücksichtnahmepflicht vor Wettbewerbshandlungen des Arbeitnehmers geschützt. Der Arbeitnehmer hat insoweit im Rahmen seiner arbeitsvertraglichen Nebenpflicht jede „Konkurrenztätigkeit" zum Nachteil des Arbeitgebers zu unterlassen.

Problematisch ist jedoch, dass die in § 241 Abs. 2 BGB statuierte Rücksichtnahmepflicht lediglich einen allgemeinen Rechtsgedanken beinhaltet[38]. Aus diesem lässt sich jedoch weder der konkrete Inhalt noch die zulässige Reichweite eines Wettbewerbsverbots ableiten. § 241 Abs. 2 BGB ist insoweit keine eigenständige Anspruchsgrundlage, sondern gewinnt erst im Zusammenhang mit anderen Normen an Bedeutung.[39] Dies ist insbesondere deshalb bedenklich, da die in Artikel 12 GG geregelte Berufsfreiheit neben der freien Wahl des Berufes auch die freie Wahl einer konkreten Beschäftigungsmöglichkeit oder eines bestimmten Vertragsverhältnisses, mithin die freie Wahl des Vertragspartners, garantiert[40].

Aufgrund des Umstandes, dass durch die Geltung eines Wettbewerbsverbots in dieses Grundrecht der Berufsfreiheit eingegriffen wird, da sowohl die Freiheit der Aufnahme einer konkreten Beschäftigungsmöglichkeit als auch die Wahl des Vertragspartners unterbunden wird, bedarf es einer Konkretisierung dieses allgemeinen

---

37 Im Ergebnis auch MünchKommHGB/*von Hoyningen-Huene*, a. a. O., Rn. 8 zu § 60, anders z. B. ErfK/*Oetker*, 15. Auflage 2015, Rn. 2 zu § 60 HGB.

38 So auch die ständige Rechtsprechung des BAG: Beschluss v. 17.10.1969 - 3 AZR 442/68 - a. a. O., Urteil v. 26.9.2007 - 10 AZR 511/06 = NZA 2007, 1436 (1437), Urteil v. 26.6.2008 – 2 AZR 190/07, a. a. O. (Seite 1416), Urteil v. 28.1.2010 – 2 AZR 1008/08 = NZA-RR 2010, 461 (462).

39 MünchKommBGB/*Bachmann*, a. a. O., Rn. 2 zu § 241 m. w. N.

40 BAG, Urteil v. 2.3.2006 – 8 AZR 124/05 = NZA 2006, 848 (851) unter Verweis auf die einschlägige Rechtsprechung des BVerfG.

Rechtsgedankens.[41] Nur so ist zu gewährleisten, dass Willkür- bzw. Schikaneakte gegenüber dem jeweils betroffenen Arbeitnehmer vermieden werden. Als Konkretisierungsmittel erscheint es interessengerecht, die vom Gesetzgeber in §§ 60, 61 HGB enthaltenen Regelungen zu verwenden, da die Rechtsverhältnisse zwischen Prinzipal und Handlungsgehilfe einerseits sowie Arbeitgeber und Arbeitnehmer andererseits strukturell identisch sind. Auch Arbeitnehmer erbringen nämlich eine (abhängige) Leistung für ihren Arbeitgeber und erzielen dadurch ein Entgelt. Damit ist kein Grund ersichtlich, die Reichweite des Wettbewerbsverbots während des laufenden Arbeitsverhältnisses aus § 60 HGB bzw. § 241 Abs. 2 BGB anders zu bestimmen.[42]

3. Ergebnis

Im Ergebnis ist festzuhalten, dass die §§ 60, 61 HGB mangels bestehender planwidriger Regelungslücke dogmatisch nicht auf laufende Arbeitsverhältnisse analog anwendbar sind. Die §§ 60, 61 HGB dienen jedoch als Konkretisierung des aus § 241 Abs. 2 BGB folgenden allgemeinen Rechtsgedankens, wonach der Arbeitnehmer aufgrund seiner Rücksichtnahmepflicht jede „Konkurrenztätigkeit" zum Nachteil des Arbeitgebers zu unterlassen hat. Eine entsprechende Konkretisierung ist aufgrund des Umstandes erforderlich, dass durch ein während des laufenden Arbeitsverhältnisses geltendes Wettbewerbsverbot in die grundrechtlich geschützte Berufsfreiheit des betroffenen Arbeitnehmers eingegriffen wird. Daher sei nun nachfolgend im Hinblick auf das während des laufenden Arbeitsverhältnisses geltende Wettbewerbsverbot von einem „Wettbewerbsverbot gemäß §§ 241 Abs. 2, 60 Abs. 1 HGB" gesprochen.

---

41 So im Ergebnis die ständige Rechtsprechung des BAG: Beschluss v. 17.10.1969 - 3 AZR 442/68 - a. a. O., Urteil v. 26.9.2007 - 10 AZR 511/06, a. a. O. (Seite 1437), Urteil v. 26.6.2008 – 2 AZR 190/07, a. a. O. (Seite 1416), wohl auch - wenn auch nicht ausdrücklich: Urteil v. 28.1.2010 – 2 AZR 1008/08, a. a. O. (Seite 462), Urteil v. 17.10.2012 – 10 AZR 809/11, NZA 2013, 207 (208) sowie u. a. MünchKommHGB/*von Hoyningen-Huene*, a. a. O., Rn. 8 zu § 60, der von „teleologischer Extension" spricht; im Ergebnis auch Diller in Anmerkung zu BAG, Urteil v. 24.3.2010 – 10 AZR 66/09, in AP Nr. 141 zu Art. 12 GG, der aus der Entscheidung des BAG v. 24.3.2010 - 10 AZR 66/09 = NZA 2010, 693 f. – zwar richtig – ableitet, dass das BAG sich dogmatisch von dem eingeschlagenen Weg gelöst und zu verstehen gegeben hat, § 60 wiederum lediglich auf die im Gesetzestext benannten Handlungsgehilfen reduzieren und das Wettbewerbsverbot für die sonstigen Arbeitnehmer wiederum aus § 241 Abs. 2 BGB herleiten zu wollen, aber anmerkt, dass es hierzu keine erkennbare Veranlassung gibt und insbesondere kein Grund ersichtlich ist, die Reichweite des Wettbewerbsverbots während des laufenden Arbeitsverhältnisses aus § 60 HGB bzw. § 241 Abs. 2 BGB anders zu bestimmen.

42 Diller in Anmerkung zu BAG, Urteil v. 24.3.2010 – 10 AZR 66/09, in AP Nr. 141 zu Art. 12 GG.

II. Zweck des Wettbewerbsverbots gemäß §§ 241 Abs. 2, 60 Abs. 1 HGB

Indem die §§ 60, 61 HGB zur Konkretisierung der sich aus § 241 Abs. 2 BGB ergebenden arbeitsvertraglichen Rücksichtnahmepflicht des Arbeitnehmers herangezogen werden, wird deutlich, dass die Rücksichtnahmepflicht auch im Hinblick auf Tätigkeiten greift, mit der der Arbeitnehmer in einen Wettbewerb zum Arbeitgeber tritt[43]. Seiner Zielsetzung nach ist §§ 241 Abs. 2 BGB, 60 Abs. 1 HGB darauf ausgerichtet, Interessenkollisionen zwischen den Parteien des Arbeitsvertrages zu vermeiden, die insbesondere dann entstehen können, wenn die wirtschaftlichen bzw. geschäftlichen Interessen des Arbeitgebers durch seine eigenen Arbeitnehmer im Wege einer konkurrierenden Nebentätigkeit beeinträchtigt werden.[44]

Das in §§ 241 Abs. 2 BGB, 60 Abs. 1 HGB geregelte Wettbewerbsverbot bezweckt insoweit, den Unternehmer vor Konkurrenz durch die eigenen Angestellten zu schützen.[45] Das Wettbewerbsverbot des §§ 241 Abs. 2 BGB, 60 Abs. 1 HGB stellt damit – wie oben bereits erörtert – eine gesetzliche Konkretisierung der ohnehin bestehenden vertraglichen Nebenpflicht des Arbeitnehmers zur Unterlassung von Wettbewerb dar.[46] Der Arbeitnehmer darf im Marktbereich seines Arbeitgebers Dienste und Leistungen nicht Dritten anbieten, dem Arbeitgeber soll dieser Bereich uneingeschränkt und ohne die Gefahr einer nachteiligen Beeinflussung durch den Arbeitnehmer offen stehen.[47]

Vor diesem Hintergrund ist zu konstatieren, dass die Regelungen der §§ 241 Abs. 2 BGB, 60 Abs. 1 HGB im Zusammenspiel bezwecken, die wirtschaftlichen bzw. geschäftlichen Interessen des Arbeitgebers bzw. Unternehmens vor einer Konkurrenztätigkeit des Arbeitnehmers zu schützen.

III. (Arbeits-) Marktzugangsbehinderung durch das Wettbewerbsverbot gemäß §§ 241 Abs. 2 BGB, 60 Abs. 1 HGB

Fraglich ist, ob das Wettbewerbsverbot gemäß §§ 241 Abs. 2 BGB, 60 Abs. 1 HGB eine Beschränkung i. S. d. Artikel 45 Abs. 2 AEUV darstellt.

---

43 U. a. ErfK/*Oetker*, a. a. O., Rn. 1 zu § 60 HGB.
44 Ebenroth/Boujong/Jost/Strohn/*Boecken*, a. a. O., Rn. 1 zu § 60 HGB.
45 MünchKommHGB/*von Hoyningen-Huene*, a. a. O., Rn. 2 zu § 60 HGB m. w. N, . Ebenroth/Boujong/Joost/Strohn/*Boecken*, a. a. O., Rn. 1 zu § 60 HGB m. w. N.
46 Ebenroth/Boujong/Joost/Strohn/*Boecken*, a. a. O., Rn. 1 zu § 60 HGB m. w. N.
47 U. a. BAG, Urteil v. 28.1.2010 – 2 AZR 1008/08 = NZA-RR 2010, 461 (462) m. w. N.

1. *Bindung der gesamten öffentlichen Gewalt an das Beschränkungsverbot*

An das Beschränkungsverbot des Artikel 45 Abs. 2 AEUV ist die gesamte öffentliche Gewalt gebunden.[48] Zwar ist – wie vorstehend ausgeführt – das von der Legislative in §§ 60, 61 HGB geregelte Wettbewerbsverbot nicht direkt bzw. analog auf Arbeitsverhältnisse anzuwenden. Allerdings wird das gesetzliche Wettbewerbsverbot durch die Rechtsprechung in Arbeitsverhältnissen im Rahmen der Rücksichtnahmepflicht aus § 241 Abs. 2 BGB als Konkretisierungsmittel herangezogen. Folglich liegt eine Regelung bzw. Maßnahme der öffentlichen Gewalt vor.

2. *(Arbeits-) Marktzugangsbehinderung durch Handlungsalternativen der §§ 241 Abs. 2 BGB, 60 Abs. 1 HGB mit Sanktionsanordnung in § 61 HGB*

Fraglich ist, ob und ggf. welche der Tatbestandsalternativen des §§ 241 Abs. 2 BGB, 60 Abs. 1 HGB für den betroffenen Arbeitnehmer eine (Arbeits-) Marktzugangsbehinderung bewirkt.

a. *Zulässiger Gegenstand/keine (Arbeits-) Marktzugangsbehinderung durch §§ 241 Abs. 2 BGB, 60 Abs. 1 (1. Alt.) HGB*

Nach dem Wortlaut der §§ 241 Abs. 2 BGB, 60 Abs. 1 (1. Alt.) HGB ist dem Arbeitnehmer jedwedes Betreiben eines Handelsgewerbes neben dem laufenden Arbeitsverhältnis untersagt. Gemeint ist hiermit jedes Betreiben eines eigenen Gewerbes, d. h. eine planvolle, komplexe Tätigkeit.[49]

Das sich aus §§ 241 Abs. 2 BGB, 60 Abs. 1 (1. Alt.) HGB ergebende Wettbewerbsverbot ist jedoch aufgrund der weitgehenden Einschränkung beruflicher Betätigung zu begrenzen. Der oben bereits erörterte Hintergrund ist, dass die in Artikel 12 Abs. 1 GG geregelte Berufsfreiheit neben der freien Wahl des Berufes auch die freie Wahl einer konkreten Beschäftigungsmöglichkeit oder eines bestimmten Vertragsverhältnisses, mithin die freie Wahl des Vertragspartners garantiert.[50] Folglich kann nur ein solches Betreiben eines Handelsgewerbes vom Wettbewerbsverbot erfasst sein, das dem Arbeitgeber schädlich werden kann, d. h., das geeignet ist,

---

48 Grabitz/Hilf/Nettesheim/*Forsthoff*, a. a. O., Rn. 138 zu Art. 45 mit dem zutreffenden Hinweis, dass der EuGH in mehreren Entscheidungen (vgl. insoweit die Nachweise a. a. O.) wie selbstverständlich von der Bindung der gesamten öffentlichen Gewalt und damit auch des Zivilgesetzgebers an die Grundfreiheiten ausgeht.

49 U. a. Oetker/*Kotzian-Marggraf*, HGB, a. a. O., Rn. 15 zu § 60.

50 BAG, Urteil v. 2.3.2006 – 8 AZR 124/05, a. a. O., unter Verweis auf die einschlägige Rechtsprechung des BVerfG.

ihm wettbewerbsmäßig zu schaden oder zu gefährden.[51] Untersagt ist mithin ein selbständiges Betreiben eines Handelsgewerbes, dessen Inhalt und Ausrichtung in den Geschäftszweig des Arbeitgebers fällt, wenn der Arbeitnehmer hierdurch eine sog. Gegnerstellung einnimmt bzw. eine wettbewerbsmäßige Gefahr für den Arbeitgeber begründet.[52]

Dem Arbeitnehmer ist insoweit untersagt, ein eigenes Handelsgewerbe neben dem laufenden Arbeitsverhältnis zu betreiben, mit dem er als Wettbewerber des Arbeitgebers am Markt auftritt, also zu seinem Vorteil die gleichen Marktchancen nutzt.[53]

Unter Zugrundelegung vorstehender Maßgaben ist diese Verbotsalternative ausgehend von dem oben dargestellten Gewährleistungsinhalt der in Artikel 45 AEUV geregelten Arbeitnehmerfreizügigkeit, der lediglich die grenzüberschreitende Aufnahme einer unselbständigen Erwerbstätigkeit erfasst, tatbestandlich bereits nicht geeignet, eine Beschränkung der Arbeitnehmerfreizügigkeit zu begründen, da das Betreiben eines selbständigen Handelsgewerbes und nicht eine unselbständige Erwerbstätigkeit untersagt wird.

b. Zulässiger Gegenstand/(Arbeits-) Marktzugangsbehinderung durch §§ 241 Abs. 2 BGB, 60 Abs. 1 (2. Alt.) HGB

Das Wettbewerbsverbot gemäß §§ 241 Abs. 2 BGB, 60 Abs. 1 (2. Alt.) HGB könnte jedoch eine Beschränkung i. S. d. Artikel 45 Abs. 2 AEUV darstellen.

aa. Zulässiger Gegenstand des Wettbewerbsverbots gemäß §§ 241 Abs. 2 BGB, 60 Abs. 1 (2. Alt.) HGB

Nach §§ 241 Abs. 1 BGB, 60 Abs. 1 (2. Alt.) HGB ist als Oberbegriff das „Geschäfte machen" untersagt, was eine auch nur spekulative, auf Gewinn gerichtete Teilnahme am Geschäftsverkehr meint[54]. Erfasst ist hiervon vorrangig der Abschluss von Umsatzgeschäften im Handelszweig des Arbeitgebers.[55] Unter diesen Begriff fällt aber auch das Anbieten von Diensten und Leistungen gegenüber Dritten im Marktbereich des Arbeitgebers[56] und somit auch die Begründung und Durchführung eines oder mehrerer Arbeitsverhältnisse neben dem eigentlichen Hauptarbeitsverhältnis.[57]

---

51 Baumbach/Hopt/*Roth*, HGB, a. a. O., Rn. 2 zu § 60; BAG, Urteil v. 3.5.1983 – 3 AZR 62/81 = NJW 1984, 887 unter Verweis auf BAG, Urteil v. 25.5.1970 – 3 AZR 384/69 = AP HGB § 60 Nr. 4.

52 Baumbach/Hopt/*Roth*, HGB, a. a. O., Rn. 2 zu § 60; BAG, Urteil v. 3.5.1983 – 3 AZR 62/81 = NJW 1984, 887 unter Verweis auf BAG, Urteil v. 25.5.1970 – 3 AZR 384/69 = AP HGB § 60 Nr. 4.

53 BAG, Urteil v. 17.10.2012 – 10 AZR 809/11, a. a. O. (Seite 208) m. w. N.

54 BAG, Urteil v. 17.10.2012 – 10 AZR 809/11, a. a. O. (Seite 208) m. w. N.

55 BAG, Urteil v. 17.10.2012 – 10 AZR 809/11, a. a. O. (Seite 208) m. w. N.

56 BAG, Urteil v. 17.10.2012 – 10 AZR 809/11, a. a. O. (Seite 208) m. w. N.

57 Oetker/*Kotzian-Marggraf*, a. a. O., Rn. 15 zu § 60 m. w. N.

Verboten sind Zweitbeschäftigungen, bei denen der Arbeitnehmer für jemanden tätig wird, der als Wettbewerber des Hauptarbeitgebers auftritt, d.h. wenn die Zweitbeschäftigung bei einem Arbeitgeber erfolgt, der im selben Geschäfts- bzw. Handelszweig wie der Hauptarbeitgeber tätig ist.[58]

Wie bereits bei der ersten Verbotsalternative angesprochen, muss auch hier bei der Bestimmung der zulässigen Reichweite des Wettbewerbsverbots die durch Artikel 12 Abs. 1 GG geschützte Berufsfreiheit des Arbeitnehmers Berücksichtigung finden.[59] Daher ist zu prüfen, ob nach Art der Haupt- und Nebentätigkeit und der beteiligten Unternehmen überhaupt eine Gefährdung oder Beeinträchtigung der Interessen des Arbeitgebers vorliegt.[60] Nach deutscher Rechtslage anerkannt ist insoweit, dass eine Konkurrenztätigkeit den wettbewerblichen Interessen des Arbeitgebers zuwiderlaufen und gegen § 241 Abs. 2 BGB verstoßen kann, wenn der Arbeitnehmer hierbei Betriebs- oder Geschäftsgeheimnisse verwertet[61]. Unzulässig ist hingegen, wenn der Arbeitgeber durch das Berufen auf das Wettbewerbsverbot gemäß §§ 241 Abs. 2 BGB, 60 Abs. 1 (2. Alt.) HGB lediglich verhindern will, dass sich der Arbeitnehmer in einer anderen Tätigkeit verausgabt und so seine vertraglichen Verpflichtungen aus dem Arbeitsverhältnis nicht mehr vollwertig erfüllen kann.[62]

aaa. Begriff des Betriebs- oder Geschäftsgeheimnisses

Der Begriff des Betriebs- oder Geschäftsgeheimnisses taucht in der deutschen Rechtsordnung in vielfältigen Zusammenhängen und in verschiedenen gesetzlichen Bestimmungen auf. Diesbezüglich sind z.B. die §§ 17 f. UWG, 79 BetrVG, 10 BPersVG (in Bezug auf Betriebsrats- bzw. Personalratsmitglieder), aber auch die §§ 93 Abs. 1 und 116 AktG (in Bezug auf Aufsichtsratsmitglieder) zu nennen. Sämtlichen vorgenannten Funktionsträgern wird insoweit im Zusammenhang mit Ihnen eingeräumten Prüf- und Einsichtsrechten zugleich die Verpflichtung zur Wahrung von Betriebs- oder Geschäftsgeheimnissen, bzgl. derer sie im Rahmen der Ausübung dieser Rechte Einblick erhalten, auferlegt.[63] Auch findet sich der Begriff des Betriebs- oder Geschäftsgeheimnisses in zahlreichen öffentlich-rechtlichen Normen, wie

---

58 Oetker/*Kotzian-Marggraf*, a. a. O., Rn. 15 zu § 60 m. w. N.

59 BAG, Urteil v. 24.3.2010 – 10 AZR 809/11 a. a. O. (Seite 694), Baumbach/Hopt/*Roth*, a. a. O., Rn. 1 zu § 60 HGB, Rolfs/Giesen/ Kreikebohm/Udsching/*Hagen*, BeckOK HGB, Stand 1.3.2015 Edition 35, Rn. 7 zu § 60 HGB, Ebenroth/Boujong/Joost/Strohn/*Boecken*, a. a. O., Rn. 26 zu § 60 HGB.

60 BAG, Urteil v. 24.3.2010 – 10 AZR 809/11 a. a. O. (Seite 694).

61 BAG, u. a. Urteil v. 1.8.1995 – 9 AZR 884/93, a. a. O. (Seite 310) m. w. N. zu nachvertraglichen Wettbewerbsverboten, wobei diese Rechtsprechung – so zutreffend u. a. Diller in Anmerkung zu BAG, Urteil v. 23.4.2010 - 10 AZR 66/09 = AP GG Art. 12 Nr. 14 – auf die Situation während des laufenden Arbeitsverhältnisses zu übertragen ist, ErfK/*Oetker*, a. a. O., Rn. 8 zu § 60 HGB .

62 MünchKommHGB/*von Hoyningen-Huene*, a. a. O., Rn. 2 zu § 60 HGB.

63 U. a. Harte-Bavendamm/Henning-Bodewig/*Podszun*, UWG, 3. Aufl. 2013, Rn. 9 zu Vorbemerkungen zu §§ 17–19.

z. B. in §§ 203 Abs. 1 StGB, 30 VwVfG, 10 Abs. 2 BImSchG, 29 Abs. 1 ARegV, 2 Nr. 5 AZWV, 22 ChemG etc.[64]

Eine gesetzliche Legaldefinition findet sich insoweit in § 67 Abs. 1 S. 2 SGB X, wo es heißt, dass Betriebs- und Geschäftsgeheimnisse alle betriebs- oder geschäftsbezogenen Daten sind, auch von juristischen Personen, die Geheimnischarakter haben. Eine anderweitige gesetzliche Legaldefinition existiert insbesondere im Kontext des Arbeitsverhältnisses hingegen nicht. Nach ständiger zivilgerichtlicher Rechtsprechung zu § 17 UWG ist unter einem Betriebs- oder Geschäftsgeheimnis jede im Zusammenhang mit einem Betrieb stehende Tatsache zu verstehen, die nicht offenkundig, sondern nur einem eng begrenzten Personenkreis bekannt ist und nach dem Willen des Betriebsinhabers aufgrund eines berechtigten wirtschaftlichen Interesses geheim gehalten werden soll.[65]

Hieraus lässt sich im Wesentlichen ein viergliedriger Schutztatbestand extrahieren, der rechtsübergreifend herangezogen wird.[66] Der Schutztatbestand erfordert in Bezug auf die/das zu schützende Information/Geheimnis eine Beziehung der Information zum Unternehmen, die Nichtoffenkundigkeit der Information, einen Geheimhaltungswillen und ein berechtigtes Geheimhaltungsinteresse.[67] Die Rechtsprechung interpretiert insoweit das Erfordernis eines nach außen manifestierten Geheimhaltungswillens stets großzügig und folgert diesen mitunter bereits „aus der Natur der geheim zu haltenden Tatsache".[68]

Der Begriff des Betriebsgeheimnisses zielt im Wesentlichen auf Kenntnisse und Tatsachen im Bereich der Technik ab, während Geschäftsgeheimnisse primär im kaufmännischen Bereich angesiedelt sind.[69] Als Beispiele für Betriebs- oder

---

64 Kloepfer in Informationsfreiheitsgesetz und Schutz von Betriebs- und Geschäftsgeheimnissen – Betriebs- und Geschäftsgeheimnisse in verschiedenen Rechtsgebieten und verschiedenen Kontexten, Rechtsgutachten im Auftrag des Bundesbeauftragten für den Datenschutz und Informationsfreiheit, Juni 2011, S. 15, abrufbar unter: http://www.bfdi.bund.de/SharedDocs/VortraegeUndArbeitspapiere/GutachtenIFGKloepfer.pdf?__blob=publicationFile.

65 U. a. BGH, Urteil v. 7.11.2002 – I ZR 64/00 = GRUR 2003, 356 (358), Urteil v. 27.4.2006 – I ZR 126/03 = GRUR 2006, 1044 (1046), Piper/Ohly/*Sosnitza*, Gesetz gegen den unlauteren Wettbewerb, 6. Aufl. 2014, Rn. 5 zu § 17, Harte-Bavendamm/Henning-Bodewig/*Podszun*, a. a. O., Rn. 1 zu § 17, *Köhler*/Bornkamm, UWG, 33. Aufl. 2015, Rn. 4 zu § 17.

66 Kloepfer, a. a. O. (Seite 16/17) m. w. N.

67 Kloepfer, a. a. O. (Seite 17) m. w. N.

68 Kunz-Hallstein/Loschelder, Stellungnahme der Deutschen Vereinigung für gewerblichen Rechtsschutz und Urheberrecht e. V. zu COM (2013) 813 final vom 19. März 2014, Seite 5, abrufbar unter http://www.grur.org/uploads/tx_gstatement/2014-03-19_GRUR_Stellungnahme_zum_Know-how-Schutz.pdf unter Verweis auf die zu § 17 UWG ergangene Rechtsprechung des BGH, Urteil v. 10.5.1995 - 1 StR 764/94 = NJW 1995, 2301.

69 Harte-Bavendamm/Henning-Bodewig/*Podszun*, a. a. O., Rn. 1 zu § 17, Piper/Ohly/*Sosnitza*, a. a. O, Rn. 5 zu § 17.

Geschäftsgeheimnisse aus der umfangreichen Judikatur zu § 17 UWG sind u.a. zu nennen[70]:

Anzeigenaufträge, Ausschreibungsunterlagen, Bezugsquellen, Computerprogramme, Entwicklungsunterlagen für einen Computer, Gehaltslisten, Geschäftsplanungen, Herstellungsverfahren, Kalkulationsunterlagen und einzelne Umstände konkreter Geschäftsbeziehungen zu bestimmten Kunden, Konstruktionsgedanken, erst durch aufwändiges Zerlegen und Nachmessen feststellbare Konstruktionsmerkmale, Konstruktionszeichnungen, Kundenlisten und -daten, Kunstgriffe bei der Anwendung eines an sich bekannten Verfahrens, Modellskizzen für die Kollektionsplanung, Musterbücher, Rezepturen eines Reagenzes oder Medikaments, Schaltpläne, Skizzenheft mit Angaben über Maße, Gewichte, Wirkungsgrad und Kraftverbrauch einzelner Maschinen, Zahlungsbedingungen, Zulassungsunterlagen.

bbb. Abgrenzung

Die vorstehende Aufzählung verdeutlicht, dass Betriebs- oder Geschäftsgeheimnisse mit verschiedensten Bezügen zu Rechtsgütern bzw. Rechten des Arbeitgebers existieren bzw. von der deutschen Rechtsprechung anerkannt werden. Dieser Umstand bedarf einer Abgrenzung. Zum einen sind entweder in Papierform oder auf EDV-Basis verkörperte Kundenlisten, Gehaltslisten, Konstruktionszeichnungen, Kalkulationsunterlagen zu nennen, die zweifellos im Eigentum des Arbeitgebers stehen und bezüglich derer der Arbeitgeber eine eigentumsrechtliche Schutzposition innehat.

Eng mit dem Begriff des Betriebs- oder Geschäftsgeheimnisses verbunden ist aber zudem auch das sog. Know-How. Was unter diesem Begriff zu verstehen ist, ist bislang nicht einheitlich geklärt, aber vielfältigen Definitionen zu entnehmen.[71] Es kristallisiert sich jedoch heraus, dass Teil des Know-How-Schutzes u. a. auch das Ziel des Arbeitgebers ist, nicht verkörpertes Wissen um die praktische Durchführung einer Sache und auf organisatorischer oder technischer Erfahrung beruhendes Spezialwissen für sich zu nutzen und sich so einen Wettbewerbsvorteil zu verschaffen.[72] Hier sind aus der vorstehenden Aufzählung z.B. die einzelnen Umstände konkreter Geschäftsbeziehungen zu bestimmten Kunden und Konstruktionsgedanken zu nennen, die nicht in verkörperter Form existieren, sondern Immaterialgüter darstellen.

Des Weiteren kommen geheime Informationen über Patente, Designs, Gebrauchsmuster, schöpferische Werke sowie Diensterfindungen[73] in Betracht. Aus der vorstehenden Aufzählung sind hier vor allem Herstellungsverfahren oder auch

---

70 zu den nachfolgenden Beispielen siehe die Übersicht bei Harte-Bavendamm/Henning-Bodewig/*Podszun*, a. a. O., Rn. 7 zu § 17 m. w. N sowie Kloepfer, a. a. O. (Seite 19), der die aufgezählten Beispiele jeweils mit Nachweisen aus der Rechtsprechung belegt hat.

71 Siehe die illustrierende Darstellung bei Wurzer, CCZ 2009, 49 (49/50).

72 Wurzer, CCZ 2009, 49.

73 Fitting, BetrVG, 27. Auflage 2014, Rn. 4 zu § 79.

Rezepturen eines Reagenzes oder Medikaments zu nennen. Diese wiederum weisen eine Schnittstelle zu gewerblichen Schutzrechten, vor allem zum Patentrecht, auf.

Den vorstehend benannten nicht verkörperten Informationen ist gemein, dass eine dingliche Zuordnung dieser Informationen nicht ohne Zweifel erfolgt. Hintergrund ist insbesondere die in den vergangenen Jahren in Deutschland und international kontrovers geführte Diskussion über die Frage, ob der Schutz derartiger geheimer Informationen zum Recht des geistigen Eigentums gehört oder ob er lediglich eine Marktverhaltensregelung darstellt und daher von Ausschließlichkeitsrechten scharf zu unterscheiden ist.[74]

Die Entscheidung dieser kontrovers diskutierten Frage[75] kann an dieser Stelle aber unterbleiben. Es sei lediglich festgehalten, dass der Schutz von Betriebs- oder Geschäftsgeheimnissen einerseits einen eigentumsrechtlichen – sei es als materielles Eigentum, sei es als geistiges Eigentum[76] – Aspekt und andererseits eine lauterkeitsrechtliche Grundlage aufweisen kann und damit eine Querschnittmaterie darstellt, die das Lauterkeits- und Immaterialgüterrecht berührt.[77]

Im Hinblick auf den eigentumsrechtlichen Aspekt ist zudem zu berücksichtigen, dass wiederum eine Schnittstelle zu gewerblichen Schutzrechten besteht. Vom Ausschließlichkeitsrecht unterscheidet sich die Position des Geheimnisinhabers in diesen Fällen, insbesondere beim Patentrecht, dadurch, dass in dem Zeitpunkt, in dem die Information offenbart wird, der Schutz endet.[78] In diesem Sinne wird die geheime Information, anders als durch ein Patent, nicht vollständig der Gemeinheit entzogen und ihrem Inhaber mit Wirkung gegenüber jedermann zugeordnet, sondern es wird lediglich, ähnlich wie im Fall des berechtigten Besitzes, ein faktischer Zustand rechtlich abgesichert.[79]

ccc. Zwischenergebnis

Als Zwischenergebnis ist somit festzuhalten, dass sich aus den §§ 241 Abs. 2 BGB, 60 Abs. 1 (2. Alt.) HGB ein nach der deutschen Rechtsordnung zulässiges Wettbewerbsverbot für den Arbeitnehmer ergibt, wenn die Verwertung von Betriebs- oder Geschäftsgeheimnissen droht.

---

74 Ohly, GRUR 2014, 1 (3) m. w. N.

75 Siehe hierzu die übersichtliche Darstellung der einzelnen Auffassungen bei Ohly, a. a. O. (Seite 3 f.).

76 So z. B Enders, GRUR 2012, 25 (26/28) m. w. N.

77 Ohly, GRUR 2014, 1.

78 Ohly, GRUR 2014, 1 (3), s. auch Fußnote 32 in KOM (2011) 287 final vom 24.5.2011, abrufbar unter: http://ec.europa.eu/internal_market/copyright/docs/ipr_strategy/COM_2011_287_de.pdf, wo es heißt, dass mit dem Terminus „Geschäftsgeheimnis" Know-how bezeichnet wird, das nicht bzw. noch nicht als gewerbliches Schutzrecht registriert wurde.

79 Ohly, GRUR 2014, 1 (3).

bb. Spezifische Behinderung des (Arbeits-) Marktzuganges?

Das sich aus §§ 241 Abs. 2 BGB, 60 Abs. 1 (2. Alt.) HGB ergebende Wettbewerbsverbot müsste den Arbeitnehmer spezifisch am Zugang zum Arbeitsmarkt eines Mitgliedstaates der EU hindern.

aaa. Befürwortendes Argument: Vorliegen eines objektiven absoluten Zugangshindernisses

Dadurch, dass das Wettbewerbsverbot gemäß §§ 241 Abs. 2 BGB, 60 Abs. 1 (2. Alt.) HGB den Arbeitnehmer an der Aufnahme einer Zweitbeschäftigung zusätzlich zur Hauptbeschäftigung bei einem oder mehreren Arbeitgebern hindert, die in demselben Geschäftsfeld wie der Hauptarbeitgeber tätig sind, liegt in Bezug auf die Tätigkeiten im selben Geschäftsfeld ein objektives absolutes Zugangshindernis[80] vor.

bbb. Ablehnendes Argument: Zugang zum Arbeitsmarkt bleibt möglich

Dagegen wird eingewendet, dass die Aufnahme von Tätigkeiten bei einem oder mehreren Arbeitgebern weiterhin möglich bleibt, der/die außerhalb des Geschäftsfeldes, in dem der Hauptarbeitgeber tätig ist, agiert/en.[81] In diesen Fällen droht per se keine Verwertung von Betriebs- oder Geschäftsgeheimnissen, weil sich der Zweitarbeitgeber gar nicht in dem Geschäftsfeld des Hauptarbeitgebers betätigt. Die Möglichkeit, den betroffenen Arbeitnehmer darauf zu verweisen, anstelle einer Tätigkeit in demselben Geschäftsfeld eine Tätigkeit in einem anderen Geschäftsfeld aufzunehmen, um rechtmäßig zu handeln und dem Hauptarbeitgeber dadurch keine „Konkurrenz“ zu machen, besteht jedoch nur dann, wenn die autonome Entscheidung des Arbeitnehmers, eine Tätigkeit bzw. einen Arbeitsplatz bei einem Arbeitgeber in demselben Geschäftsfeld aufzunehmen, nicht auch vom Freizügigkeitsrecht geschützt ist. Im Einzelnen:

(1) Recht auf Arbeitsplatzwahlfreiheit als Bestandteil der Arbeitnehmerfreizügigkeit?

Regelmäßig hat ein Arbeitnehmer ein Interesse daran, eine zusätzliche Tätigkeit in einem Beruf bzw. Geschäftsfeld aufzunehmen, in dem er über einschlägige Qualifikationen und Berufserfahrungen verfügt. Diese Qualifikationen und Erfahrungen hat er meist beim Hauptarbeitgeber erworben[82], der wiederum in einem bestimmten Geschäftsfeld tätig ist, sodass sich die erlangten Qualifikationen und Berufserfahrungen

---

80 Grabitz/Hilf/Nettesheim/*Forsthoff*, a. a. O., Rn. 274 zu Art. 45 AEUV.

81 Reufels, ArbRB 2003, 313 (314); Bauer/Diller, Wettbewerbsverbote, 6. Aufl. 2012, S. 154 unter Rn. 368 zu nachvertraglichen Wettbewerbsverboten, wobei die Argumentation auf die Situation während des laufenden Arbeitsverhältnisses übertragbar ist.

82 Kocher, GPR 2011, 132 (137) zu der Situation bzgl. eines nachvertraglichen Wettbewerbsverbots, die hier jedoch übertragbar ist.

auf die Anforderungen im jeweiligen Geschäftsfeld ggf. konkretisiert haben. Dieser Aspekt ist nicht nur im Rahmen eines Bewerberauswahlverfahrens maßgeblich und wird von den potentiellen Zweitarbeitgebern in ihren Auswahlentscheidungen meist entscheidend gewichtet und beurteilt. Der Wunsch nach einschlägigen Qualifikationen und Berufserfahrungen in dem jeweiligen Geschäftszweig setzt zudem sogar bereits im Vorfeld der Auswahlentscheidung ein, da der Arbeitgeber gewöhnlich schon in Stellenausschreibungen das Anforderungsprofil des potentiellen Stelleninhabers auf einschlägige Qualifikationen sowie Berufserfahrungen in dem Geschäftsfeld zuschneidet, in dem dieser Arbeitgeber tätig ist. Der Hintergrund dieses arbeitgeberseitig verfolgten Ziels ist einleuchtend. Der Arbeitgeber erhofft sich einerseits eine geringstmögliche Einarbeitungszeit und will darüber hinaus von den im einschlägigen Geschäftsfeld – bei der „Konkurrenz“ – erworbenen Qualifikationen sowie Berufserfahrungen des Arbeitnehmers selbst profitieren.

Aber auch für den Arbeitnehmer ergeben sich Vorteile, wenn er in ein- und demselben Geschäftsfeld tätig wird, da dies einerseits aufwändige Umstellungen entbehrlich macht und zudem selbstverständlich auch den Marktwert des Arbeitnehmers erhöht.

Im Ergebnis stellen die vorstehenden Aspekte wichtige Sachverhaltsumstände dar, die in die autonome Entscheidung des Arbeitnehmers einfließen, in welchem Beruf bzw. Geschäftsfeld und bei welchem Arbeitgeber er seine berufliche Arbeitskraft verwerten möchte und sind damit Gegenstand des Rechts auf Arbeitsplatzwahlfreiheit.

Fraglich ist, ob das Recht auf Arbeitsplatzwahlfreiheit zugleich Bestandteil der Arbeitnehmerfreizügigkeit ist.

(a) Keine konkrete Aussage aus Artikel 45 Abs. 2 AEUV

Nach dem in diesem Teil der Bearbeitung unter A. dargestellten Wortlaut des Artikel 45 Abs. 2 AEUV hat der Arbeitnehmer lediglich das Recht, eine Beschäftigung in einem anderen Mitgliedstaat aufzunehmen und auszuüben. Aussagen zum Recht, sich auch den Vertragspartner auszusuchen, enthält Artikel 45 Abs. 2 AEUV hingegen nicht. Auch die Entstehungsgeschichte bzw. Systematik des Artikels 45 AEUV liefert keine Anhaltspunkte dafür, dass dieses Recht auf Arbeitnehmerfreizügigkeit auch die freie Wahl des Vertragspartners erfasst.

Der Sinn und Zweck des Freizügigkeitsrechts sowie dessen effektive Durchsetzung könnten jedoch dafür sprechen, auch die Entscheidung, welche konkrete Tätigkeit bei welchem Arbeitgeber aufgenommen werden soll, als von der Arbeitnehmerfreizügigkeit erfasstes Recht anzusehen.

(b) Arbeitsplatzwahlfreiheit als originärer Bestandteil des Grundrechts der Berufsfreiheit

Zunächst ist jedoch zu berücksichtigen, dass das Recht des Arbeitnehmers, bei der Wahl seines Arbeitgebers frei sein zu dürfen, zum einen – wie bereits oben ausgeführt – durch das in Artikel 12 Abs. 1 GG geregelte Grundrecht der Berufsfreiheit gewährleistet wird.[83] Des Weiteren ist das Recht auf Arbeitsplatzwahlfreiheit Gewährleistungsinhalt des Unionsgrundrechts der Berufsfreiheit, das in Artikel 15 EU-GRCh geregelt ist.[84] Dieses sowohl innerstaatliche als auch europarechtliche geschützte Recht auf Arbeitsplatzwahlfreiheit wird dann eingeschränkt, wenn der Einzelne am Erwerb eines zur Verfügung stehenden Arbeitsplatzes gehindert wird.[85] Somit ist zunächst ein Sachverhalt gegeben, der originär grundrechtliche Berührungspunkte hat.

(c) Arbeitsplatzwahlfreiheit auch als Gewährleistungsinhalt der Arbeitnehmerfreizügigkeit?

Das Recht auf Arbeitsplatzwahlfreiheit könnte jedoch ebenso Gewährleistungsinhalt der Arbeitnehmerfreizügigkeit sein.

(aa) Ablehnendes Argument: Unterschiedliche Schutzrichtungen/Funktionen der Normen

Dagegen spricht zunächst, dass Artikel 45 AEUV einerseits und Artikel 15 EU-GRCh andererseits unterschiedliche Schutzrichtungen aufweisen. Grundfreiheiten definieren den Begriff des Binnenmarktes mit und umschreiben zunächst dessen objektive Elemente, um sodann dem Einzelnen und dem Unternehmen Rechte aus diesen Grundfreiheiten einzuräumen.[86] Primäres Ziel der Grundfreiheit der Arbeitnehmerfreizügigkeit ist es, Benachteiligungen bzw. Beschränkungen infolge von Grenzen und Divergenzen zwischen den Mitgliedstaaten zu beseitigen.[87] Die Unionsorgane haben insoweit den Primat eines möglichst reibungslosen grenzüberschreitenden Verkehrs von Personen zur Effektuierung des Binnenmarktes zu beachten und die Grundfreiheiten zu wahren.[88]

Die Grundfreiheiten richten sich in erster Linie gegen mitgliedstaatliche Einschränkungen und Beeinträchtigungen des Binnenmarktes.[89] Von der funktionalen Ausrichtung her waren Grundfreiheiten von Anfang an und sind noch heute primär gegen die Diskriminierung und gegen die Beschränkung grenzüberschreitender

83 BAG, Urteil v. 2.3.2006 – 8 AZR 124/05 a. a. O.

84 Nowak in Heselhaus/Nowak, Handbuch der europäischen Grundrechte, 2006, § 30, Rn.38, Kocher, a. a. O. (S. 136), Jarass, Charta der Grundrechte der EU, 2. Auflage 2013, Rn. 8 zu Art. 15, Meyer/*Bernsdorff*, Charta der Grundrechte der EU, 4. Auflage 2014, Rn. 14 zu Art. 15, EuGH, Urteil v. 16.12.1992 – C-132/91 (*Rs. Katsikas*) = BB 1993, 860 (862), Urteil vom 7.3.1996 – C-171/94 (*Rs. Merckx und Neuhuys*) – BB 1996, 1065 (1066).

85 BAG, Urteil v. 2.3.2006 – 8 AZR 124/05, a. a. O. (Seite 851) zur deutschen Rechtslage unter Verweis auf die einschlägige Rechtsprechung des BVerfG.

86 Nicolaysen in Heselhaus/Nowak, a. a. O., § 1, Rn. 16.

87 Pache in Heselhaus/Nowak, a. a. O., § 4, Rn. 43 m. w. N.,Frenz, EuR 2002, 603 (608).

88 Frenz, EuR 2002, 603 (609).

89 Pache in Heselhaus/Nowak, a. a. O., § 4, Rn. 46 m. w. N sowie Rn. 50.

Wirtschaftsvorgänge wegen ihres grenzüberschreitenden Charakters gerichtet und zielen auf transnationale Integration, ohne dieser eine übergreifende Legitimation zu vermitteln.[90] Die Grundrechte kommen hingegen zum Zuge, wenn nicht nur der reibungslose Verkehr zwischen den Mitgliedstaaten betroffen ist, sondern die Freiheit als solche angetastet wird.[91] Artikel 15 EU-GRCh als europäisches Grundrecht will insoweit ein Freiheitsrecht schützen.[92]

Des Weiteren ist zu berücksichtigen, dass bei den Grundrechten die europäische Dimension nur zum Tragen kommt, sofern unionsrelevante Felder berührt sind, mithin ein Sachbereich auf die europäische Ebene übertragen und von ihr geregelt ist, sodass nicht wie bei den Grundfreiheiten das grenzüberschreitende Element maßgeblich ist, sondern die Existenz einer unionsrechtlichen Regelung.[93] Die Unionsgrundrechte richten sich zur Sicherung der grundlegenden Rechtspositionen des Einzelnen zuvorderst gegen die EU bzw. ihre Organe und dienen in erster Linie der Kontrolle gemeinsamer Rechtsakte der Union.[94] In ihrer funktionalen Ausrichtung sind die Unionsgrundrechte dazu bestimmt und erforderlich, die supranationale europäische Hoheitsgewalt als Ausdruck der Rechtsstaatlichkeit der EU wie ihrer Mitgliedstaaten grundrechtlich einzubinden, zu begrenzen und zu legitimieren.[95]

Im Schwerpunkt ihres Anwendungs- und Kontrollbereichs bestehen damit grundsätzliche Unterschiede zwischen Grundrechten und Grundfreiheiten und zwar ungeachtet des Umstandes, dass die Unionsgrundrechte in beschränktem Umfang auch die Mitgliedstaaten bei der Anwendung und Durchführung des Unionsrechts binden und dass auch die Organe der EU die Grundfreiheiten zu beachten haben.[96]

Übertragen auf die hier einschlägige Konstellation gilt daher im Grundsatz, dass die Arbeitnehmerfreizügigkeit einschlägig ist, wenn das Verlegen des Arbeitsplatzes in einen anderen Mitgliedstaat erschwert wird, ein Berufs- bzw. Tätigkeitsverbot demgegenüber die Berufsfreiheit tangiert.[97]

(bb) Befürwortendes Argument: Sachlicher Zusammenhang zwischen Grundfreiheiten und Grundrechten

Trotz dieser unterschiedlichen Schutzrichtungen und Funktionen ist aber auch zu berücksichtigen, dass ein sachlicher Zusammenhang zwischen der Arbeitnehmerfreizügigkeit und der Berufsfreiheit besteht. Sowohl Grundfreiheiten als auch

90 Pache in Heselhaus/Nowak, a. a. O., § 4, Rn. 57 m. w. N.
91 Frenz, EuR 2002, 603 (609).
92 Frenz, EuR 2002, 603 (608).
93 Frenz, EuR 2002, 603 (608).
94 Pache in Heselhaus/Nowak, a. a. O., § 4, Rn. 46 und 49 jeweils m. w. N., Haratsch/König/Pechstein, a. a. O., Rn. 672.
95 Pache in Heselhaus/Nowak, a. a. O., § 4, Rn. 57.
96 Pache in Heselhaus/Nowak, a. a. O., § 4, Rn. 50 m. w. N.
97 Frenz, EuR 2002, 603 (609).

Grundrechte verbürgen in Teilbereichen dieselben Gewährleistungen.[98] Dieser sachliche Zusammenhang kann sich z. B. aus den partiell zusammenhängenden Anwendungsfeldern Beruf und Eigentumsgebrauch ergeben.[99] Denn Arbeitnehmerfreizügigkeit, Niederlassungs- und Dienstleistungsfreiheit sind unlösbar mit der Aufnahme und Ausübung eines Berufes verknüpft, sodass diese Freiheiten ebenfalls Felder des Grundrechts der Berufsfreiheit abbilden.[100] Die Arbeitnehmerfreizügigkeit regelt insoweit einen wichtigen Aspekt des Rechts auf Berufsfreiheit und Berufsausübung.[101] Ein Berufsverbot – wie hier in Gestalt eines während des laufenden Arbeitsverhältnisses geltenden Wettbewerbsverbots – vereitelt zugleich auch die Arbeitnehmerfreizügigkeit bzw. die Niederlassungsfreiheit.[102]

Angesichts dessen können durch Grundrechtseingriffe zugleich auch Grundfreiheiten ausgehöhlt werden, weshalb die Abgrenzung der Anwendungsbereiche nicht einer Exklusivprüfung nur durch europäische Grundrechte oder Grundfreiheiten dient, sondern typische Anwendungsfelder festlegt, die sich nicht notwendig ausschließen.[103] Zwar können in Fällen, in denen sowohl Grundfreiheiten als auch Unionsgrundrechte aufgrund von Parallelgewährleistungen betroffen sind, diese zueinander durchaus in einem Spannungsverhältnis stehen.[104] Allerdings ist dieses nicht durch eine grundsätzliche Rangordnung im Sinne unterschiedlicher normativer Wertigkeit von Unionsgrundrechten und Grundfreiheiten zu lösen[105], auch wenn grundsätzlich beim Vorliegen eines grenzüberschreitenden Sachverhalts von einer Spezialität der Grundfreiheiten auszugehen ist.[106] Überschneiden sich schon die Anwendungsmaterien weitgehend, machen sie vor allem nicht die aufgezeigten faktischen Verbindungen zunichte, auch wenn in einem Fall mangels unionsrechtlicher Regelung die europäischen Grundrechte nicht eingreifen, da dieses Kriterium formaler Natur ist.[107]

(cc) Befürwortendes Argument: Konkretisierung des sachlichen Zusammenhangs in Artikel 15 Abs. 2 EU-GRCh / Diskussionen im Grundrechtekonvent

Dieser sachliche Zusammenhang findet insbesondere auch in Artikel 15 Abs. 2 EU-GRCh Anklang. Dort wird das Recht auf Freizügigkeit unmittelbar beim Unionsgrundrecht der Berufsfreiheit benannt. Gemäß Artikel 15 Abs. 2 EU-GRCh

---

98 Pache in Heselhaus/Nowak, a. a. O., § 4, Rn. 51.
99 Frenz, EuR 2002, 603 (609).
100 Frenz, EuR 2002, 603 (607).
101 Kocher, a. a. O. (S. 135).
102 Pache in Heselhaus/Nowak, a. a. O., § 4, Rn. 52, Frenz, EuR 2002, 603 (609).
103 Frenz, EuR 2002, 603 (609).
104 Pache in Heselhaus/Nowak, a. a. O., § 4, Rn. 53.
105 Pache in Heselhaus/Nowak, a. a. O., § 4, Rn. 53 m. w. N.
106 Pache in Heselhaus/Nowak, a. a. O., § 4, Rn. 53, D. Ehlers in ders., a. a O., § 14 Rn. 22.
107 Frenz, EuR 2002, 603 (609).

haben alle Unionsbürger und Unionsbürgerinnen die Freiheit, in jedem Mitgliedstaat Arbeit zu suchen, zu arbeiten, sich niederzulassen oder Dienstleistungen zu erbringen. Zwar sind die Freiheiten, die im AEUV garantiert sind, d.h. die Freizügigkeit der Arbeitnehmer, die Niederlassungsfreiheit und der freie Dienstleistungsverkehr, ausweislich der Erläuterungen der EU-GRCh, die gem. Artikel 52 Abs. 7 EU-GRCh bei der Auslegung der Charta zu berücksichtigen sind, in Artikel 15 Abs. 2 lediglich „aufgenommen"[108] worden und Anhaltspunkte dafür, dass der Grundrechtekonvent mit dieser „Aufnahme" eigenständige, die Grundfreiheiten modifizierende bzw. erweiternde Regelungen treffen wollte, sind in den Erläuterungen nicht enthalten.

Des Weiteren heißt es in den Erläuterungen zur EU-GRCh, dass Artikel 52 Abs. 2 EU-GRCh verdeutliche, dass die sowohl in der Charta als auch in den Verträgen enthaltenen Rechte weiterhin den Bedingungen und Grenzen unterliegen, die für das Unionsrecht, auf dem sie beruhen, gelten und die in den Verträgen festgelegt sind[109]. Weiterhin heißt es, dass mit der Charta die Regelung hinsichtlich der durch den EG-Vertrag gewährten und in die Verträge übernommenen Rechte nicht geändert werde[110].

Die Diskussionen im Grundrechtekonvent belegen aber, dass die Beanspruchung des Rechts auf Berufsfreiheit (auch) durch die Inhaber des Rechts auf Freizügigkeit festgelegt werden sollte; insbesondere wurde bereits im ersten Textvorschlag zu Artikel 15 eine Verweisung auf die Freizügigkeitsregelungen des EG-Vertrages aufgenommen („... unbeschadet der die Freizügigkeit von Personen betreffenden Bestimmungen des Vertrags")[111]. Die Aufnahme der Grundfreiheiten in Artikel 15 Abs. 2 EU-GRCh infolge dessen lediglich als einen klarstellenden bzw. die Grundfreiheiten wiederholenden Akt des Grundrechtskonvents zu reduzieren[112], greift daher zu kurz.

Insbesondere ist zu berücksichtigen, dass das Grundrecht der Berufsfreiheit ursprünglich zu den wirtschaftlichen und sozialen Grundrechten zugeordnet, anschließend jedoch nach massiver Kritik innerhalb des Grundrechtekonvents als reines Freiheitsrecht ausgestaltet wurde[113], was den Schluss zulässt, dass diesem Freiheitsrecht Nachdruck verliehen werden sollte, indem es in einer Reihe mit den sonstigen in den Verträgen enthaltenen (Grund-) Freiheiten genannt wurde. Zudem sollte auch verdeutlicht werden, dass die genannten Grundfreiheiten aufgrund ihres Wesens als Freiheitsrechte einen engen Bezug zur Berufsfreiheit aufweisen[114] bzw.

---

108 Amtsblatt der Europäischen Union v. 14.12.2007 (2007/C 303/02), C 303/23.

109 Amtsblatt der Europäischen Union v. 14.12.2007 (2007/C 303/02), C 303/33.

110 Amtsblatt der Europäischen Union v. 14.12.2007 (2007/C 303/02), C 303/33.

111 Meyer/*Bernsdorff*, a. a. O., Rn. 6 zu Art. 15.

112 So u.a. Streinz/*Streinz*, a. a. O., Rn. 14 zu Art. 15 GR-Charta, Schwarze/*Schwarze*, a. a. O., Rn. 7 zu Art. 15 GRC.

113 Siehe die anschauliche Darstellung über den Inhalt der geführten Diskussionen während des Grundrechtekonvents bei Meyer/*Bernsdorff*, a. a. O., Rn. 5–11 zu Art. 15.

114 Jarass, a. a. O., Rn. 20 zu Art. 15.

diese konkretisieren[115], auch wenn hierdurch die Regelung zur Berufsfreiheit nicht ersetzt oder verdrängt werden sollte.

(2) Zwischenergebnis

Als Zwischenergebnis ist nach alledem festzuhalten, dass ein Bedürfnis dafür besteht, das Recht auf Arbeitsplatzwahlfreiheit zugleich als Gewährleistungsinhalt der Arbeitnehmerfreizügigkeit anzusehen. Es besteht insoweit trotz der unterschiedlichen Schutzrichtungen und Funktionen des Grundrechts der Berufsfreiheit einerseits und der Grundfreiheit der Arbeitnehmerfreizügigkeit andererseits ein unlösbarer sachlicher Zusammenhang zwischen den jeweiligen Gewährleistungsinhalten. Anklang findet dieser sachliche Zusammenhang zum einen in Artikel 15 Abs. 2 EU-GRCh als auch in den im Vorfeld dessen In-Kraft-Tretens geführten Diskussionen im Grundrechtekonvent. Aufgrund dieses unlösbaren sachlichen Zusammenhangs zwischen den jeweiligen Gewährleistungsinhalten verbietet sich vorliegend eine Exlusivitätsprüfung, um das Recht auf Arbeitnehmerfreizügigkeit effektiv durchsetzen zu können.

Vor diesem Hintergrund ist die Argumentation, wonach die Arbeitnehmerfreizügigkeit durch das Wettbewerbsverbot gemäß §§ 241 Abs. 2, 60 Abs. 1 (2. Alt.) HGB nicht beschränkt wird, weil die Aufnahme von Tätigkeiten bei einem oder mehreren Arbeitgebern weiterhin möglich bleibt, der/die außerhalb des Geschäftsfeldes agiert/en, in dem der Hauptarbeitgeber tätig ist, abzulehnen.

ccc. Weiteres Argument: Einfluss auf Motivation des Arbeitnehmers aufgrund zu befürchtender Sanktionen

Das Wettbewerbsverbot gemäß §§ 241 Abs. 2 BGB, 60 Abs. 1 (2. Alt.) HGB hat in Verbindung mit der gemäß §§ 241 Abs. 2 BGB, § 61 HGB erfolgenden Anordnung von Sanktionen zudem unmittelbare Auswirkungen auf die autonome Entscheidung des Arbeitnehmers, neben einer Haupttätigkeit noch eine weitere Tätigkeit bei einem oder mehreren Zweitarbeitgebern aufzunehmen. Maßgeblich in diese Entscheidung mit einbezogen werden selbstverständlich auch die sich für den Fall eines Verstoßes gegen das Wettbewerbsverbot ergebenden Sanktionen. Der Arbeitnehmer sieht sich – wie oben bereits dargestellt – erheblichen Sanktionen des Arbeitgebers ausgesetzt, sofern er gegen das Wettbewerbsverbot gemäß §§ 241 Abs. 2 BGB, 60 Abs. 1 (2. Alt) HGB verstößt. Diese können finanzieller Natur sein, da selbst für den Fall, dass ein Schadensersatzanspruch unbegründet sein sollte, die wettbewerbswidrige Tätigkeit zu unterlassen ist und somit auch eine zusätzliche Einnahmequelle entfällt.

Des Weiteren steht die Existenz des Hauptarbeitsverhältnisses auf dem Spiel. Ein Verstoß gegen das Wettbewerbsverbot gemäß §§ 241 Abs. 2 BGB, 60 Abs. 1 HGB stellt aufgrund des Umstandes, dass dieser den Vertrauensbereich der Arbeitsvertragsparteien berührt, eine gravierende Pflichtverletzung des Arbeitsverhältnisses

115 Meyer/*Bernsdorff*, a. a. O., Rn. 20 zu Art. 15.

dar, die nach der Rechtsprechung einen wichtigen Grund i. S. d. § 626 Abs. 1 BGB bildet.[116]

Derartige Rechtsfolgen werden naturgemäß in die Überlegung mit einbezogen, neben dem bestehenden Hauptarbeitsverhältnis überhaupt ein weiteres Arbeitsverhältnis in dem Geschäftszweig des Hauptarbeitgebers einzugehen bzw. durchzuführen und sich so den dargestellten Sanktionen auszusetzen. Insoweit ist auch zu berücksichtigen, dass die konkrete Bestimmung bzw. Subsumtion der beabsichtigten Zweitbeschäftigung unter die Voraussetzungen des Wettbewerbsverbots gemäß §§ 241 Abs. 2 BGB, 60 Abs. 1 (2. Alt.) HGB für den einzelnen Arbeitnehmer schwierig ist, da die Anwendbarkeit dieser Regelungen und die Existenz eines Wettbewerbsverbots nicht ohne größeren Rechercheaufwand feststellbar ist. Und selbst wenn dem Arbeitnehmer ggf. mithilfe einer sachkundigen Unterstützung eine konkrete Bestimmung bzw. Subsumtion gelingt, ist noch nicht garantiert, dass der Arbeitgeber sich nicht doch mangels divergierender Auffassung auf das Wettbewerbsverbot beruft und sodann rechtliche Schritte einleitet. Auch wenn diese objektiv betrachtet keine Erfolgsaussichten haben sollten, wird durch einen Rechtsstreit das Arbeitsverhältnis belastet, was ebenfalls ausschlaggebend sein kann, dass der Arbeitnehmer die Aufnahme einer Zweitbeschäftigung ganz unterlässt. Folglich wirkt sich diese Rechtslage negativ auf die Motivation der Unionsbürger aus, sich in einen anderen Mitgliedstaat zur Arbeitsaufnahme zu begeben.

ddd. Zwischenergebnis

Als Zwischenergebnis gilt somit, dass sowohl in objektiver als auch subjektiver Hinsicht eine spezifische Behinderung des (Arbeits-) Marktzugangs vorliegt.

Im Hinblick auf eine Tätigkeit, die von dem Wettbewerbsverbot gemäß §§ 241 Abs. 2 BGB, 60 Abs. 1 (2. Alt.) HGB erfasst wird, liegt ein objektives absolutes Marktzugangshindernis vor, das eine Beschränkung i. S. d. Artikels 45 Abs. 2 AEUV darstellt.

Das Gegenargument, wonach eine Beschränkung nicht vorliege, da dem Arbeitnehmer ein Marktzugang in Bezug auf Tätigkeiten möglich bleibe, die nicht vom Wettbewerbsverbot erfasst sind, greift zu kurz. Dadurch, dass das Recht auf Arbeitsplatzwahlfreiheit ebenfalls Gewährleistungsinhalt der Arbeitnehmerfreizügigkeit ist, ist der Arbeitnehmer nicht darauf zu verweisen, eine Tätigkeit bei einem Arbeitgeber außerhalb des Geschäftsfeldes des Hauptarbeitgebers aufnehmen zu können. Der Arbeitnehmer ist nicht verpflichtet, sich einen Vertragspartner auszusuchen, den er nicht frei wählen kann.

Zudem hat die sich aus dem Wettbewerbserbot gemäß §§ 241 Abs. 2 BGB, 60 Abs. 1 (2. Alt.) HGB ergebende Anordnung des Tätigkeitsverbots, verbunden mit der gemäß §§ 241 Abs. 2 BGB, § 61 HGB erfolgenden Anordnung von Sanktionen unmittelbare Auswirkungen auf die autonome Entscheidung des Arbeitnehmers,

116 U. a. BAG, Urteil v. 28.1.2010 – 2 AZR 1008/08, a. a. O. (Seite 462).

neben einer Haupttätigkeit noch eine weitere Tätigkeit bei einem oder mehreren Zweitarbeitgebern aufzunehmen.

c. *Ergebnis*

Im Ergebnis liegt damit eine (Arbeits-) Marktzugangsbehinderung durch das Wettbewerbsverbot gemäß §§ 241 Abs. 1 BGB, 60 Abs. 1 (2. Alt.) HGB vor.

d. *Gravierende Konsequenzen insbesondere bei Teilzeit- und geringfügigen Arbeitsverhältnissen*

Gravierende Konsequenzen hat das Wettbewerbsverbot gemäß §§ 241 Abs. 2 BGB, 60 Abs. 1 (2. Alt.) HGB insbesondere bei Teilzeit- bzw. geringfügigen Arbeitsverhältnissen.

aa. Geltung des Wettbewerbsverbots gemäß §§ 241 Abs. 2 BGB, 60 Abs. 1 (2. Alt.) HGB auch bei Teilzeit- bzw. geringfügigen Arbeitsverhältnissen

Das Wettbewerbsverbot gemäß §§ 241 Abs. 2 BGB, 60 Abs. 1 (2. Alt.) HGB findet auch auf Teilzeit- bzw. geringfügige Arbeitsverhältnisse Anwendung.[117] Weder in den gesetzlichen Regelungen noch in der Rechtsprechung finden sich Anhaltspunkte dafür, dass hinsichtlich des jeweiligen arbeitsvertraglich vereinbarten bzw. tarifvertraglich geltenden Arbeitsumfangs zu differenzieren ist. Vielmehr ist Anknüpfungspunkt für das Eingreifen des Wettbewerbsverbots gemäß §§ 241 Abs. 2 BGB, 60 Abs. 1 (2. Alt.) HGB einzig der Schutz des (Haupt-) Arbeitgebers und somit die Qualität der Zweitbeschäftigung, sodass das (geringere) quantitative Ausmaß der Einbindung in den Betrieb des Zweitarbeitgebers keine Absenkung der Schutzhürden begründen kann.[118] Die Schutzbedürftigkeit des Arbeitgebers vor arbeitnehmerseitiger Konkurrenztätigkeit nimmt in den Fällen von Teilzeittätigkeit bzw. Arbeitszeitreduzierung sogar noch zu.[119]

bb. Gesteigertes Interesse an Aufnahme einer Zweitbeschäftigung

Einleuchtender Hintergrund ist, dass aufgrund der nur in einem geringen zeitlichen Umfang verwerteten Arbeitskraft naturgemäß weitere Kapazitäten im Hinblick auf die Verwertung der Arbeitskraft bestehen. Folglich ist gerade bei Teilzeit- bzw. geringfügigen Arbeitsverhältnissen der Bedarf an der Aufnahme einer

---

117 MünchKommHGB/*von Hoyningen-Huene*, a. a. O., Rn. 17 zu § 60, Oetker/*Kotzian-Marggraf*, a. a. O., Rn. 2 zu § 60 jeweils m. w. N. sowie Ebenroth/Boujong/Joost/Strohn/*Boecken*, a. a. O., Rn. 8 zu § 60; entgegen Kempen/Kreuder, AuR 1994, 214 (218), Baumbach/Hopt/*Roth*, a. a. O., Rn. 4 zu § 60, der zumindest keinen dauerhaften kompensationslosen Verzicht auf eine weitere Arbeitsstelle bei einfachen Tätigkeit befürwortet.

118 Oetker/*Kotzian-Marggraf*, a. a. O., Rn. 2 zu § 60.

119 Ebenroth/Boujong/Joost/Strohn/*Boecken*, a. a. O., Rn. 8 zu § 60.

Zweitbeschäftigung groß. Ein Arbeitnehmer in einem Teilzeit- bzw. geringfügigen Arbeitsverhältnis hat gerade ein gesteigertes Interesse an der vollen wirtschaftlichen Verwertung seiner Arbeitskraft.[120] Dies gilt insbesondere auch für grenznah wohnhafte Arbeitnehmer, für die es angesichts der im Vergleich zu einer Vollzeittätigkeit geringeren zeitlichen Beanspruchung ohne weiteres möglich ist, im Nachbarmitgliedstaat eine oder mehrere zusätzliche Beschäftigungen aufzunehmen.

Arbeitnehmer in dieser Situation sind meist sogar darauf angewiesen, zur Bestreitung ihres Lebensunterhaltes bzw. des Lebensunterhaltes ihrer Familien eine zusätzliche Tätigkeit aufzunehmen, und zwar insbesondere in den Fällen, in denen der Hauptarbeitgeber eine Erhöhung der Arbeitszeit ablehnt und außerhalb der Branche des Hauptarbeitgebers keine Beschäftigung zu angemessener Bezahlung gefunden werden kann.[121]

Die Untersagung einer zusätzlichen Tätigkeit kann bei diesen Arbeitnehmern daher zu einer Gefährdung der Existenz führen.

IV. Gesamtergebnis

Als Gesamtergebnis ist nach alledem festzuhalten, dass Gegenstand für die Prüfung des Vorliegens einer Beschränkung i. S. d. Artikel 45 Abs. 2 AEUV nicht die §§ 60, 61 HGB in analoger Anwendung sind. Mangels bestehender planwidriger Regelungslücke sind diese dogmatisch nicht auf Arbeitsverhältnisse analog anwendbar. Die Regelungen der §§ 60, 61 HGB dienen jedoch als Konkretisierungsmittel für den aus § 241 Abs. 2 BGB folgenden allgemeinen Rechtsgedanken, wonach der Arbeitnehmer aufgrund seiner Rücksichtnahmepflicht jede „Konkurrenztätigkeit" zum Nachteil des Arbeitgebers zu unterlassen hat. Dies ist aufgrund des Umstandes erforderlich, dass durch ein im laufenden Arbeitsverhältnis geltendes Wettbewerbsverbot in die grundrechtlich in Artikel 12 Abs. 1 GG geschützte Berufsfreiheit des betroffenen Arbeitnehmers eingegriffen wird.

Das Wettbewerbsverbot gemäß §§ 241 Abs. 2 BGB, 60 Abs. 1 (2. Alt.) HGB stellt eine spezifische Behinderung des (Arbeits-) Marktzugangs und damit eine Beschränkung i. S. d. Artikel 45 Abs. 2 AEUV dar. Im Hinblick auf eine Tätigkeit, die von §§ 241 Abs. 2 BGB, 60 Abs. 1 (2. Alt.) HGB erfasst wird, d. h. eine Tätigkeit bei einem Zweitarbeitgeber im selben Geschäftsfeld des Hauptarbeitgebers, bei der eine Verwertung von Betriebs- oder Geschäftsgeheimnissen des Arbeitgebers droht, besteht ein objektives absolutes Zugangshindernis. Dies stellt bereits eine Beschränkung i. S. d. Artikel 45 Abs. 2 AEUV dar.

Das Gegenargument, wonach eine Beschränkung nicht vorliege, da dem Arbeitnehmer ein Marktzugang in Bezug auf Tätigkeiten möglich bleibe, die nicht vom Wettbewerbsverbot erfasst sind, greift zu kurz. Dadurch, dass das Recht auf

120 MünchKommHGB/*von Hoyningen-Huene*, a. a. O., Rn. 17 zu § 60, Oetker/*Kotzian-Marggraf*, a. a. O., Rn. 2 zu § 60.

121 BAG v. 24.3.2010 – 10 AZR 66/10, a. a. O. (Seite 694), Baumbach/Hopt/*Roth*, a. a. O., Rn. 4 zu § 60.

Arbeitsplatzwahlfreiheit ebenfalls Gewährleistungsinhalt der Arbeitnehmerfreizügigkeit ist, ist der Arbeitnehmer nicht darauf zu verweisen, eine Tätigkeit bei einem Zweitarbeitgeber außerhalb des Geschäftsfeldes des Hauptarbeitgebers aufnehmen zu können. Der Arbeitnehmer ist nicht verpflichtet, sich einen Vertragspartner auszusuchen, den er nicht frei wählen kann.

Zudem hat die sich aus dem Wettbewerbsverbot gemäß §§ 241 Abs. 2 BGB, 60 Abs. 1 (2. Alt.) HGB ergebende Anordnung des Tätigkeitsverbots, verbunden mit der gemäß §§ 241 Abs. 2 BGB, § 61 HGB erfolgenden Anordnung von Sanktionen unmittelbare Auswirkungen auf die autonome Entscheidung des Arbeitnehmers, neben einer Haupttätigkeit noch eine weitere Tätigkeit bei einem oder mehreren Zweitarbeitgebern aufzunehmen.

C. Beschränkung der Arbeitnehmerfreizügigkeit durch nachvertragliches Wettbewerbsverbot

Fraglich ist, ob auch ein Wettbewerbsverbot, das nach Beendigung des Arbeitsverhältnisses gilt (im Folgenden: nachvertragliches Wettbewerbsverbot), als Regelung bzw. Maßnahme zu bewerten ist, die eine Beschränkung i. S. d. Artikel 45 Abs. 2 AEUV darstellt.

I. Rechtsgrundlage des nachvertraglichen Wettbewerbsverbots

Diesbezüglich ist wiederum zunächst zu klären, welche Regelung bzw. Maßnahme Gegenstand der Prüfung des Vorliegens einer Beschränkung ist.

1. Keine Nachwirkung des Wettbewerbsverbots gemäß §§ 241 Abs. 2 BGB, 60 Abs. 1 (2. Alt.) HGB

Das vorstehend dargestellte Wettbewerbsverbot gemäß §§ 241 Abs. 2 BGB, 60 Abs. 1 (2. Alt.) HGB findet während des laufenden Arbeitsverhältnisses (mit dem Hauptarbeitgeber) Anwendung.[122] Im Anschluss an die Beendigung des Arbeitsverhältnisses gilt trotz des Umstandes, dass gewisse arbeitsvertragliche Nebenpflichten gemäß § 241 Abs. 2 BGB auch über die rechtliche Beendigung des Arbeitsverhältnisses hinaus fortwirken können[123], dass der Arbeitnehmer zu seinem Arbeitgeber in Wettbewerb treten darf, wenn er nicht durch eine nachvertragliche Wettbewerbsverbotsabrede, die den Voraussetzungen der §§ 110 GewO i. V. m. 74 f. HGB[124]

122 U. a. ErfK/*Preis*, a. a. O., Rn. 720 zu § 611 BGB, Bauer/Diller, a. a. O., S. 13 unter Rn. 28,29, MünchKommHGB/*von Hoyningen-Huene*, a. a. O., Rn. 19 zu § 60 HGB.

123 U. a. ErfK/*Preis*, a. a. O., Rn. 749 zu § 611 BGB, Bauer/Diller, a. a. O., S. 16/17 unter Rn. 38.

124 Hierzu sogleich.

entspricht und insbesondere eine Pflicht zur Entschädigungszahlung[125] vorsieht, gebunden ist.[126]

Dies ist aufgrund der gesetzlichen Ausgestaltung des nachvertraglichen Wettbewerbsverbots, auf die nachfolgend noch einzugehen ist, auch zutreffend. Der Gesetzgeber hat in §§ 110 S. 2 GewO i. V. m. 74 Abs. 2 HGB ausdrücklich geregelt, dass ein Wettbewerbsverbot für den nachvertraglichen Bereich nur dann verbindlich ist, wenn der Arbeitnehmer während der Dauer des Wettbewerbsverbots zumindest die Hälfte der bisherigen Bezüge erhält. Dies bedeutet im Umkehrschluss, dass es Wettbewerbsverbote ohne finanziellen Ausgleich nicht geben soll, sodass es sich verbietet, aus ungeschriebenen vertraglichen Nebenpflichten ein entschädigungsloses Wettbewerbsverbot abzuleiten.[127]

2. Nur gesetzliche „Erlaubnis" zum Abschluss eines nachvertraglichen Wettbewerbsverbots in den §§ 110 S. 1 GewO, 74 f. HGB

Eine gesetzliche Regelung eines nachvertraglichen Wettbewerbsverbots findet sich in § 110 GewO. Satz 1 dieser Vorschrift „erlaubt" die Beschränkung der beruflichen Tätigkeit des Arbeitnehmers im Anschluss an die Beendigung des Arbeitsverhältnisses durch Vereinbarung.

§ 110 S. 2 GewO ordnet insoweit an, dass die Vorschriften der §§ 74 bis 75 f HGB entsprechend anzuwenden sind. Daraus folgt, dass gesetzlich im Gegensatz zu dem für Handlungsgehilfen während des laufenden Vertragsverhältnisses geltenden Wettbewerbsverbot keine explizite Pflichten angeordnet werden, sondern vielmehr vom Gesetzgeber nur ein Zulässigkeitsrahmen[128] vorgegeben wird, in dem sich der Arbeitgeber bei der Vereinbarung eines Wettbewerbsverbots bewegen darf.

Klare gesetzliche Vorgaben bestehen im Hinblick auf die maximal zulässige Dauer des Wettbewerbsverbots. Hier gibt das Gesetz eine zulässige Höchstgrenze von 2 Jahren vor (§ 74 a Abs. 1 Satz 3 HGB). Zudem ist gesetzlich geregelt, dass das Wettbewerbsverbot gemäß § 74 Abs. 2 HGB nur verbindlich ist, wenn sich der Arbeitgeber verpflichtet, für die Dauer des Verbots eine Entschädigung zu zahlen, die für jedes Jahr des Verbots mindestens die Hälfte der vom Arbeitnehmer zuletzt bezogenen vertragsmäßigen Leistungen erreicht.

---

125 Hierzu sogleich.

126 BAG, Urteil v. 19.5.1998 – 9 AZR 394/97 = NZA 1999, 200 (201), Bauer/Diller, a. a. O., S. 17 unter Rn. 38, Oetker/*Kotzian-Marggraf*, a. a. O., Rn. 5 zu § 60 HGB.

127 Bauer/Diller, a. a. O., S. 17 unter Rn. 38.

128 Roloff, Das Beschränkungsverbot des Art. 39 EG (Freizügigkeit) und seine Auswirkungen auf das nationale Arbeitsrecht, S. 164.

3. *Explizite Auferlegung von Pflichten mit Sanktionsanordnung im Rahmen der vertraglichen Vereinbarung*

Wie bereits aus dem Wortlaut des § 110 S. 1 GewO ersichtlich wird, hat der Gesetzgeber aber nicht geregelt, welche konkreten Handlungen bzw. Tätigkeiten der Arbeitnehmer nach Beendigung des Arbeitsverhältnisses zu unterlassen hat, da es dort lediglich heißt, dass die Arbeitsvertragsparteien die berufliche Tätigkeit des Arbeitnehmers für die Zeit nach Beendigung des Arbeitsverhältnisses durch Vereinbarung (eines Wettbewerbsverbots) beschränken „*können*". Der Gesetzgeber überlässt die konkrete Ausgestaltung des nachvertraglichen Wettbewerbsverbots vielmehr in den Grenzen der §§ 74 f. HGB der privatautonomen Ausgestaltung der Arbeitsvertragsparteien. Im Rahmen einer Vereinbarung zwischen den Arbeitsvertragsparteien werden dem jeweils betroffenen Arbeitnehmer meist explizite Tätigkeitsverbote für eine gewisse Dauer nach Beendigung des Arbeitsverhältnisses auferlegt.

4. *Zwischenergebnis*

Vor diesem Hintergrund ist festzuhalten, dass nur die jeweilige vertragliche Wettbewerbsverbotsvereinbarung explizite Pflichten für die betroffenen Arbeitnehmer anordnet. § 110 S. 2 GewO setzt den Arbeitgebern zwar insoweit Grenzen, als dass darin angeordnet wird, dass hinsichtlich der erlaubten Beschränkung der beruflichen Tätigkeit nach Beendigung des Arbeitsverhältnisses die §§ 74 f. HGB zu beachten sind. Der Gesetzgeber legt dem Arbeitnehmer in den §§ 110 i. V. m. 74 f. HGB aber keine expliziten Pflichten auf.

II. Zweck des nachvertraglichen Wettbewerbsverbots

Hinsichtlich des Zwecks von nachvertraglichen Wettbewerbsverboten ist zwischen dem Zweck der individualvertraglichen Wettbewerbsverbotsabrede und dem Zweck der Regelung der Rahmenbedingungen durch den Gesetzgeber zu unterscheiden.

1. *Zweck der nachvertraglichen Wettbewerbsverbotsabrede*

Bei der nachvertraglichen Wettbewerbsverbotsabrede handelt es sich – wie oben bereits erörtert – um eine individualvertragliche Abrede der Arbeitsvertragsparteien, die in subjektiver Hinsicht naturgemäß vielfältige Zwecke verfolgen kann. Einerseits kann es dem Arbeitgeber ebenso wie beim Wettbewerbsverbot gemäß §§ 241 Abs. 2 BGB, 60 Abs. 1 (2. Alt.) HGB darum gehen, sich vor Konkurrenztätigkeit des ehemaligen Arbeitnehmers zu schützen und damit die wirtschaftlichen bzw. geschäftlichen Interessen des Arbeitgebers bzw. Unternehmens zu wahren. Andererseits können aber auch andere Beweggründe des Arbeitgebers vorhanden sein, wie z.B. den Arbeitnehmer im Anschluss an die Beendigung des Arbeitsverhältnisses für eine Tätigkeit bei einem Konkurrenzunternehmen schlicht zu „sperren", um es entweder dem Konkurrenzunternehmen zu erschweren, gut ausgebildete und erfahrene Arbeitnehmer anzustellen und einzusetzen oder den Arbeitnehmer dauerhaft an sich zu binden bzw. den Arbeitsplatzwechsel zu erschweren.[129]

2. *Zweck der Regelungen in §§ 110 GewO, 74 f. HGB*

Der vom Gesetzgeber für den Inhalt und Umfang einer nachvertraglichen Wettbewerbsverbotsabrede vorgegebene Zulässigkeitsrahmen stellt einen gesetzlich normierten, nach Maßgabe des § 75 d HGB zwingenden Ausgleich dar zwischen einerseits dem o. g. Interesse des Arbeitgebers und andererseits dem Interesse des aus einem Arbeitsverhältnis ausgeschiedenen Arbeitnehmers, sich beruflich zu betätigen und dabei auch die erlangten beruflichen Kenntnisse und Erfahrungen zu verwerten und zu seinem früheren Arbeitgeber in Wettbewerb zu treten.[130] Leitgedanke der § 74 f. HGB ist daher der Schutz des Arbeitnehmers als dem wirtschaftlich schwächeren Teil der Arbeitsvertragsparteien im Hinblick auf die wirtschaftlichen Folgen von Abreden zwischen diesen über eine Beschränkung bzw. Erschwerung einer gewerblichen Betätigung nach Beendigung des Arbeitsverhältnisses.[131]

III. (Arbeits-) Marktzugangsbehinderung durch nachvertragliche Wettbewerbsverbotsvereinbarung

Fraglich ist, ob der Arbeitnehmer infolge einer geschlossenen Wettbewerbsverbotsvereinbarung am Zugang zu einem Arbeitsmarkt eines Mitgliedstaates gehindert wird.

Diesbezüglich sei nochmals in Erinnerung gerufen, dass das Beschränkungsverbot dahingehend tatbestandlich zu begrenzen ist, als dass dem Arbeitnehmer spezifisch der Zugang zum Arbeitsmarkt der jeweiligen Mitgliedstaaten verwehrt wird, mithin die vertragliche Regelung einen Zusammenhang zur grenzüberschreitenden Aufnahme und Ausübung der unselbständigen Erwerbstätigkeit, also dem Zugang zur Beschäftigung, aufweisen muss. Regelungen, die nur irgendwie Auswirkungen auf die Entscheidung des Arbeitnehmers haben, Zugang zu dem Markt eines Mitgliedstaates zu suchen, sind hiervon abzugrenzen.

1. *Zulässiger Gegenstand von nachvertraglichen Wettbewerbsverbotsvereinbarungen*

Durch eine nachvertragliche Wettbewerbsverbotsvereinbarung werden dem Arbeitnehmer regelmäßig bestimmte Tätigkeiten oder ganz allgemein das Tätigwerden in einem Konkurrenzunternehmen im Anschluss an die Beendigung des

---

129 Siehe die Ausführungen des BAG, Urteil v. 1.8.1995 – 9 AZR 884/93 – a. a. O. (Seite 310) m. w. N., ErfK/*Oetker*, a. a. O., Rn. 2 zu § 74 a HGB m. w. N., Bauer/Diller, a. a. O., S. 130 unter Rn. 305 m. w. N.

130 Ebenroth/Boujong/Jost/Strohn/*Boecken*, a. a. O., Rn. 1 zu § 74 HGB.

131 Vgl. Röhricht/von Westphalen/*Wagner*, HGB, 4. Aufl. 2014, Rn. 1 zu § 74, Baumbach/Hopt/*Roth*, a. a. O., Rn. 3 zu § 74.

Arbeitsverhältnisses untersagt. Unabhängig von der genauen Bestimmung des Begriffs des Konkurrenzunternehmens, der weder gesetzlich noch von der Rechtsprechung präzise definiert wird und auch in der Literatur unterschiedlich bestimmt wird[132], legt der Arbeitgeber dem Arbeitnehmer insoweit jedenfalls ein explizites Tätigkeitsverbot für eine gewisse Dauer nach Beendigung des Arbeitsverhältnisses auf.

a. Gegenstand von nachvertraglichen Wettbewerbsverbotsabreden

Dieses Verbot kann rein tätigkeits- aber auch unternehmensbezogen ausgestaltet sein, was jeweils durch Auslegung der vertraglichen Regelung im konkreten Einzelfall gemäß §§ 133, 157 BGB zu ermitteln ist.[133]

Im Rahmen eines tätigkeitsbezogenen Verbotes wird dem Arbeitnehmer für den Zeitraum nach Beendigung des Arbeitsverhältnisses eine bestimmte Art von Tätigkeit untersagt, während ein Tätigkeitsverbot für bestimmte aufgezählte oder durch die Angabe der Branche definierte Unternehmen das sog. unternehmensbezogene Wettbewerbsverbot erfasst.[134] Grundlegende rechtliche Konsequenzen ergeben sich aus dieser Unterscheidung aber nicht.[135]

Zur Verdeutlichung dienen folgende Beispielsklauseln:

Beispiel 1[136]:

> *„Der Mitarbeiter verpflichtet sich, nach seinem Ausscheiden keine Lebensversicherungen zu vermitteln."*

Beispiel 2[137]:

> *„Der Arbeitnehmer verpflichtet sich, für die Dauer von 2 Jahren nach Beendigung des Arbeitsverhältnisses weder mittelbar, noch unmittelbar, bei einem oder für ein Unternehmen tätig zu sein, bei der Gründung eines solchen Unternehmens mitzuwirken oder sich an ihm zu beteiligen, noch ein solches mit Rat und Tat irgendwie zu unterstützen, noch ein solches mittelbar oder unmittelbar allein oder mit anderen zu betreiben, das mit der Firma in Wettbewerb steht, insbesondere Werkzeuge und/oder Maschinen entwickelt,*

---

132 Siehe nur die ausführliche Darstellung bei Bauer/Diller, a. a. O., Seite 104 bis 107 unter den Rn. 241–250.

133 Baumbach/Hopt/*Roth*, a. a. O., Rn. 7 zu § 74.

134 Bauer/Diller, a. a. O., Seite 100 unter Rn. 232.

135 Bauer/Diller, a. a. O., Seite 100 unter Rn. 232.

136 Beispiel zu einem tätigkeitsbezogenen nachvertraglichen Wettbewerbsverbot bei Bauer/Diller, a. a. O., Seite 100 unter Rn. 232.

137 Auszug einer unternehmensbezogenen nachvertraglichen Wettbewerbsverbotsklausel mit EU-weiter Geltung, die ein weltweit tätiges Unternehmen, welches sich mit der Herstellung von rotierenden Zerspannungswerkzeugen am Markt betätigt, in einem Sachverhalt verwendet hat, der dem Urteil des LAG Saarland v. 19.9.2001 – 2 Sa 117/01 (veröffentlicht auf: http://archiv.jura.uni-saarland.de/entschdb/lagsaarland/dbsresult.php?query=19.9.2001&sfield=Datum) zugrunde lag.

herstellt oder vertreibt, wie sie im Zeitpunkt des Ausscheidens des Arbeitnehmers von der Firma entwickelt, hergestellt oder vertrieben werden. Das Wettbewerbsverbot erstreckt sich räumlich auf das Gebiet der EG-Staaten."

Beispiel 3[138]:

„Dem Arbeitgeber ist es untersagt, während der Dauer von ____ nach der Beendigung des Arbeitsverhältnisses für ein Unternehmen tätig zu werden, das mit dem Arbeitgeber in direktem oder indirektem Wettbewerb steht, gleichgültig, wie diese Tätigkeit erfolgt. Untersagt ist auch die Tätigkeit für ein anderes Unternehmen, das mit einem Wettbewerbsunternehmen im Sinne dieser Vereinbarung im Konzernverbund steht oder auf das ein Wettbewerbsunternehmen aufgrund sonstiger tatsächlicher oder rechtlicher Bindungen Einfluss nehmen kann bzw. das seinerseits aufgrund solcher Bindungen Einfluss auf ein Wettbewerbsunternehmen hat.

Dieses Wettbewerbsverbot erstreckt sich sachlich auf alle Unternehmen, die (...) herstellen oder vertreiben. Dieses Wettbewerbsverbot erstreckt sich räumlich auf alle Länder der Welt, in denen der Arbeitgeber diese Produkte herstellt oder vertreibt."

Die Sanktionen für den Fall des Zuwiderhandelns gegen die nachvertragliche Wettbewerbsverbotsvereinbarung folgen ebenfalls regelmäßig bereits aus der Vereinbarung selbst. Häufig werden nachvertragliche Wettbewerbsverbotsvereinbarungen mit Vertragsstrafenregelungen verbunden.

Beispiel[139]:

„Für den Fall der Zuwiderhandlung gegen das Verbot hat der Arbeitnehmer eine Vertragsstrafe von DM 50.000,- zu zahlen.

Im Falle eines Dauerverstoßes wird die Vertragsstrafe für jeden angefangenen Monat neu verwirkt. Die Geltendmachung eines darüber hinausgehenden Schadens bleibt vorbehalten."

Derartige Vertragsstrafenregelungen sind in dem Fall, in dem es sich um eine vorformulierte Klausel handelt, die für eine Vielzahl von Arbeitnehmern zur Anwendung gelangt, nur dann wirksam, wenn der Arbeitgeber die AGB-rechtlichen Vorgaben beachtet. Grundsätzlich bestehen im Hinblick auf derartige Vertragsstrafen unter dem Gesichtspunkt einer AGB-Kontrolle keine Bedenken. Vertragsstrafen zur Absicherung eines nachvertraglichen Wettbewerbsverbots scheitern nicht an § 309 Nr. 6 BGB, da die Vertragsstrafe die Verletzung von Vertragspflichten sanktionieren soll und somit nicht dem von § 309 Nr. 6 BGB erfassten Fall unterliegt, wonach dem Verwender für den Fall der Nichtabnahme oder verspäteten Abnahme der

138 Auszug einer nachvertraglichen Wettbewerbsverbotsabrede bei Urban, ArbRAktuell 2012, 241 f.

139 Vertragsstrafenregelung in einer Vereinbarung, die dem Urteil des BAG v. 8.3.2006 – 10 AZR 349/05 = NZA 2006, 854 zugrunde lag, s. auch Urban, ArbRAktuell 2012, 241 f.

Leistung, des Zahlungsverzugs oder für den Fall, dass sich der andere Vertragsteil vom Vertrag löst, eine Vertragsstrafe versprochen wird.[140] Da ferner bei Wettbewerbsverboten eine Vertragsstrafe dazu dient, den Arbeitnehmer zur Einhaltung des Verbots anzuhalten, liegt zudem kein pauschalierter Schadensersatzanspruch gemäß § 309 Nr. 5 BGB vor.[141] Ein Verstoß gegen AGB-Recht kann sich aber ergeben, wenn z.B. zwischen der Höhe der Vertragsstrafe und der Bedeutung des Verbots ein grobes Missverhältnis besteht[142] oder wenn die Vertragsstrafe nicht klar und verständlich ist[143].

Wie aus der Beispielsklausel ersichtlich, kann der Arbeitgeber für den Fall der Zuwiderhandlung auch Schadensersatz und darüber hinaus in erster Linie Unterlassung sowie Beseitigung fortbestehender Störungen der vertragswidrigen Handlungen vom ausgeschiedenen Arbeitnehmer verlangen.[144] Anders als im Fall des Wettbewerbsverbots während des laufenden Arbeitsverhältnisses besteht hingegen kein Anspruch auf Herausgabe eines etwaigen Gewinns, den der Arbeitnehmer mithilfe einer wettbewerbswidrigen Handlung erzielt[145].

b. Zulässigkeit von nachvertraglichen Wettbewerbsverboten

Nach der deutschen Rechtslage bedarf es aufgrund des auch hier bestehenden Eingriffs in die in Artikel 12 Abs. 1 GG geregelte Berufsfreiheit des Arbeitnehmers zur Verbindlichkeit eines nachvertraglichen Wettbewerbsverbots gemäß §§ 110 S. 2 GewO, 74 a Abs. 1 S. 1 HGB eines berechtigten Interesses des Arbeitgebers. Zwar wurde aus der in § 74 a HGB verwendeten Gesetzesformulierung, wonach das nachvertragliche Wettbewerbsverbot insoweit unverbindlich ist, als es nicht zum Schutze eines berechtigten geschäftlichen Interesses des Prinzipals dient, zunächst geschlossen, mehr als ein Schikaneverbot sei nicht beabsichtigt gewesen[146], sodass an dieses geschäftliches Interesse zunächst keine strengen Anforderungen gestellt wurden.[147] Die deutsche Rechtsprechung hat jedoch im Laufe der Zeit und in Anbetracht des durch Artikel 12 Abs. 1 GG geschützten Rechts auf die freie Wahl des Arbeitsplatzes und des mit der Verwendung eines Wettbewerbsverbots verbundenen Eingriffs eine strengere Auffassung vertreten. Zusammenfassend lautet diese dahin, dass der Begriff des berechtigten geschäftlichen Interesses - ein unbestimmter

---

140 BAG, Urteil v. 14.8.2007 – 8 AZR 973/06 = NZA 2008, 170 (171).

141 Bauer/Diller, a. a. O., Seite 356 unter Rn. 927.

142 Bauer/Diller, a. a. O., Seite 223 unter Rn. 545.

143 BAG, Urteil v. 14.8.2007 – 8 AZR 973/06 = NZA 2008, 170 (171/172).

144 Baumbach/Hopt/*Roth*, a. a. O., Rn. 10 f. zu § 74.

145 Baumbach/Hopt/*Roth*, a. a. O., Rn. 10 f. zu § 74.

146 S. den Verweis bei Bauer/Diller, a. a. O., Seite 131 unter Rn. 305 auf die von Duden geäußerte Ansicht in der Anmerkung zum Urteil des BAG v. 24.6.1966 – 3 AZR 501/65 = BB 1966, 1025.

147 S. den Verweis bei Bauer/Diller, a. a. O., Seite 130 unter Rn. 305 auf die ältere Literaturauffassung, nach der der Arbeitgeber ein Wettbewerbsverbot nutzen durfte, soweit er sich nur irgendeinen Vorteil versprach.

Rechtsbegriff, der von den Gerichten voll überprüft werden kann[148] - dann erfüllt ist, wenn das Wettbewerbsverbot entweder dem Schutz von Betriebs- oder Geschäftsgeheimnissen dient oder den Einbruch in den Kunden- oder Lieferantenkreis[149]

verhindern soll. Diese Rechtsgüter des Arbeitgebers stellen nach der deutschen Rechtsprechung höherrangige Interessen dar, die einen Eingriff in das Grundrecht der Berufsfreiheit zu rechtfertigen vermögen.[150] Unzulässig sind hingegen solche Anliegen des Arbeitgebers, die lediglich darin bestehen, eine Stärkung der Konkurrenz zu verhindern, wobei dies dadurch zum Ausdruck gebracht wird, als dass ein derartiges Wettbewerbsverbot unverbindlich ist.[151] Dies gilt auch für das Interesse des Arbeitgebers, den Arbeitnehmer an ihn zu binden oder eine Abwerbung durch die Konkurrenz zu vermeiden oder den Arbeitsplatzwechsel des Arbeitnehmers zu erschweren.[152]

aa. Begriff des Betriebs- oder Geschäftsgeheimnisses

Bezüglich des Begriffs des Betriebs- oder Geschäftsgeheimnisses sei auf die obigen Ausführungen zum Wettbewerbsverbot gemäß §§ 241 Abs. 2 BGB, 60. Abs. 1 (2. Alt.) HGB verwiesen.

bb. Einbruch in den Kunden- bzw. Lieferantenkreis

Hinsichtlich des mit nachvertraglichen Wettbewerbsverboten verfolgten und nach der deutschen Rechtsprechung zulässigen Zwecks, den Einbruch in den Kunden- bzw. Lieferantenkreis zu verhindern, sind verschiedene Fallgestaltungen zu unterscheiden.

Zum einen ist denkbar, dass der Arbeitnehmer ohne Zuhilfenahme von Kunden- und Lieferantenlisten des Arbeitgebers Kunden bzw. Lieferanten im Anschluss an die Beendigung des Arbeitsverhältnisses abwirbt bzw. abzuwerben versucht. Des Weiteren ist denkbar, dass der Arbeitnehmer eine Abwerbung von Kunden bzw. Lieferanten im Anschluss an das Arbeitsverhältnis unter Verwendung von Kunden- und Lieferantenlisten des Arbeitgebers vornimmt bzw. versucht.

(1) Einbruch in den Kunden- bzw. Lieferantenkreis unter Verwendung von Kunden- bzw. Lieferantenlisten des Arbeitgebers

Nach der deutschen zivilgerichtlichen Rechtsprechung sind Kunden- bzw. Lieferantenlisten ebenfalls als Betriebs- bzw. Geschäftsgeheimnis des Arbeitgebers zu qualifizieren. Enthalten Kundenlisten die Daten von Kunden, zu denen bereits

---

148 U. a. Bauer/Diller, a. a. O., Seite 129 unter Rn. 301.

149 U. a. BAG, Urteil v. 1.8.1995 – 9 AZR 884/93, a. a. O. (Seite 310) m. w. N.

150 Bauer/Diller, a. a. O., Seite 131 unter Rn. 305 und unter Verweis auf die vorstehend zitierte Rechtsprechung des BAG.

151 BAG, Urteil v. 1.8.1995 – 9 AZR 884/93 – a. a. O. (Seite 310) m. w. N.

152 ErfK/*Oetker*, a. a. O., Rn. 2 zu § 74 a HGB m. w. N., Bauer/Diller, a. a. O., Seite 130 unter Rn. 305 m. w. N.

eine Geschäftsbeziehung besteht und die daher auch in Zukunft als Abnehmer der angebotenen Produkte in Frage kommen, stellen sie im Allgemeinen für das betreffende Unternehmen einen wichtigen Bestandteil seines „Good will“ dar, auf dessen Geheimhaltung von Seiten des Betriebsinhabers meist großer Wert gelegt wird.[153] Sofern die fragliche Kunden- bzw. Lieferantenliste derartige Daten enthält und es sich nicht lediglich um eine Adressenliste handelt, die jederzeit ohne großen Aufwand aus allgemein zugänglichen Quellen erstellt werden kann, lässt sich der Charakter als Geschäftsgeheimnis auch nicht durch einen günstigen Kaufpreis in Zweifel ziehen; ein Geschäftsgeheimnis braucht keinen bestimmten Vermögenswert zu besitzen; es reicht aus, dass es sich für den Arbeitgeber nachteilig auswirken kann, wenn Dritte, insbesondere Wettbewerber, Kenntnis von den Daten erlangen.[154]

An derartigen Kunden- bzw. Lieferantenlisten besteht daher ein besonderes Geheimhaltungsinteresse, sodass an die Manifestation des Geheimhaltungswillens keine überzogenen Anforderungen gestellt werden; es genügt nach der deutschen Rechtsprechung, wenn sich dieser Wille aus der Natur der geheim zu haltenden Tatsache ergibt.[155]

(2) Einbruch in den Kunden- bzw. Lieferantenkreis ohne Verwendung von Kunden- bzw. Lieferantenlisten des Arbeitgebers

Sofern der Arbeitnehmer Kunden bzw. Lieferanten im Anschluss an die Beendigung des Arbeitsverhältnisses ohne Verwendung von Kunden- bzw. Lieferantenlisten des Arbeitgebers abwirbt bzw. abzuwerben versucht, gilt im Grundsatz nach der ständigen deutschen zivilgerichtlichen Rechtsprechung, dass kein Wettbewerber Anspruch auf die Bewahrung seines Kundenkreises oder den Fortbestand eines einmal begründeten Vertragsverhältnisses mit einem Kunden hat.[156] Der Kundenstamm als solcher stellt zwar zumeist einen erheblichen, oft den einzigen wirtschaftlichen Wert eines Unternehmens, dar. Er ist jedoch kein geschütztes Rechtsgut im Sinne eines subjektiven Rechts auf Bestandsschutz.[157] Das Abwerben von Kunden gehört zum Wesen des Wettbewerbs.[158] Es ist auch dann zulässig, wenn die Kunden vertraglich

153 BGH, Urteil vom 27.4.2006 – I ZR 126/03 = NJW 2006, 3424 (3426) m. w. N.

154 BGH, Urteil vom 27.4.2006 – I ZR 126/03 = NJW 2006, 3424 (3426) m. w. N.

155 BGH, Urteil vom 27.4.2006 – I ZR 126/03 = NJW 2006, 3424 (3426) m. w. N.

156 Harte-Bavendamm/Henning-Bodewig/*Omsels*, a. a. O., Rn. 90 zu § 4 unter Verweis auf die Rechtsprechung des BGH, u. a. Urteil v. 7.4.2005 – I ZR 140/02 = GRUR 2005, 603 (604), Urteil v. 22.4.2004 – I ZR 303/01 = GRUR 2004, 704 (705).

157 Harte-Bavendamm/Henning-Bodewig/*Omsels*, a. a. O., Rn. 90 zu § 4, Köhler/Bornkamm, a. a. O., Rn. 10.33 zu § 4 unter Verweis auf BGH, Urteil v. 8.11.2001 – I ZR 124/99 = GRUR 548 (549).

158 Harte-Bavendamm/Henning-Bodewig/*Omsels*, a. a. O., Rn. 90 zu § 4 unter Verweis auf die Rechtsprechung des BGH, u. a. Urteil v. 7.4.2005 – I ZR 140/02 = GRUR 2005, 603 (604), Urteil v. 22.4.2004 – I ZR 303/01 = GRUR 2004, 704 (705).

noch an den Mitbewerber gebunden sind oder wenn die Abwerbung systematisch und zielgerichtet erfolgt.[159]

Wettbewerbswidrig wird ein Einbrechen in fremde Vertragsbeziehungen erst, wenn besondere Unlauterkeitsumstände hinzutreten, wenn unlautere Ziele verfolgt oder unlautere Mittel und Methoden eingesetzt werden.[160]

Daraus folgt, dass der Arbeitgeber lediglich dann ein berechtigtes Interesse an der Verhinderung des Einbruchs in den Kunden- bzw. Lieferantenkreis hat, wenn der Arbeitnehmer Kunden bzw. Lieferanten des Arbeitgebers nach Beendigung des Arbeitsverhältnisses mit unlauteren Mitteln abwirbt bzw. abzuwerben versucht.

c. *Zwischenergebnis*

Als Zwischenergebnis ist somit festzuhalten, dass sich aus der nachvertraglichen Wettbewerbsverbotsabrede ein Tätigkeitsverbot für den Arbeitnehmer ergibt, wenn die Verwertung von Betriebs- oder Geschäftsgeheimnissen oder der Einbruch in die Kunden- oder Lieferantenkreise des Arbeitgebers unter Verwendung von Kunden- bzw. Lieferantenlisten des Arbeitgebers oder auf unlautere Art und Weise droht.

2. *Geltung des Beschränkungsverbots zwischen Privatrechtssubjekten*

Aufgrund des vorstehend herausgearbeiteten Ergebnisses, dass die Pflicht zur Wettbewerbsenthaltung ausschließlich aus einer zwischen zwei Privatrechtssubjekten (nachfolgend: Private) geltenden vertraglichen Vereinbarung folgt, ist fraglich, ob das Beschränkungsverbot des Artikels 45 Abs. 2 AEUV in diesem Rechtsverhältnis zur Anwendung kommt.

a. *Keine eindeutige Aussage aus dem Wortlaut der Norm*

Aus dem Wortlaut des Artikels 45 AEUV kann insoweit keine eindeutige Aussage, ob das Beschränkungsverbot auch zwischen Privaten gilt, gewonnen werden. Für eine Geltung des Beschränkungsverbotes spricht, dass der Wortlaut des Artikel 45 Abs. 2 AEUV allgemein formuliert ist und sich daher nicht speziell an die Mitgliedstaaten richtet.[161] Dagegen kann aufgrund der Offenheit des Wortlautes naturgemäß angeführt werden, dass sich daraus eben auch keine positive Regelung dahingehend ergibt, dass Private an die Arbeitnehmerfreizügigkeit gebunden sind.[162]

---

159 Harte-Bavendamm/Henning-Bodewig/*Omsels*, a. a. O., Rn. 90 zu § 4 unter Verweis auf die Rechtsprechung des BGH, u. a. Urteil v. 7.4.2005 – I ZR 140/02 = GRUR 2005, 603 (604), Urteil v. 22.4.2004 – I ZR 303/01 = GRUR 2004, 704 (705).

160 Harte-Bavendamm/Henning-Bodewig/*Omsels*, a. a. O., Rn. 90 zu § 4 unter Verweis auf die Rechtsprechung des BGH, u. a. Urteil v. 7.4.2005 – I ZR 140/02 = GRUR 2005, 603 (604), Urteil v. 22.4.2004 – I ZR 303/01 = GRUR 2004, 704 (705).

161 EuGH, Urteil v. 17.7.2008 – C-94/07 (*Rs. Raccanelli*) = EuZW 2008, 529 (531), EuGH, Urteil v. 6.6.2000 – C-281/98 (*Rs. Angonese*) = EuZW 2000, 468 (469).

162 Birkemeyer, EuR 2010, 662 (668).

Im Ergebnis gilt somit, dass eine positive Begründung dafür, dass die Arbeitnehmerfreizügigkeit und insbesondere das Beschränkungsverbot auch zwischen Privaten gilt, nicht aus dem Wortlaut des Artikels 45 AEUV hergeleitet werden kann, der Wortlaut eine Auslegung aber auch nicht per se ausschließt, nach der auch andere Adressaten als die Mitgliedstaaten gebunden sein können.[163]

b. *Keine eindeutige Aussage aus der Systematik des AEUV*

Auch der Systematik des AEUV ist keine eindeutige Aussage zu entnehmen. Für eine Begrenzung der Anwendung der Regelungen der Arbeitnehmerfreizügigkeit auf Maßnahmen der jeweiligen Mitgliedstaaten spricht zwar, dass sich der in Artikel 45 Abs. 3 AEUV geregelte Rechtfertigungsgrund ausschließlich an die Mitgliedstaaten richtet.[164] Als Rechtfertigungsgründe werden dort nur die öffentliche Ordnung, Sicherheit und Gesundheit angesprochen, deren Schutz nur die Mitgliedstaaten sicherstellen können. Des Weiteren ist zu berücksichtigen, dass sich der unmittelbar im Anschluss an Artikel 45 AEUV angesiedelte Artikel 46 AEUV, durch den das Europäische Parlament und der Rat die Ermächtigung erhalten haben, im Wege des ordentlichen Gesetzgebungsverfahrens nach Artikel 294 AEUV *„alle erforderlichen Maßnahmen"* zur Sicherstellung und Verbesserung der Freizügigkeit zu treffen, ebenfalls ausschließlich auf Maßnahmen der Mitgliedstaaten bezieht.[165]

Andererseits ist indes zu berücksichtigen, dass Artikel 45 AEUV eine spezifische Anwendung des in Artikel 18 AEUV ausgesprochenen allgemeinen Diskriminierungsverbots darstellt, da es sich um ein hohes Gut handelt, das für die Anwendung des Vertrags essentiell ist.[166]

Nach alledem bestehen aus systematischer Hinsicht sowohl Argumente für als auch gegen eine Geltung des Beschränkungsverbots zwischen Privaten.

c. *Sinn und Zweck / Effektivitätsüberlegungen*

In teleologischer Hinsicht ist zu beachten, dass den Grundfreiheiten als solchen und somit auch der Arbeitnehmerfreizügigkeit aus Sicht der Privaten ein Abwehrrecht inhärent ist, was grundsätzlich bereits gegen die Bindung Privater an die Arbeitnehmerfreizügigkeit und deren Gewährleistungsinhalten bzw. Verboten spricht[167].

Zu berücksichtigen ist aber auch, dass die Grundfreiheiten im Allgemeinen und insbesondere die Arbeitnehmerfreizügigkeit auf die Errichtung eines von Beschränkungen freien Binnenmarktes zielen, sodass sich eine Unterscheidung zwischen staatlichen und privaten Maßnahmen, die den Zugang zu den Arbeitsmärkten der Mitgliedstaaten für die EU-Arbeitnehmer in spezifischer Weise behindern können,

163 Birkemeyer, a. a. O. (Seite 668).
164 Birkemeyer, a. a. O. (Seite 668), Streinz/*Franzen*, a. a. O., Rn. 95 zu Art. 45 AEUV.
165 So im Ergebnis auch Birkemeyer, a. a. O. (Seite 668) für das Diskriminierungsverbot, Streinz/*Franzen*, a. a. O., Rn. 95 zu Art. 45 AEUV.
166 EuGH, Urteil v. 6.6.2000 – C-281/98 (*Rs. Angonese*), a. a. O. (Seite 470).
167 Birkemeyer, a. a. O. (Seite 668).

grundsätzlich verbietet.[168] Die Arbeitsbedingungen sind in den verschiedenen Mitgliedstaaten teilweise durch Gesetze oder Verordnungen und teilweise durch von Privaten geschlossene Verträge oder sonstige von ihnen vorgenommenen Akte geregelt, sodass eine Beschränkung des Artikels 45 Abs. 2 AEUV auf behördliche Maßnahmen zu Ungleichheiten bei seiner Anwendung führen kann.[169]

Die Beseitigung der Hindernisse für die Freizügigkeit zwischen den Mitgliedstaaten wäre aber gefährdet, wenn die Abschaffung der Schranken staatlichen Ursprungs durch Hindernisse zunichte gemacht werden könnten, die sich daraus ergeben, dass nicht dem öffentlichen Recht unterliegende Vereinigungen und Einrichtungen von ihrer rechtlichen Autonomie Gebrauch machen.[170]

Insbesondere im Hinblick auf die Regelungen von Wettbewerbsverboten wird das Anliegen deutlich, trotz Unterschiedlichkeit der jeweiligen Normsetzungsgeber das Beschränkungsverbot einheitlich – und zwar in Bezug auf sämtliche dieser Normsetzungsgeber – anzuwenden, um eine vollumfängliche Beseitigung der Hindernisse für die Freizügigkeit zwischen den Mitgliedstaaten zu erreichen. Wie aufgezeigt, existieren im deutschen Recht hinsichtlich desselben Regelungsgegenstandes, nämlich der Auferlegung eines Wettbewerbsverbots, unterschiedliche Rechtsgrundlagen. Im laufenden Arbeitsverhältnis ergeben sich die dem Arbeitnehmer auferlegten Pflichten sowie deren Rechtsfolgen aus der zu den gesetzlichen Regelungen in §§ 241 Abs. 2 BGB, 60 Abs. 1 (2. Alt.) HGB ergangenen Rechtsprechung. Mithin ist der Norm-/Rechtssetzungsgeber insgesamt die öffentliche Gewalt. Demgegenüber ergeben sich die Pflichten zur Wettbewerbsenthaltung für den nachvertraglichen Bereich sowie dessen konkreter Inhalt und Umfang ausschließlich aus einer von Privaten geschlossenen vertraglichen Wettbewerbsverbots-vereinbarung. Während der Zivilgesetzgeber sowie die Judikative zweifellos an die Grundfreiheiten gebunden sind[171], würde eine Ablehnung der Geltung des Beschränkungsverbots zwischen Privaten angesichts der Unterschiedlichkeit der Normsetzungsgeber zu dem Ergebnis führen, dass sich der ausgeschiedene Arbeitnehmer, der mit einem nachvertraglichen Wettbewerbsverbot

belegt wird, im Gegensatz zu demjenigen Arbeitnehmer, der sich im laufenden Arbeitsverhältnis dem gesetzlichen Wettbewerbsverbot gegenübersieht, nicht auf das Beschränkungsverbot in Artikel 45 Abs. 2 AEUV berufen kann. Für diese Ungleichbehandlung ist jedoch kein sachlicher Grund ersichtlich. Da es sich zudem

---

168 Calliess/Ruffert/*Brechmann*, a. a. O., Rn. 55 zu Art. 45 AEUV.

169 EuGH v. 15.12.1995 – C-415/93 (*Rs. Bosman*), a. a. O. (Seite 509), EuGH v. 6.6.2000 – C-281/98 (*Rs. Angonese*) a. a. O. (Seite 469), EuGH v. 16.3.2010 – C-325/08 (*Rs. Olympique Lyonnais*), a. a. O. (Seite 1734).

170 EuGH v. 15.12.1995 – C-415/93 (*Rs. Bosman*), a. a. O. (Seite 509), EuGH v. 11.4.2000 – C-51/96 (*Rs. Deliège*) = NJW 2000, 2011 (2014), EuGH v. 13.4.2000 – C-176/96 (*Rs. Lehtonen*) = NZA 2000, 645 (647), EuGH v. 6.6.2000 – C-281/98 (*Rs. Angonese*), a. a. O. (Seite 469), EuGH v. 17.7.2008 – C-94/07 (*Rs. Raccanelli*), a. a. O. (Seite 531), EuGH v. 16.3.2010 – C-325/08 (*Rs. Olympique Lyonnais*) a. a. O. (Seite 1734).

171 Grabitz/Hilf/Nettesheim/*Forsthoff*, a. a. O., Rn. 138 zu Art. 45.

jeweils um nichtdiskriminierende Maßnahmen handelt, würde die einheitliche Anwendung des Beschränkungsverbots im Hinblick auf Wettbewerbsverbote nicht gelingen. Gerade diese soll aber gesichert werden.

Daher ist auch ein differenzierter Ansatz, wonach Artikel 45 Abs. 2 AEUV sich nur gegen Regelungen bzw. Maßnahmen richte, die von privat organisierten Berufs- und Wirtschaftsverbänden mit Ordnungsmacht über einen Wirtschaftssektor getroffen werden, d. h. Regelungen bzw. Maßnahmen, die eine kollektive Regelung im Arbeits- und Dienstleistungsbereich enthalten,[172] bezüglich individueller Abreden unter Privatpersonen hingegen eine Geltung des Beschränkungsverbots abzulehnen sei[173], nicht zielführend.

Dies gilt auch für den Ansatz, eine Drittwirkung nur dann anzunehmen, wenn die angegriffene Regelung, die die Beschränkungswirkung entfaltet, kollektiver Natur ist und damit zwar von einem Privatrechtssubjekt gesetzt sein mag, aber im Rahmen einer dem Privatrechtssubjekt gesetzlich oder gewohnheitsrechtlich eingeräumten kollektiven Rechtssetzungsbefugnis oder rechtlichen Autonomie erlassen ist.[174]

Im Ergebnis ist daher angesichts des Sinn und Zwecks des Beschränkungsverbots nur dann eine einheitliche Anwendung und damit die Beseitigung von Beschränkungen generell möglich, wenn sich sämtliche Regelungsgeber auch an das Beschränkungsverbot zu halten haben.

d. Privatautonomie

Fraglich ist, ob dadurch unverhältnismäßig in die Privatautonomie eingegriffen wird. Bedenken könnten deshalb bestehen, weil praktisch eine Vielzahl privater Handlungsweisen einem Rechtfertigungszwang unterliegen würde, wobei aber eine Kontrolle dieser autonomen Vertragsgestaltung grundsätzlich zurückhaltend zu erfolgen hat.[175] Eine zu strenge Kontrolle könnte überdies auch der wirtschaftlichen Entwicklung des Binnenmarktes abträglich sein[176]. Zu berücksichtigen ist ferner, dass das Diskriminierungsverbot als Leitmotiv des gesamten AEUV innerhalb eines rechtlichen Ordnungsrahmens des Binnenmarktes (Artikel 3 AEUV) anzusehen ist, sodass eingewandt werden könnte, die Privatautonomie müsse nur dort seine Grenze finden, wo dies zur Diskriminierung anderer Marktteilnehmer führt.[177]

Diese Bedenken sind jedoch unbegründet, wenn – wie oben bereits erörtert – das Beschränkungsverbot dahingehend tatbestandlich begrenzt wird, dass diesem

---

172 Oppermann/Classen/*Nettesheim*, Europarecht, 6. Auflage 2014, Rn. 35 zu *§ 28 Freizügigkeit der Arbeitnehmer*, Streinz/*Franzen*, a. a. O., Rn. 92, 93 zu Art. 45 AEUV.

173 Streinz/*Franzen*, a. a. O., Rn. 95, 96 zu Art. 45 AEUV, offengelassen von Oppermann/Classen/*Nettesheim*, a. a. O., Rn. 36, ebenso offengelassen von Schulze/Zuleeg/Kadelbach/*Pache*, a. a. O., Seite 413 unter Rn. 107.

174 Reufels, a. a. O. (Seite 314).

175 Grabitz/Hilf/Nettesheim/*Forsthoff* a. a. O., Rn. 169 zu Art. 45.

176 Grabitz/Hilf/Nettesheim/*Forsthoff* a. a. O., Rn. 169 zu Art. 45.

177 Im Ergebnis Birkemeyer, a. a. O. (Seite 669).

lediglich solche Maßnahmen zwischen Privatpersonen unterfallen, die tatsächlich in spezifischer Weise den Zugang des Arbeitnehmers zu den Arbeitsmärkten der Mitgliedstaaten versperren. In diesem Fall wird nicht eine unüberschaubare Vielzahl von Handlungsweisen Privater einem Rechtfertigungszwang unterworfen, sondern nur solches Handeln, das die Verwirklichung der grundfreiheitlichen Verbürgungen hindert. Eine über Gebühr erfolgende Einschränkung privatautonomer Handlungsweise ist damit nicht verbunden. Mit Blick auf die deutsche Rechtslage wird zudem deutlich, dass sich Regelungen zu Wettbewerbsverboten seit jeher in Deutschland an Artikel 12 Abs. 1 GG messen lassen mussten, was schlicht darin begründet liegt, dass grundgesetzlich verankerte Rechte des Arbeitnehmers betroffen sind. Es ist aber nicht ersichtlich, dass die Unterwerfung dieser Regelungen unter eine Kontrolle zu einer nennenswerten Beeinträchtigung der Privatautonomie geführt haben soll. Im Gegenteil. Arbeitgeber berufen sich weiterhin auf Wettbewerbsverbote und belegen Arbeitnehmer insbesondere mit nachvertraglichen Wettbewerbsverbotsvereinbarungen, sind aber bereits angesichts des Eingriffs in die Berufsfreiheit aus Artikel 12 Abs. 1 GG verpflichtet, Grenzen zu beachten. Insbesondere ist bei der Frage, ob die Privatautonomie über Gebühr eingeschränkt wird, nicht zwischen dem Diskriminierungsverbot einerseits und dem Beschränkungsverbot andererseits zu differenzieren. Die grundfreiheitlichen Verbürgungen in Bezug auf die Arbeitnehmerfreizügigkeit umfassen nämlich – wie bereits oben aufgezeigt – beide Verbote, sodass eine unterschiedliche Anwendung bzw. Reichweite keinen sachlichen Grund aufweist.

e. Zwischenergebnis

Als Zwischenergebnis ist nach alledem festzuhalten, dass für eine Geltung des Beschränkungsverbots zwischen Privaten die besseren Argumente sprechen. Zwar ist weder dem Wortlaut der Norm eine positive Bestimmung diesbezüglich zu entnehmen, noch lässt sich diese in systematischer Hinsicht begründen. Allerdings ist eine lediglich auf mitgliedstaatliche bzw. von Privatrechtssubjekten mit Ordnungscharakter beschränkte Anwendung des Beschränkungsverbots nicht mit dem Sinn und Zweck der grundfreiheitlichen Verbürgungen vereinbar und zudem nicht effektiv. Der Eingriff in die Privatautonomie ist insoweit hinzunehmen und rechtfertigt sich daraus, dass nicht jedwede Handlungsweisen einem Rechtfertigungszwang im Rahmen des Artikel 45 Abs. 2 AEUV unterworfen werden, sondern nur solche, die den Arbeitnehmer spezifisch am Zugang zum Arbeitsmarkt eines Mitgliedstaates hindern.

f. Dogmatische Umsetzung der Geltung des Beschränkungsverbotes zwischen Privaten

Fraglich ist, über welchen dogmatischen „Transportweg“ das Beschränkungsverbot Einzug in die Privatrechtsverhältnisse erhält, d. h. ob dieses unmittelbar oder nur mittelbar zwischen Privaten Anwendung findet.

Gegen eine unmittelbare Geltung des Beschränkungsverbots zwischen Privaten könnte sprechen, dass der Ausgleich der strukturellen Ungleichgewichtslage, die in bestimmten Privatrechtsverhältnissen typisch ist, einzig Aufgabe des einzelnen Mitgliedstaates ist, wohingegen die Grundfreiheiten lediglich Ordnungsfunktion im Hinblick auf den Binnenmarkt entfalten[178], sodass nur der Mitgliedstaat sowie die das Recht anwendenden Gerichte an Artikel 45 AEUV gebunden sind mit der Folge, dass Artikel 45 AEUV in Privatrechtsverhältnissen nur mittelbar, d. h. über die Konkretisierung unbestimmter Rechtsbegriffe und Generalklauseln der innerstaatlichen Rechtsordnung zum Tragen kommt.[179] Diese sog. mittelbare Drittwirkung könnte unter Rückgriff auf die Schutzpflichtenlehre des Staates zudem damit begründet werden, dass die Mitgliedstaaten über ihre Garantenstellung für die Beachtung der Grundfreiheiten legislativ zum Handeln gezwungen sind und mithin ein Recht auf hoheitlichen Schutz begründet wird.[180] Hintergrund dieses Ansatzes ist insbesondere die Argumentation, dass die Rechtfertigungsgründe im Rahmen der Arbeitnehmerfreizügigkeit nur auf staatliche Stellen und nicht auf Privatpersonen zugeschnitten sind und mittels der nur mittelbaren Drittwirkung etwaigen „Schwierigkeiten“ in der Rechtsanwendung auf der Rechtfertigungsebene begegnen werden könnte.[181]

Handlungen von Privaten selbst – mit Ausnahme von Verbänden/Tarifvertragsparteien – würden demnach nicht am Maßstab von Artikel 45 Abs. 2 AEUV zu messen sein, sondern der Mitgliedstaat sowie die Judikative wären verpflichtet, Störungen der Grundfreiheiten aufgrund von Handlungen von Privatpersonen abzuwehren.[182]

Die vorstehenden Ansätze, die eine nur mittelbare Geltung des Beschränkungsverbots zwischen Privaten befürworten, sind jedoch abzulehnen. Eine einheitliche Anwendung des Beschränkungsverbots kann mit Blick auf das nachvertragliche Wettbewerbsverbot nur im Wege einer unmittelbaren Drittwirkung sichergestellt werden. Dies folgt daraus, dass sich der Arbeitnehmer einer privatrechtlichen Vereinbarung gegenüber sieht und naturgemäß in dem Fall, in dem sich der Arbeitgeber auf die Einhaltung dieser beruft, in einem Rechtsstreit einen Verstoß gegen Artikel 45 AEUV geltend machen wird. Demgegenüber steht den betroffenen Arbeitnehmer in prozessualer Hinsicht keine Möglichkeit zur Verfügung, gegen den Zivilgesetzgeber vorzugehen. Dies wäre auch nicht zweckmäßig, da Anknüpfungspunkt für eine Überprüfung stets die einzelne konkrete Wettbewerbsverbotsvereinbarung zwischen den Arbeitsvertragsparteien sein muss.

---

178 Streinz/*Franzen*, a. a. O., Rn. 96 zu Art. 45 AEUV.

179 Streinz/*Franzen*, a. a. O., Rn. 96 zu Art. 45 AEUV unter Befürwortung einer sog. mittelbaren Drittwirkung.

180 Siehe die Darstellung bei Calliess/Ruffert/*Brechmann*, a. a. O., Rn. 54 zu Art. 45 AEUV m. w. N.

181 Streinz/*Franzen*, a. a. O., Rn. 95 zu Art. 45 AEUV.

182 Streinz/*Franzen*, a. a. O., Rn. 96 zu Art. 45 AEUV unter Verweis auf Art. 4 Abs. 3 Unterabsatz 2 EUV.

g. *Ergebnis*

Nach alledem gilt im Ergebnis, dass das Beschränkungsverbot des Artikels 45 Abs. 2 AEUV unmittelbar auch zwischen Privaten Anwendung findet.

3. *Spezifische Behinderung des (Arbeits-) Marktzugangs?*

Das im Wege der nachvertraglichen Vereinbarung auferlegte Wettbewerbsverbot müsste den Arbeitnehmer auch spezifisch am Zugang zum Arbeitsmarkt eines Mitgliedstaates hindern.

a. *Vorliegen eines objektiven Zugangshindernisses*

Auch im Rahmen des nachvertraglichen Wettbewerbsverbots liegt wie bei dem während des laufenden Arbeitsverhältnisses geltenden Wettbewerbsverbot ein objektives Zugangshindernis vor. Dem Arbeitnehmer wird insoweit untersagt, eine in der nachvertraglichen Verbotsabrede konkret beschriebene Tätigkeit für einen gewissen Zeitraum auszuüben. Dies stellt bereits eine Beschränkung i. S. d. Artikels 45 Abs. 2 AEUV dar.

Der auch hier geltend gemachte Einwand, eine Beschränkung liege nicht vor, da dem Arbeitnehmer ein Zugang zum (Arbeits-) Markt der Mitgliedstaaten in Bezug auf Tätigkeiten möglich bleibe, die nicht von der vertraglichen Wettbewerbsverbotsabrede erfasst werden, greift ebenfalls zu kurz, da der Arbeitnehmer aufgrund des Umstandes, dass das Recht der Arbeitsplatzwahlfreiheit Gewährleistungsinhalt der Arbeitnehmerfreizügigkeit ist, nicht verpflichtet ist, sich einen Vertragspartner auszusuchen, den er nicht frei wählen kann. Insoweit sei jedoch zur Vermeidung unnötiger Wiederholungen auf die obigen Ausführungen zum Wettbewerbsverbot gemäß §§ 241 Abs. 2, 60 Abs. 1 (2. Alt.) HGB verwiesen.

b. *Einfluss auf Motivation des Arbeitnehmers aufgrund zu befürchtender Sanktionen*

Die aus der Wettbewerbsverbotsvereinbarung folgende Anordnung des Tätigkeitsverbots, verbunden mit den entweder bereits vertraglich explizit angedrohten oder sich aus den §§ 74 f. HGB ergebenden Sanktionen hat zudem unmittelbare Auswirkungen auf die autonome Entscheidung des Arbeitnehmers, ob und ggf. welche Tätigkeit dieser im Anschluss an die Beendigung des Arbeitsverhältnisses aufnimmt. Sofern der Arbeitnehmer die Beendigung des bestehenden Arbeitsverhältnisses und die Aufnahme einer Tätigkeit in einem anderen Mitgliedstaat beabsichtigen sollte, wird der Arbeitnehmer die Rechtsfolgen eines.

Verstoßes gegen die nachvertragliche Wettbewerbsverbotsvereinbarung in die Überlegung mit einbeziehen, ob er das bestehende Arbeitsverhältnis beendet und diese Tätigkeit aufnehmen oder ob er lieber sein aktuelles Arbeitsverhältnis unverändert fortsetzen soll. Auch hier ist zu berücksichtigen, dass die konkrete Bestimmung bzw. Subsumtion der beabsichtigten Tätigkeit nach Beendigung des Arbeitsverhältnisses unter die von der nachvertraglichen Wettbewerbsverbotsabrede erfasste Tätigkeit für den einzelnen Arbeitnehmer schwierig ist. Und selbst wenn dem Arbeitnehmer ggf. mithilfe einer sachkundigen Unterstützung eine konkrete Bestimmung bzw. Subsumtion gelingt, ist noch nicht garantiert, dass der Arbeitgeber sich nicht doch mangels divergierender Auffassung auf das nachvertragliche Wettbewerbsverbot beruft und sodann rechtliche Schritte in Gestalt von Unterlassungs- und Schadensersatzansprüchen einleitet. Auch wenn diese objektiv betrachtet keine Erfolgsaussichten haben sollten, wird der Arbeitnehmer durch einen Rechtsstreit nach Beendigung des Arbeitsverhältnisses wirtschaftlich belastet, was ebenfalls ausschlaggebend dafür sein kann, dass der Arbeitnehmer die Aufnahme einer Tätigkeit im Anschluss an die Beendigung des Arbeitsverhältnisses für den in der Wettbewerbsverbotsabrede geregelten Zeitraum ganz unterlässt. Folglich kann sich die nachvertragliche Wettbewerbsverbotsvereinbarung in subjektiver Hinsicht negativ auf die Motivation des Arbeitnehmers auswirken, sich in einen anderen Mitgliedstaat zur Arbeitsaufnahme zu begeben.

c. *Kein hypothetischer Kausalverlauf*

Der in subjektiver Hinsicht gegebenen negativen Auswirkung auf die Motivation des Arbeitnehmers, sich in einen anderen Mitgliedstaat zur Arbeitsaufnahme zu begeben, kann auch nicht entgegengehalten werden, dass die vertragliche Vereinbarung eines Wettbewerbsverbots für den Zeitraum nach Beendigung des Arbeitsverhältnisses meist zu Beginn des Arbeitsverhältnisses niedergelegt wird, d.h. zu einem Zeitpunkt, in dem der betroffene Arbeitnehmer grundsätzlich von dem durchgehenden Bestand des Arbeitsverhältnisses ausgeht und sich insbesondere noch keine Gedanken über eine etwaige Beendigung des Arbeitsverhältnisses bzw. einen Wechsel des Arbeitgebers macht.

Zwar ist für eine tatbestandliche Begrenzung des Beschränkungsverbots auch zu verlangen, dass eine Beschränkung der Arbeitnehmerfreizügigkeit dann auszuscheiden hat, wenn eine Maßnahme/Reglung nur in ungewisser, indirekter, hypothetischer bzw. nur mittelbarer Weise den Zugang des Arbeitnehmers zu einem Arbeitsmarkt eines anderen Mitgliedstaates versperrt.[183] Allerdings erhält der Arbeitnehmer bereits bei Vertragsabschluss und somit bei Abschluss der nachvertraglichen Wettbewerbsverbotsvereinbarung Gewissheit über seine Unterlassungspflichten.[184] Unterwirft sich ein Arbeitnehmer folglich einer zeitlichen, örtlichen oder sachlichen Beschränkung durch ein Wettbewerbsverbot für den Zeitraum nach Beendigung des Arbeitsverhältnisses, so bedeutet dies für diesen ex ante betrachtet bereits eine Einschränkung seiner Entschließungsfreiheit über seine weitere berufliche Tätigkeit.[185] Vor diesem Hintergrund wirkt sich die jeweilige Regelung bzw. Maßnahme

---

183 Siehe hierzu die Urteile des EuGH v. 27.1.2000 – C-190/98 (*Rs. Graf*) a. a. O. (Rn. 24, 25) sowie v. 1.4.2008 – C-212/06 (*Rs. Französische Gemeinschaft und Wallonische Regierung/Flämische Regierung*) = EZAR NF 16 Nr. 14.

184 BAG, Urteil vom 21.1.1997 – 9 AZR 778/95 = NZA 1997, 1284 (1285).

185 Röhricht/von Westphalen/*Wagner*, a. a. O., Rn. 25 zu § 74.

in Gestalt eines nachvertraglichen Wettbewerbsverbots auf die Entscheidung des Arbeitnehmers, den Zugang zum Arbeitsmarkt eines anderen Mitgliedstaates zu verwirklichen, nicht in zu ungewisser bzw. hypothetischer Weise aus. Daher ist auch ein Verweis darauf, dass es sich bei einem nachvertraglichen Wettbewerbsverbot um einseitig dispositives Recht handele, sodass der Arbeitnehmer, der beabsichtigt, nach Beendigung seiner Tätigkeit in einem anderen Mitgliedstaat tätig zu werden, hieran nicht gehindert sei, wenn er ein nachvertragliches Wettbewerbsverbot nicht abschließt[186], nicht geeignet, das Vorliegen einer Beschränkung abzulehnen.

Zum einen ist im Zeitpunkt des Abschlusses der nachvertraglichen Wettbewerbsverbotsvereinbarung – regelmäßig bereits zu Beginn des Arbeitsverhältnisses – die weitere berufliche Entwicklung des Arbeitnehmers bzw. dessen beruflicher Werdegang für diesen selbst noch nicht konkret absehbar. Des Weiteren besteht aber ein strukturelles Ungleichgewicht im Arbeitsverhältnis, das sich vor allem in der Verhandlungs- bzw. Anbahnungssituation offenbart. Der Arbeitgeber schreibt dem Arbeitnehmer insoweit die Arbeitsbedingungen in der Regel zumindest rahmenmäßig vor, sodass dieser nur einen bedingten Einfluss auf deren Gestaltung hat. Dies bedeutet in dem Fall, in dem der Arbeitgeber ein gesteigertes Interesse an dem Abschluss einer nachvertraglichen Wettbewerbsverbotsvereinbarung hat, dass dieser die Begründung des Arbeitsverhältnisses an den Abschluss einer nachvertraglichen Wettbewerbsverbotsvereinbarung knüpfen und andernfalls dem Arbeitnehmer eine Absage erteilen könnte. Der Umstand, dass der Arbeitnehmer in den Grundfreiheitseingriff eingewilligt hat, vermag diesen aber nicht zu rechtfertigen, weil die Arbeitnehmerfreizügigkeit nicht nur individualschützende Wirkung hat, sondern auch objektiv den Schutz des Wettbewerbs bezweckt.[187]

4. *Zwischenergebnis*

Als Zwischenergebnis ist somit festzuhalten, dass der (Arbeits-) Marktzugang des Arbeitnehmers zu einem anderen Mitgliedstaat durch eine nachvertragliche Wettbewerbsverbotsvereinbarung versperrt wird, und zwar sowohl in objektiver als auch in subjektiver Hinsicht. Im Hinblick auf eine Tätigkeit, die konkret durch die Wettbewerbsverbotsvereinbarung untersagt wird, besteht ein objektives absolutes Zugangshindernis. Dies stellt bereits einen Verstoß gegen das Beschränkungsverbot i. S. d. Artikels 45 Abs. 2 AEUV dar. Der auch hier geltend gemachte Einwand, eine Beschränkung liege nicht vor, da dem Arbeitnehmer ein Zugang zum

(Arbeits-) Markt der Mitgliedstaaten in Bezug auf Tätigkeiten möglich bleibe, die nicht von der vertraglichen Wettbewerbsverbotsabrede erfasst werden, greift ebenfalls zu kurz, da der Arbeitnehmer aufgrund des Umstandes, dass das Recht der Arbeitsplatzwahlfreiheit Gewährleistungsinhalt der Arbeitnehmerfreizügigkeit

---

186 Müller, International zwingende Normen des deutschen Arbeitsrechts (Studien Zum Ausländischen und Internationalen Privatrecht), 1. Auflage 2006, S. 368.

187 Zum Ausländischen und Internationalen Privatrecht, 1. Auflage 2006, S. 368. Haratsch/Koenig/Pechstein, a. a. O., Rn. 941.

ist, nicht verpflichtet ist, sich einen Vertragspartner auszusuchen, den er nicht frei wählen kann.

Zudem hat bereits die vertragliche Fixierung eines Wettbewerbsverbots unmittelbare Auswirkungen auf die autonome Entscheidung des Arbeitnehmers, sein bestehendes Arbeitsverhältnis zu beenden und im Anschluss eine andere Tätigkeit in einem Mitgliedstaat der EU aufzunehmen.

Das Beschränkungsverbot i. S. d. Artikels 45 Abs. 2 AEUV findet zudem auch zwischen Privaten unmittelbare Anwendung, sodass der Umstand, dass sich die konkreten Pflichten des Arbeitnehmers zur Wettbewerbsenthaltung aus einer individualvertraglichen Vereinbarung ergeben, unschädlich ist.

IV. Ggf. Beschränkung aufgrund Verletzung von Schutzpflichten durch Gesetzgeber/Rechtsprechung

Neben der nachvertraglichen Wettbewerbsverbotsvereinbarung, die dem Arbeitnehmer explizite Pflichten auferlegt, könnte auch der gesetzliche Zulässigkeitsrahmen in §§ 110 S. 2 GewO, 74 f. HGB Gegenstand für die Prüfung des Vorliegens einer Beschränkung i. S. d. Artikels 45 Abs. 2 AEUV unter dem Aspekt der Verletzung von Schutzpflichten sein. Wie bereits ausgeführt wurde, ist die gesamte öffentliche Gewalt an die Vorschriften des AEUV gebunden. Bei Beeinträchtigungen der Arbeitnehmerfreizügigkeit durch Privatpersonen treffen auch die Mitgliedstaaten Pflichten, nämlich sog. Schutzpflichten.[188]

Aufgrund des Umstandes, dass die Grundfreiheiten für die Verwirklichung des Binnenmarktes unabdingbar und daher nicht nur Maßnahmen verboten sind, die auf den Staat zurückzuführen sind und selbst Beschränkungen für die Ausübung der grundfreiheitlich verbürgten Rechte zwischen den Mitgliedstaaten schaffen, muss das Beschränkungsverbot auch dann Anwendung finden, wenn ein Mitgliedstaat keine Maßnahmen ergriffen hat, um gegen Beeinträchtigungen der Grundfreiheiten einzuschreiten, deren Ursachen nicht auf den Staat zurückzuführen sind.[189] Die innerhalb der Union gewährleisteten Freiheiten können nämlich ebenso wie durch eine Handlung dadurch beeinträchtigt werden, dass ein Mitgliedstaat untätig bleibt oder es versäumt, ausreichende Maßnahmen zur Beseitigung von Hemmnissen für die Grundfreiheiten zu treffen, die insbesondere durch Handlungen von Privatpersonen in seinem Gebiet geschaffen wurden.[190] Die Grundfreiheiten verbieten den

---

188 Schulze/Zuleeg/Kadelbach/*Pache*, a. a. O., S. 413 unter Verweis auf die Urteile des EuGH v. 9.12.1997 – C-265/95 (*Rs. Kommission/Frankreich*) = NJW 1998, 1931 und v. 12.6.2003 – C-112/00 (*Rs. Schmidberger*) = EuR 2003, 657.

189 EuGH, Urteil v. 9.12.1997 – C-265/95 (*Rs. Kommission/Frankreich*), a. a. O. (S. 1932, Rn. 30) zur Grundfreiheit der Warenverkehrsfreiheit, wobei diese Ausführungen nach Schulze/Zuleeg/Kadelbach/*Pache*, a. a. O., Seite 413 zutreffend auf die Grundfreiheit der Arbeitnehmerfreizügigkeit zu übertragen sind.

190 EuGH, Urteil v. 9.12.1997 – C-265/95 (*Rs. Kommission/Frankreich*), a. a. O. (Seite 1932, Rn. 31) sowie Urteil v. 12.6.2003 – C-112/00 (*Rs. Schmidberger*), a. a. O.

Mitgliedstaaten somit nicht nur eigene Handlungen oder Verhaltensweisen, die zu einem Handelshemmnis führen könnten, sondern verpflichten sie auch dazu, alle erforderlichen und geeigneten Maßnahmen zu ergreifen, um in ihrem Gebiet die Beachtung dieser Grundfreiheiten sicherzustellen.[191] Vor diesem Hintergrund kann auch der in §§ 110 S. 2 GewO, 74 f. HGB geregelte Zulässigkeitsrahmen eine Beschränkung darstellen, sofern die dort enthaltenen Maßgaben nicht ausreichend sind, um die Arbeitnehmerfreizügigkeit vollumfänglich zu gewährleisten.

V. Gesamtergebnis

Als Gesamtergebnis ist somit Folgendes zum nachvertraglichen Wettbewerbsverbot festzuhalten:

Aufgrund der gesetzgeberischen Konzeption, die Frage des „Ob“ der Vereinbarung nachvertraglicher Wettbewerbsverbote den Arbeitsvertragsparteien zu überlassen und gesetzlich „nur“ einen Zulässigkeitsrahmen zum Schutz der Arbeitnehmer zu regeln, ist als beschränkende Regelung bzw. Maßnahme i. S. d. Artikels 45 Abs. 2 AEUV primär die nachvertragliche Wettbewerbsverbotsvereinbarung zwischen den Arbeitsvertragsparteien anzusehen. Diese legt dem Arbeitnehmer explizite Pflichten bzgl. der Unterlassung von wettbewerbswidrigen Tätigkeiten auf und verknüpft diese meist mit Sanktionsanordnungen noch in der Vereinbarung selbst. Damit enthält die Wettbewerbsverbotsvereinbarung objektiv ein (Arbeitsmarkt-) Zugangshindernis in Bezug auf diejenigen Tätigkeiten in einem anderen Mitgliedstaat, die von der Wettbewerbsverbotsvereinbarung konkret erfasst werden und bei denen eine Weitergabe bzw. Verwertung von Betriebs- oder Geschäftsgeheimnissen oder der Einbruch in den Kunden- bzw. Lieferantenkreis unter Zuhilfenahme der Kunden- bzw. Lieferantenlisten des Arbeitgebers oder mit unlauteren Mitteln droht.

Der auch hier geltend gemachte Einwand, eine Beschränkung liege nicht vor, da dem Arbeitnehmer ein Zugang zum (Arbeits-) Markt der Mitgliedstaaten in Bezug auf Tätigkeiten möglich bleibe, die nicht von der vertraglichen Wettbewerbsverbotsabrede erfasst werden, greift ebenfalls zu kurz, da der Arbeitnehmer aufgrund des Umstandes, dass das Recht der Arbeitsplatzwahlfreiheit Gewährleistungsinhalt der Arbeitnehmerfreizügigkeit ist, nicht verpflichtet ist, sich einen Vertragspartner auszusuchen, den er nicht frei wählen kann.

Ferner ist bereits der Abschluss der Wettbewerbsverbotsvereinbarung in subjektiver Hinsicht geeignet, auf die Entscheidung des Arbeitnehmers, das bestehende

---

(664/665, Rn. 57, 58 und 59) zur Grundfreiheit der Warenverkehrsfreiheit, wobei diese Ausführungen nach Schulze/Zuleeg/Kadelbach/*Pache*, a. a. O., Seite 413 zutreffend auf die Grundfreiheit der Arbeitnehmerfreizügigkeit zu übertragen sind.

191 EuGH, Urteil v. 9.12.1997 – C-265/95 (*Rs. Kommission/Frankreich*), a. a. O. (Seite 1932, Rn. 32) sowie Urteil v. 12.6.2003 – C-112/00 (*Rs. Schmidberger*) a. a. O. (664/665, Rn. 57, 58 und 59) zur Grundfreiheit der Warenverkehrsfreiheit, wobei diese Ausführungen nach Schulze/Zuleeg/Kadelbach/*Pache*, a. a. O., Seite 413 zutreffend auf die Grundfreiheit der Arbeitnehmerfreizügigkeit zu übertragen sind.

Arbeitsverhältnis zu beenden und anschließend eine Tätigkeit bei einem Arbeitgeber auszuüben, der in einem anderen Mitgliedstaat seinen Sitz hat, maßgeblich und unmittelbar Einfluss zu nehmen und den Arbeitnehmer davon abzuhalten, eine derartige Entscheidung zu treffen und von dem Recht auf Freizügigkeit Gebrauch zu machen.

Diese nachvertragliche Wettbewerbsverbotsvereinbarung unterliegt auch dem Anwendungsbereich des Beschränkungsverbots aus Artikel 45 Abs. 2 AEUV, da dieses unmittelbar auch zwischen Privaten gilt. Zudem ist die durch die nachvertragliche Wettbewerbsverbotsvereinbarung verursachte Beschränkung nicht zu ungewiss bzw. zu hypothetisch.

Die gesetzlichen Regelungen in §§ 110 GewO i. V. m. 74 f. HGB sind demgegenüber zwar nicht geeignet, den Arbeitnehmer davon abzuhalten, von der Arbeitnehmerfreizügigkeit Gebrauch zu machen, da diese keine expliziten Pflichten zur Wettbewerbsenthaltung auferlegen, sondern lediglich einen Zulässigkeitsrahmen im Hinblick auf die zwischen den Arbeitsvertragsparteien getroffene Wettbewerbsvereinbarung vorgeben und damit einerseits für sich genommen kein objektives Tätigkeitsverbot begründen und andererseits auch keinen Einfluss auf die Entscheidung des Arbeitnehmers haben, von seinem Recht auf Freizügigkeit Gebrauch zu machen. Allerdings können die Regelungen in §§ 110 GewO i. V. m. 74 f. HGB unter dem Aspekt, dass der deutsche Zivilgesetzgeber an die Grundfreiheiten gebunden ist und daher alle erforderlichen und geeigneten Maßnahmen zu ergreifen hat, um im Gebiet der Bundesrepublik Deutschland die Beachtung dieser Grundfreiheiten sicherzustellen, ebenfalls eine Beschränkung i. S. d. Artikels 45 Abs. 2 AEUV darstellen, soweit sie diese Verpflichtung nicht ausreichend erfüllen.

D. Beschränkung der Arbeitnehmerfreizügigkeit durch während des laufenden Arbeitsverhältnisses geltende Verschwiegenheitspflichten

Fraglich ist, ob auch während des laufenden Arbeitsverhältnisses geltende Verschwiegenheitspflichten als Regelungen bzw. Maßnahmen zu bewerten sind, die eine Beschränkung i. S. d. Artikels 45 Abs. 2 AEUV darstellen.

I. Rechtsgrundlagen

Verschwiegenheitspflichten ergeben sich für den Arbeitnehmer während des laufenden Arbeitsverhältnisses aus vielfältigen Rechtsgrundlagen.

1. *Spezialgesetzliche Verschwiegenheitspflichten, insbesondere § 17 Abs. 1 UWG*

Im deutschen Rechtssystem existieren zahlreiche spezialgesetzliche Verschwiegenheitspflichten, deren Adressat der Arbeitnehmer während des laufenden Arbeitsverhältnisses sein kann, z. B. §§ 17 Abs. 1 UWG, 24 Abs. 2 ArbNErfG, 5 S. 2 BDSG,

79 Abs. 1 BetrVG, 10 BPersVG.[192] Insbesondere ist hier die Verschwiegenheitspflicht aus § 17 Abs. 1 UWG zu nennen, wonach der Arbeitnehmer während des laufenden Arbeitsverhältnisses verpflichtet ist, ein Betriebs- oder Geschäftsgeheimnis, das ihm im Rahmen des Arbeitsverhältnisses anvertraut worden oder zugänglich geworden ist, nicht unbefugt an jemanden zu Zwecken des Wettbewerbs, aus Eigennutz, zugunsten eines Dritten oder in der Absicht, dem Inhaber des Unternehmens Schaden zuzufügen, mitzuteilen. Bei einem Verstoß gegen diese Verpflichtung droht eine Freiheitsstrafe von bis zu drei Jahren oder eine Geldstrafe.

2. § 241 Abs. 2 BGB

Aufgrund der oben bereits erläuterten Pflicht zur Rücksichtnahme auf die Interessen des Arbeitgebers, die nunmehr in § 241 Abs. 2 BGB gesetzlich kodifiziert ist, ist der Arbeitnehmer während des laufenden Arbeitsverhältnisses auch auf arbeits- bzw. zivilrechtlicher Grundlage verpflichtet, Betriebs- oder Geschäftsgeheimnisse des Arbeitgebers zu wahren.[193] Eine Verletzung der arbeitsvertraglichen Pflicht kann zu personellen Konsequenzen bis hin zur außerordentlichen Kündigung des Arbeitsverhältnisses führen. Darüber hinaus drohen dem Arbeitnehmer finanzielle Sanktionen, da die Verletzung der Verschwiegenheitspflicht auch Schadensersatzansprüche des Arbeitgebers auslösen kann.

3. Vertragliche Verschwiegenheitsvereinbarungen

Die sich aus § 241 Abs. 2 BGB ergebende Verschwiegenheitspflicht des Arbeitnehmers kann zudem vertraglich konkretisiert werden.[194] Im Ergebnis handelt es sich aufgrund der ohnehin bestehenden Verpflichtung zur Geheimhaltung aufgrund von § 241 Abs. 2 BGB nur um eine deklaratorische Klarstellung.[195] Zur Veranschaulichung dient die Beispielsklausel 1:[196]

> *„(1) Der Arbeitnehmer verpflichtet sich, über alle ihm bekannt gewordenen Geschäfts- und Betriebsgeheimnisse während der Dauer des Arbeitsverhältnisses Stillschweigen zu bewahren.*

---

192 ErfK/*Preis*, a. a. O., Rn. 710 zu § 611 BGB, Münchener Handbuch zum Arbeitsrecht/*Reichold*, 3. Auflage 2009, Rn. 32 zu § 48 Wettbewerbsverhalten.

193 ErfK/*Preis*, a. a. O., Rn. 710 zu § 611 BGB, Münchener Handbuch zum Arbeitsrecht/*Reichold*, a. a. O., Rn. 32 zu § 48 Wettbewerbsverhalten.

194 ErfK/*Preis*, a. a. O., Rn. 714 zu § 611 BGB, Münchener Handbuch zum Arbeitsrecht/*Reichold*, a. a. O., Rn. 32 zu § 48 Wettbewerbsverhalten.

195 Küttner/*Kreitner*, Personalbuch 2014, 21. Auflage, Rn. 5 zu 113 Betriebsgeheimnis.

196 Beispielsklausel bei Schaub/Schrader/Straube/Vogelsang/*Klagges*, Arbeitsrechtliches Formular- und Verfahrenshandbuch, 10. Auflage 2013, Rn. 157, wobei diese Klausel unter (2) ebenfalls bereits eine Klausel für den nachvertraglichen Bereich enthält.

(2) Nach Beendigung des Arbeitsverhältnisses besteht die Verpflichtung zur Verschwiegenheit hinsichtlich nachfolgender Betriebs- und Geschäftsgeheimnisse fort:

......

(3) Die Verschwiegenheit erstreckt sich nicht auf solche Kenntnisse, die jedermann zugänglich sind oder deren Weitergabe für den Arbeitgeber ersichtlich ohne Nachteil ist. Im Zweifelsfall ist der Arbeitnehmer verpflichtet, eine Weisung des Arbeitgebers einzuholen, ob eine bestimmte Tatsache vertraulich zu behandeln ist.

(4) Der Ausdruck „Betriebs- und/oder Geschäftsgeheimnisse" umfasst dabei alle geschäftlichen, betrieblichen und technischen Kenntnisse, Angelegenheiten, Vorgänge und Informationen, die nur einem beschränkten Personenkreis zugänglich sind und nach dem Willen des Arbeitgebers nicht der Allgemeinheit bekannt werden sollen."

Als weiteres Beispiel soll Klausel 2[197] dienen:

„Der Arbeitnehmer verpflichtet sich, über alle ihm während seiner Dienstzeit bei dem Arbeitgeber bekannt gewordenen Geschäftsvorgänge, insbesondere technische Verfahrensabläufe, Rezepturen, Werkzeugkonzeptionen, Kunden, Preise und Produkte, bezogen auf die Produktion des Arbeitgebers von Kantenbändern, auch nach Beendigung des Arbeitsverhältnisses Stillschweigen zu bewahren."

Auch die Verletzung der vertraglich konkretisierten Verschwiegenheitspflicht kann zu personellen Konsequenzen bis hin zur außerordentlichen Kündigung des Arbeitsverhältnisses führen.

Darüber hinaus drohen dem Arbeitnehmer ebenfalls finanzielle Sanktionen, da die Verletzung der vertraglichen

Verschwiegenheitspflicht Schadensersatzansprüche des Arbeitgebers auslösen kann. In der Praxis werden auch vertragliche Verschwiegenheitspflichten wie nachvertragliche Wettbewerbsklauseln mit einer Vertragsstrafenklausel abgesichert, wobei hierzu auf die obigen Ausführungen verwiesen sei.

II. Zweck von Verschwiegenheitspflichten

Auch hinsichtlich des Zwecks von Verschwiegenheitspflichten ist zwischen den einzelnen Rechtsgrundlagen zu unterscheiden. Im Einzelnen:

1. Zweck der Verschwiegenheitspflicht aus § 17 Abs. 1 UWG

Wie oben bereits ausgeführt, bezweckt der Gesetzgeber mit § 17 Abs. 1 UWG u.a. den Schutz eines Unternehmens vor einer Weitergabe bzw. Verwertung von Betriebs- oder Geschäftsgeheimnissen an Dritte bzw. von Dritten. In § 1 S. 1 UWG ist insoweit explizit der geschützte Personenkreis benannt. Das Wettbewerbsrecht ist dem Schutz

197 Klausel in Anlehnung an einen dem Urteil des BAG v. 19.5.1998 – 9 AZR 394/97 = NZA 1999, 200 zugrunde liegenden Sachverhalt.

der Mitbewerber, der Verbraucherinnen und der Verbraucher sowie der sonstigen Marktteilnehmer vor unlauteren geschäftlichen Handlungen zu dienen bestimmt.

2. *Zweck der Verschwiegenheitspflicht gemäß § 241 Abs. 2 BGB*

Bezüglich des Zwecks des § 241 Abs. 2 BGB und der sich daraus ergebenden Rücksichtnahmepflicht sei auf die obigen Ausführungen beim Wettbewerbsverbot gemäß §§ 241 Abs. 2 BGB, 60 Abs. 1 (2. Alt.) HGB verwiesen. § 241 Abs. 2 BGB bezweckt im Kontext der Verschwiegenheitspflicht damit, eine Interessenkollision zu vermeiden, in dem die Weitergabe und die Verwertung von Betriebs- oder Geschäftsgeheimnissen an Dritte bzw. von Dritten verhindert wird und dient damit dem Schutz der wirtschaftlichen bzw. geschäftlichen Interessen des Arbeitgebers.

3. *Zweck der vertraglichen Verschwiegenheitsvereinbarung*

Mittels einer vertraglichen Verschwiegenheitsvereinbarung bezweckt der Arbeitgeber selbst seine wirtschaftlichen bzw. geschäftlichen Interessen davor zu schützen, dass diese durch die Weitergabe bzw. Verwertung von Betriebs- oder Geschäftsgeheimnissen an Dritte bzw. durch Dritte einen Nachteil erleiden.

III. (Arbeits-) Marktzugangsbehinderung durch während des laufenden Arbeitsverhältnisses geltende Verschwiegenheitspflichten

Fraglich ist, ob der Arbeitnehmer durch während des laufenden Arbeitsverhältnisses geltende Verschwiegenheitspflichten am Zugang zum (Arbeits-) Markt eines Mitgliedstaates gehindert wird, wenn er beabsichtigt, während des laufenden Arbeitsverhältnisses eine zusätzliche Tätigkeit bei einem Unternehmen in einem anderen Mitgliedstaat der EU aufzunehmen.

Bzgl. des Umstandes, dass auch bei Verschwiegenheitspflichten unterschiedliche Normsetzungsgeber in Betracht kommen, d. h. einerseits der Zivilgesetzgeber und andererseits der Arbeitgeber als Privatperson, sei auf die obigen Ausführungen zu Wettbewerbsverboten verwiesen. Sowohl der Zivilgesetzgeber als auch der Arbeitgeber als Privatperson sind an das Beschränkungsverbot des Artikels 45 Abs. 2 AEUV gebunden.

Zu berücksichtigen ist aber – und dies gilt für sämtliche Verschwiegenheitspflichten, unabhängig davon, auf welcher Rechtsgrundlage diese gelten –, dass dem Arbeitnehmer durch die Regelungen (nur) die Pflicht auferlegt wird, gegenüber Dritten Verschwiegenheit in Bezug auf Betriebs- oder Geschäftsgeheimnisse des Arbeitgebers zu wahren[198], nicht aber ein Tätigkeitsverbot, das die Aufnahme einer

198 U. a. Küttner/*Kreitner*, a. a. O., Rn. 4 zu 113 Betriebsgeheimnis, Münchener Handbuch zum Arbeitsrecht/*Reichold*, a. a. O., Rn. 32 zu § 48 Wettbewerbsverhalten, ErfK/*Preis*, a. a. O., Rn. 710 zu § 611 BGB.

zusätzlichen Tätigkeit untersagt. Die Aufnahme einer zusätzlichen Tätigkeit bleibt vielmehr möglich.

Ähnlich wie Wettbewerbsverbote können sich Verschwiegenheitspflichten aber dann auswirken, wenn der Arbeitswert eines mit einer Verschwiegenheitspflicht belegten Arbeitnehmers durch die Beschäftigung mit einem oder mehreren Betriebs- oder Geschäftsgeheimnissen und eine dadurch ggf. eingetretene Spezialisierung auf bestimmte Kenntnisse und Fähigkeiten derart geprägt worden ist, dass das berufliche Fortkommen bei Untersagung der Anwendung des/der Betriebs- oder Geschäftsgeheimnisse/s entscheidend beengt sein kann.[199] Des Weiteren ist, wie in der obigen Beispielsklausel 2 ersichtlich, eine Vertragsgestaltung denkbar, durch die dem jeweils betroffenen Arbeitnehmer die Pflicht auferlegt wird, über alle ihm während seiner Dienstzeit bei dem Arbeitgeber bekannt gewordenen Geschäftsvorgänge, insbesondere technische Verfahrensabläufe, Rezepturen, Werkzeugkonzeptionen, Kunden, Preise, Produkte etc. Stillschweigen zu bewahren. Dem Arbeitnehmer kann damit jede berufliche Verwertung seiner in diesem Geschäftsbereich erworbenen Kenntnisse verwehrt werden, wodurch die Grenze zu einem Wettbewerbsverbot überschritten wird.[200] In diesen Fällen ist somit eine (Arbeits-) Marktzugangsbehinderung trotz des Umstandes denkbar, dass dem Arbeitnehmer nicht explizit die Aufnahme einer zusätzlichen Tätigkeit untersagt wird. Faktisch kann die Verschwiegenheitspflicht nämlich wie ein Wettbewerbsverbot wirken.[201]

Zudem können sich die aus der Verletzung der jeweiligen Verschwiegenheitspflichten ergebenden Sanktionen unmittelbar auf die autonome Entscheidung des Arbeitnehmers auswirken, ob und ggf. welche Tätigkeit dieser zusätzlich zum Hauptarbeitsverhältnis aufnimmt. Sofern der Arbeitnehmer eine zusätzliche Tätigkeit in einem anderen Mitgliedstaat aufnehmen möchte, wird dieser naturgemäß die Rechtsfolgen eines Verstoßes gegen die Verschwiegenheitspflicht in die Überlegung mit einbeziehen, ob er dies tut. Folglich können sich auch Verschwiegenheitspflichten negativ auf die Motivation des Arbeitnehmers auswirken, sich in einen anderen Mitgliedstaat zur zusätzlichen Arbeitsaufnahme zu begeben.

IV. Ergebnis

Als Ergebnis ist somit festzuhalten, dass Gegenstand für die Prüfung des Vorliegens einer Beschränkung i. S. d. Artikels 45 Abs. 2 AEUV zum einen die spezialgesetzlichen Verschwiegenheitspflichten, insbesondere § 17 Abs. 1 UWG, § 241 Abs. 2

199 BGH, Urteil v. 21.12.1962 – I ZR 47/61 = NJW 1963, 856 (858) zu einem Sachverhalt, der nach §§ 1, 17 UWG rechtlich zu bewerten war, wobei die Erwägungen des BGH hier übertragbar sind.

200 BAG, Urteil v. 19.5.1998 – 9 AZR 394/97, a. a. O. zu einer nachvertraglichen Verschwiegenheitspflicht, wobei diese Wertungen auch auf den Zeitraum während des laufenden Arbeitsverhältnisses zu übertragen sind.

201 Siehe auch Bauer/Diller, a. a. O., Rn. 32 (Seite 14/15) zu § 17 Abs. 2 UWG (hierzu sogleich), wobei diese Wertungen auch auf § 17 Abs. 1 UWG zu übertragen sind.

BGB sowie eine § 241 Abs. 2 BGB konkretisierende Verschwiegenheitsvereinbarung sind.

Auch die sich aus diesen Rechtsgrundlagen ergebenden Verschwiegenheitspflichten können eine Beschränkung im Sinne des Artikels 45 Abs. 2 AEUV darstellen, wenn dem Arbeitnehmer untersagt wird, bestimmte Kenntnisse zu Betriebs- oder Geschäftsgeheimnissen oder sogar sämtliche im Geschäftsfeld des Arbeitgebers erworbenen Kenntnisse bei einem anderen Arbeitgeber einzusetzen bzw. zu verwerten. In diesem Fall besteht – ebenso wie bei einem Wettbewerbsverbot während des laufenden Arbeitsverhältnisses – faktisch ein Tätigkeitsverbot.

Ferner kann die Aussicht auf die Inanspruchnahme durch den Arbeitgeber auf Unterlassung und Schadensersatz Auswirkungen auf die autonome Entscheidung des Arbeitnehmers haben, eine Tätigkeit bei einem anderen Arbeitgeber aufzunehmen.

E. Beschränkung der Arbeitnehmerfreizügigkeit durch nachvertragliche Verschwiegenheitspflichten

Fraglich ist, ob auch nachvertragliche Verschwiegenheitspflichten als Maßnahmen zu bewerten sind, die eine Beschränkung i. S. d. Artikels 45 Abs. 2 AEUV darstellen.

I. Rechtsgrundlagen

Auch nachvertragliche Verschwiegenheitspflichten können sich für den Arbeitnehmer aus vielfältigen Rechtsgrundlagen ergeben.

1. Spezialgesetzliche Verschwiegenheitspflichten, insbesondere § 17 Abs. 2 Nr. 2 UWG

Auch für den Zeitraum nach Beendigung eines Arbeitsverhältnisses bestehen im deutschen Rechtssystem spezialgesetzliche Verschwiegenheitspflichten. Hier ist insbesondere die strafbewährte Verschwiegenheitspflicht aus § 17 Abs. 2 UWG zu nennen. Dort wird die Verwertung eines Betriebs- oder Geschäftsgeheimnisses nach dem Ausscheiden aus dem Arbeitsverhältnis unter Strafe gestellt, wenn das Geheimnis unbefugt erlangt oder verwertet wurde.[202] Auch hier droht bei einem Verstoß gegen die Verschwiegenheitspflicht eine Freiheitsstrafe von bis zu drei Jahren oder eine Geldstrafe.

2. Nachwirkende Treue- bzw. Rücksichtnahmepflicht aus § 241 Abs. 2 BGB

Ein Arbeitnehmer ist zudem aufgrund der nachwirkenden Treue- bzw. Rücksichtnahmepflicht aus § 241 Abs. 2 BGB verpflichtet, auch nach Beendigung des Arbeitsverhältnisses über Betriebs- oder Geschäftsgeheimnisse des Arbeitgebers

---

202 Bauer/Diller, a. a. O., Rn. 32 (Seite 14).

Stillschweigen zu wahren.[203] Der Inhalt der Verschwiegenheitspflicht bezieht sich auf die geheim zu haltende Tatsache.[204] Kenntnisse über Betriebs- oder Geschäftsgeheimnisse darf der Arbeitnehmer nicht veräußern und auf diese Weise für sich verwerten.[205] Zwar wurde oben ausgeführt, dass der Arbeitnehmer im Anschluss an das Arbeitsverhältnis berechtigt ist, zu seinem Arbeitgeber in Wettbewerb zu treten, sofern keine nachvertragliche Wettbewerbsverbotsvereinbarung existiert, die den Anforderungen der §§ 110 GewO, 74 f. HGB entspricht. Eine Nachwirkung der Treue- bzw. Rücksichtnahmepflicht, welche das Verbot betrifft, dem Arbeitgeber Wettbewerb zu machen, wurde folglich abgelehnt. Dies war für die Situation in Bezug auf Wettbewerbsverbote aber konsequent, da der Gesetzgeber mit den Regelungen in §§ 110 GewO, 74 f. HGB explizit zum Ausdruck gebracht hat, dass ein nachvertraglicher Wettbewerb nur dann untersagt ist, wenn dieser auf Grundlage einer nachvertraglichen Wettbewerbsverbotsvereinbarung geregelt wurde. Für Verschwiegenheitspflichten existiert jedoch keine entsprechende gesetzliche Regelung, die Ähnliches regelt. Die Verletzung der nachwirkenden Verschwiegenheitspflicht führt aufgrund des Umstandes, dass das Arbeitsverhältnis bereits beendet ist, nicht mehr zu arbeitsvertraglichen Konsequenzen. Vielmehr kann sich der Arbeitnehmer hier der Geltendmachung von Unterlassungs- und Schadensersatzansprüchen durch den Arbeitgeber ausgesetzt sehen.

3. *Nachvertragliche Verschwiegenheitsvereinbarung*

Des Weiteren werden regelmäßig nachvertragliche Verschwiegenheitsvereinbarungen geschlossen, mit denen entweder ein bestehendes Verschwiegenheitsgebot für eine bestimmte Dauer nach Beendigung des Arbeitsverhältnisses Wirkung entfaltet oder ein selbständiger nachvertraglicher Geheimnisschutz begründet wird.[206] Ersteres kann der Regelung unter (2) im obigen Beispiel 1 einer Verschwiegenheitsklausel während des laufenden Arbeitsverhältnisses entnommen werden. Letzteres, d.h. eine Verschwiegenheitsvereinbarung, die eine selbständige Verpflichtung der Geheimhaltung eines/mehrerer Geheimnisse/s begründet, wird regelmäßig in einer wortlautähnlichen, aber auf den nachvertraglichen Bereich beschränkten Klausel vereinbart. Auch hier kann eine Verletzung dieser Pflicht ebenfalls Unterlassungs- und Schadensersatzansprüche des Arbeitgebers auslösen.

---

203 BAG, Urteil v. 15.12.1987 – 3 AZR 474/86 = NJW 1988, 1686, entgegen BGH, Urteil v. 3.5.2001 – I ZR 153/99 = EzA § 611 BGB Betriebsgeheimnis Nr. 4 für die rein wettbewerbsrechtliche Situation sowie entgegen der Auffassung, wonach sich diese Verpflichtung aus einer analogen Anwendung des § 90 HGB ergebe, s. die Übersicht bei Küttner/Kreitner, a. a. O., Rn. 9 zu 113 Betriebsgeheimnis.

204 BAG, Urteil v. 15.12.1987 – 3 AZR 474/86 = NJW 1988, 1686.

205 BAG, Urteil v. 15.12.1987 – 3 AZR 474/86 = NJW 1988, 1686 (1687).

206 U. a. Küttner/*Keitner*, a. a. O., Rn. 7 zu 113 Betriebsgeheimnis.

II. Zweck der nachvertraglichen Verschwiegenheitspflichten

Bezüglich des Zwecks der nachvertraglichen Verschwiegenheitspflichten sei auf die obigen Ausführungen zum jeweiligen Zweck der Verschwiegenheitspflichten während des laufenden Arbeitsverhältnisses verwiesen. Dieser ist insoweit jeweils identisch.

III. (Arbeits-) Marktzugangsbehinderung durch nachvertragliche Verschwiegenheitspflichten

Fraglich ist, ob der Arbeitnehmer infolge von nachvertraglichen Verschwiegenheitspflichten am Zugang zu einem (Arbeits-) Markt eines Mitgliedstaates gehindert wird.

Diesbezüglich ist ebenso wie bei den während des laufenden Arbeitsverhältnisses geltenden Verschwiegenheitspflichten zu konstatieren, dass durch die jeweilige Verschwiegenheitspflicht nicht per se ein Tätigkeitsverbot im Anschluss an die Beendigung des Arbeitsverhältnisses angeordnet wird, das die Aufnahme einer Tätigkeit untersagt. Die Aufnahme einer Tätigkeit im Anschluss an die Beendigung des Arbeitsverhältnisses bleibt weiterhin möglich, wenn keine nachvertragliche Wettbewerbsverbotsvereinbarung existiert. Der Arbeitnehmer ist aber verpflichtet, Stillschweigen über die beim Arbeitgeber erlangten Kenntnisse über Betriebs- oder Geschäftsgeheimnisse zu wahren. Eine ähnliche Wirkung wie nachvertragliche Wettbewerbsverbote können nachvertragliche Verschwiegenheitspflichten aber ebenfalls einerseits dann haben, wenn der Marktwert eines mit einer Verschwiegenheitspflicht belegten Arbeitnehmers durch die Beschäftigung mit einem oder mehreren Betriebs- oder Geschäftsgeheimnissen und eine dadurch ggf. eingetretene Spezialisierung auf bestimmte Kenntnisse und Fähigkeiten derart geprägt worden ist, dass das berufliche Fortkommen bei Untersagung der Anwendung des/der Betriebs- oder Geschäftsgeheimnisse/s im Anschluss an die Beendigung des Arbeitsverhältnisses entscheidend beengt sein kann. Des Weiteren ist ebenfalls denkbar, dass der Arbeitnehmer wie in der bei der während des laufenden Arbeitsverhältnisses dargestellten Beispielsklausel 2 über alle ihm während des Arbeitsverhältnisses bei dem Arbeitgeber bekannt gewordenen Geschäftsvorgänge, insbesondere technische Verfahrensabläufe, Rezepturen, Werkzeugkonzeptionen, Kunden, Preise, Produkte etc. Stillschweigen zu bewahren hat. Auch hier wird dem Arbeitnehmer jede berufliche Verwertung seiner in diesem Geschäftsbereich erworbenen Kenntnisse verwehrt, wodurch die Grenze zu einem Wettbewerbsverbot überschritten wird.[207] Derartige Verschwiegenheitspflichten sind an den §§ 110 GewO, 74 f. HGB zu messen.

---

207 BAG, Urteil v. 19.5.1998 – 9 AZR 394/97 a. a. O., s. auch Bauer/Diller, a. a. O., Rn. 32 (Seite 14) zu § 17 Abs. 2 UWG, wo die strafbewährte Verschwiegenheitspflicht faktisch ein Wettbewerbsverbot begründet.

In diesen Fällen ist daher ebenso wie bei Verschwiegenheitspflichten während des laufenden Arbeitsverhältnisses eine (Arbeits-) Marktzugangsbehinderung trotz des Umstandes gegeben, dass den Arbeitnehmern nicht explizit die Aufnahme einer zusätzlichen Tätigkeit untersagt wird.

Zudem haben die sich aus der Verletzung der jeweiligen Verschwiegenheitspflichten ergebenden Sanktionen auch hier unmittelbare Auswirkungen auf die autonome Entscheidung des Arbeitnehmers, ob dieser eine Tätigkeit im selben Geschäftsfeld des ehemaligen Arbeitgebers aufnimmt, bei der er die im beendeten Arbeitsverhältnis erworbenen Kenntnisse anwenden bzw. verwerten muss. Dieser Umstand tangiert die Entscheidung des Arbeitnehmers und kann sich negativ auf die Motivation des Arbeitnehmers auswirken, sich in einen anderen Mitgliedstaat zur Arbeitsaufnahme im Anschluss an die Beendigung des Arbeitsverhältnisses zu begeben.

IV. Ergebnis

Als Ergebnis ist somit festzuhalten, dass Gegenstand für die Prüfung des Vorliegens einer Beschränkung i. S. d. Artikels 45 Abs. 2 AEUV durch nach Beendigung des Arbeitsverhältnisses geltende Verschwiegenheitspflichten zum einen die spezialgesetzlichen Verschwiegenheitspflichten, insbesondere § 17 Abs. 2 Nr. 2 UWG, eine nachwirkende Pflicht aus § 241 Abs. 2 BGB sowie eine die nachwirkende Pflicht aus § 241 Abs. 2 BGB konkretisierende Verschwiegenheitsvereinbarung sind. Auch die sich aus diesen Rechtsgrundlagen ergebenden Verschwiegenheitspflichten können eine Beschränkung im Sinne des Artikels 45 Abs. 2 AEUV darstellen, wenn dem Arbeitnehmer im Anschluss an die Beendigung des Arbeitsverhältnisses untersagt wird, bestimmte Betriebs- oder Geschäftsgeheimnisse oder sogar sämtliche im Geschäftsfeld des Arbeitgebers erworbenen Kenntnisse bei einem anderen Arbeitgeber einzusetzen bzw. zu verwerten und damit – ebenso wie bei einem nachvertraglichen Wettbewerbsverbot – faktisch ein Tätigkeitsverbot verbunden ist.

Ferner kann die Aussicht auf die Inanspruchnahme durch den Arbeitgeber auf Unterlassung und Schadensersatz Auswirkungen auf die autonome Entscheidung des Arbeitnehmers, eine Tätigkeit bei einem anderen Arbeitgeber aufzunehmen.

F. Zusammenfassung 2. Teil

Zusammenfassend ist bzgl. des 2. Teils Folgendes festzuhalten:

I. Inhalt und Umfang des Beschränkungsverbots aus Artikel 45 Abs. 2 AEUV

Vom Beschränkungsverbot des Artikels 45 Abs. 2 AEUV sind lediglich solche Regelungen bzw. Maßnahmen erfasst, die den Arbeitnehmern spezifisch den grenzüberschreitenden Zugang zum Arbeitsmarkt der jeweiligen Mitgliedstaaten verwehren. Entscheidend ist folglich, dass die fragliche Regelung bzw. Maßnahme einen Zusammenhang zur grenzüberschreitenden Aufnahme und Ausübung der unselbständigen Erwerbstätigkeit, also dem Zugang zur Beschäftigung, aufweist. Regelungen, die nur irgendwie Auswirkungen auf die Entscheidung des Arbeitnehmers haben, Zugang zum (Arbeits-) Markt eines Mitgliedstaates zu suchen, sind hingegen nicht vom Beschränkungsverbot des Artikels 45 Abs. 2 AEUV erfasst. Unter Zugrundelegung dieser Maßgaben gilt im Hinblick auf Wettbewerbsverbote bzw. Verschwiegenheitspflichten Folgendes:

II. Beschränkung durch das während des laufenden Arbeitsverhältnisses geltende Wettbewerbsverbot

Gegenstand der Prüfung des Vorliegens einer Beschränkung i. S. d. Artikels 45 Abs. 2 AEUV sind bei dem während des Arbeitsverhältnisses geltenden Wettbewerbsverbot nicht die §§ 60, 61 HGB in analoger Anwendung. Mangels bestehender planwidriger Regelungslücke sind diese dogmatisch nicht auf sonstige Arbeitsverhältnisse analog anwendbar. Die §§ 60, 61 HGB dienen jedoch als Konkretisierung des aus § 241 Abs. 2 BGB folgenden allgemeinen Rechtsgedankens, wonach der Arbeitnehmer aufgrund seiner Rücksichtnahmepflicht jede „Konkurrenztätigkeit“ zum Nachteil des Arbeitgebers zu unterlassen hat.

Sowohl in objektiver als auch subjektiver Hinsicht stellt das Wettbewerbsverbot gemäß §§ 241 Abs. 2 BGB, 60 Abs. 1 (2. Alt.) HGB eine spezifische Behinderung des (Arbeits-) Marktzugangs und damit eine Beschränkung i. S. d. Artikels 45 Abs. 2 AEUV dar. Im Hinblick auf eine Tätigkeit, die von dem Wettbewerbsverbot gemäß §§ 241 Abs. 2 BGB, 60 Abs. 1 (2. Alt.) HGB erfasst wird und bei der eine Verwertung von Betriebs- oder Geschäftsgeheimnissen droht, besteht ein objektives absolutes Zugangshindernis, sodass eine Beschränkung i. S. d. Artikels 45 AEUV gegeben ist. Der geltend gemachte Einwand, eine Beschränkung liege nicht vor, da dem Arbeitnehmer ein Zugang zum (Arbeits-) Markt in Bezug auf Tätigkeiten möglich bleibe, die nicht vom Wettbewerbsverbot erfasst werden und bei denen die Verwertung von Betriebs- oder Geschäftsgeheimnissen des Arbeitgebers nicht droht, greift zu kurz. Dadurch, dass auch das Recht auf Arbeitsplatzwahlfreiheit Gewährleistungsinhalt der Arbeitnehmerfreizügigkeit ist, ist der Arbeitnehmer nicht darauf zu verweisen, eine Tätigkeit aufzunehmen, die nicht vom Wettbewerbsverbot erfasst wird. Dieser ist nicht verpflichtet, sich einen Vertragspartner auszusuchen, den er nicht frei wählen kann. Zudem hat die aus dem Wettbewerbsverbot gemäß §§ 241 Abs. 2 BGB, 60 Abs. 1 (2. Alt.) HGB folgende Anordnung eines Tätigkeitsverbots, verbunden mit der aus §§ 241 Abs. 2 BGB, § 61 HGB folgenden Anordnung von Sanktionen, unmittelbare Auswirkungen auf die autonome Entscheidung des Arbeitnehmers, neben einer Haupttätigkeit noch eine weitere Tätigkeit bei einem oder mehreren Zweitarbeitgebern aufzunehmen.

III. Beschränkung durch nachvertragliches Wettbewerbsverbot

Aufgrund der gesetzgeberischen Konzeption, primär den Arbeitsvertragsparteien die Vereinbarung nachvertraglicher Wettbewerbsverbote zu überlassen und diesbezüglich in den §§ 110 S. 2 GewO, 74 f. HGB „nur“ einen Zulässigkeitsrahmen zum Schutz der Arbeitnehmer gesetzlich zu regeln, ist bei einem nachvertraglichen Wettbewerbsverbot als potentiell beschränkende Maßnahme i. S. d. Artikels 45 Abs. 2 AEUV primär die vertragliche Wettbewerbsverbotsvereinbarung zwischen den Arbeitsvertragsparteien anzusehen. Diese legt dem Arbeitnehmer explizite Pflichten bzgl. der Unterlassung von wettbewerbswidrigen Tätigkeiten auf und verknüpft diese meist mit Sanktionsanordnungen noch in der Vereinbarung selbst. Diese Wettbewerbsverbotsvereinbarung enthält damit bereits objektiv ein (Arbeitsmarkt-) Zugangshindernis in Bezug auf diejenigen Tätigkeiten in einem anderen Mitgliedstaat, die von der Wettbewerbsverbotsvereinbarung erfasst werden und bei denen die Weitergabe und Verwertung von Betriebs- oder Geschäftsgeheimnissen des Arbeitgebers sowie der Einbruch in den Kunden- bzw. Lieferantenkreis des Arbeitgebers unter Zuhilfenahme von Kunden- bzw. Lieferantenlisten oder mit unlauteren Mitteln droht.

Der auch hier geltend gemachte Einwand, eine Beschränkung liege nicht vor, da dem Arbeitnehmer ein Zugang zum (Arbeits-) Markt der Mitgliedstaaten in Bezug auf Tätigkeiten möglich bleibe, die nicht von der vertraglichen Wettbewerbsverbotsabrede erfasst werden, greift hier ebenfalls zu kurz, da der Arbeitnehmer aufgrund des Umstandes, dass das Recht der Arbeitsplatzwahlfreiheit Gewährleistungsinhalt der Arbeitnehmerfreizügigkeit ist, nicht verpflichtet ist, sich einen Vertragspartner auszusuchen, den er nicht frei wählen kann. Ferner ist diese Wettbewerbsverbotsvereinbarung in Verbindung mit den bei einer Verletzung dieser denkbaren Sanktionen in subjektiver Hinsicht geeignet, auf die Entscheidung des Arbeitnehmers, sein Arbeitsverhältnis zu beenden und zu einem Arbeitgeber zu wechseln, der in einem anderen Mitgliedstaat seinen Sitz hat, maßgeblich und unmittelbar Einfluss zu nehmen und den Arbeitnehmer davon abzuhalten, von dem Recht auf Freizügigkeit Gebrauch zu machen.

Diese zwischen Privaten getroffene vertragliche Wettbewerbsverbotsvereinbarung unterliegt auch dem Anwendungsbereich des Beschränkungsverbots aus Artikel 45 Abs. 2 AEUV, da dieses unmittelbare Drittwirkung entfaltet. Gleichfalls ist die Beeinträchtigung nicht zu ungewiss bzw. zu hypothetisch, weil der Arbeitnehmer bereits zu Beginn bzw. während des Arbeitsverhältnisses, aber noch vor dem Treffen der Entscheidung, den Arbeitgeber wechseln zu wollen, Gewissheit über die sich hieraus ergebenden Konsequenzen erhält.

Die gesetzlichen Regelungen in §§ 110 GewO i. V. m. 74 f. HGB stellen im Verhältnis zum Arbeitnehmer weder ein objektives Zugangshindernis dar, noch sind diese geeignet, den Arbeitnehmer davon abzuhalten, von der Arbeitnehmerfreizügigkeit Gebrauch zu machen, da diese lediglich einen Zulässigkeitsrahmen im Hinblick auf die zwischen den Arbeitsvertragsparteien getroffene Wettbewerbsverbotsvereinbarung vorgeben. Somit legen diese Regelungen weder explizite Pflichten in Gestalt eines Tätigkeitsverbots auf noch haben diese Einfluss auf die Entscheidung des Arbeitnehmers, das bestehende Arbeitsverhältnis zu beenden und anschließend eine andere Tätigkeit bei einem anderen Arbeitgeber aufzunehmen. Allerdings können die Regelungen in §§ 110 GewO i. V. m. 74 f. HGB unter dem Aspekt eine Beschränkung i. S. d. Artikels 45 Abs. 2 AEUV darstellen, dass der deutsche Zivilgesetzgeber an die Grundfreiheiten gebunden ist und daher alle erforderlichen und geeigneten Maßnahmen zu ergreifen hat, um im Gebiet der Bundesrepublik Deutschland die Beachtung dieser Grundfreiheiten sicherzustellen.

IV. Beschränkung durch Verschwiegenheitspflichten

Auch während des laufenden Arbeitsverhältnisses geltende und nachvertragliche Verschwiegenheitspflichten können Beschränkungen i. S. d. Artikels 45 Abs. 2 AEUV darstellen. Gegenstand für die Prüfung des Vorliegens einer Beschränkung i. S. d. Artikels 45 Abs. 2 AEUV während des laufenden Arbeitsverhältnisses sind zum einen die spezialgesetzlichen Verschwiegenheitspflichten, insbesondere § 17 Abs. 1 UWG, § 241 Abs. 2 BGB sowie eine § 241 Abs. 2 BGB konkretisierende Verschwiegenheitsvereinbarung. Gegenstand für die Prüfung des Vorliegens einer Beschränkung i. S. d. Artikels 45 Abs. 2 AEUV nach Beendigung des Arbeitsverhältnisses sind zum einen die spezialgesetzlichen Verschwiegenheitspflichten, insbesondere § 17 Abs. 2 Nr. 2 UWG, eine nachwirkende Pflicht aus § 241 Abs. 2 BGB sowie eine die nachwirkende Pflicht aus § 241 Abs. 2 BGB konkretisierende Verschwiegenheitsvereinbarung.

Aufgrund des Umstandes, dass die Aufnahme einer Tätigkeit bei einem zusätzlichen Arbeitgeber während des laufenden Arbeitsverhältnisses bzw. bei einem Arbeitgeber nach Beendigung des Arbeitsverhältnisses möglich bleibt, da die Arbeitnehmer nur verpflichtet sind, über Betriebs- oder Geschäftsgeheimnisse Stillschweigen zu bewahren, ist Voraussetzung für das Vorliegen einer Beschränkung i. S. d. Artikels 45 Abs. 2 AEUV, dass dem Arbeitnehmer während oder im Anschluss an die Beendigung des Arbeitsverhältnisses untersagt wird, bestimmte Kenntnisse über Betriebs- oder Geschäftsgeheimnisse bei einem anderen Arbeitgeber einzusetzen bzw. zu verwerten, die den Marktwert des Arbeitnehmers ausmachen oder sogar sämtliche im Geschäftsfeld des Arbeitgebers erworbenen Kenntnisse darstellen. Ist dies der Fall, ist auch bei Verschwiegenheitspflichten – ebenso wie bei einem Wettbewerbsverbot – faktisch ein Tätigkeitsverbot gegeben. Ferner kann die Aussicht auf die Inanspruchnahme durch den Arbeitgeber auf Unterlassung und Schadensersatz Auswirkungen auf die autonome Entscheidung des Arbeitnehmers haben, eine Tätigkeit bei einem anderen Arbeitgeber aufzunehmen.

3. Teil: Rechtfertigung der Beschränkung

Fraglich ist, ob die festgestellte Beschränkung der Arbeitnehmerfreizügigkeit durch Wettbewerbsverbote bzw. ähnlich wirkende Verschwiegenheitspflichten gerechtfertigt ist.

A. Keine Rechtfertigung der Beschränkung gemäß Artikel 45 Abs. 3 AEUV

Eine Beschränkung der Arbeitnehmerfreizügigkeit ist zunächst dann gerechtfertigt, wenn die jeweilige beschränkende Maßnahme durch einen in Artikel 45 AEUV benannten Grund erlaubt ist. Dies ist in Artikel 45 AEUV der Abs. 3, wonach Beschränkungen der Arbeitnehmerfreizügigkeit gerechtfertigt sind, wenn diese aus Gründen der öffentlichen Ordnung, Sicherheit und Gesundheit geboten sind. Dieser sog. ordre-public-Vorbehalt erlaubt es vorrangig den Mitgliedstaaten, zum Schutz anerkannter Rechtsgüter Maßnahmen gegenüber den Staatsangehörigen anderer Mitgliedstaaten zu ergreifen, die sie bei ihren eigenen Staatsangehörigen nicht anwenden könnten, als sie nicht die Befugnis haben, diese aus dem nationalen Hoheitsgebiet zu entfernen oder ihnen die Einreise in das nationale Hoheitsgebiet zu untersagen.[208]

Fraglich ist, ob der ordre-public-Vorbehalt überhaupt Eingriffe in das hier tangierte Beschränkungsverbot aus Artikel 45 Abs. 2 AEUV rechtfertigen kann. Betrachtet man den Wortlaut dieses Rechtfertigungsgrundes, ist dies zwar nicht ausgeschlossen. Jedoch macht dessen Stellung in Artikel 45 Abs. 3 AEUV deutlich, dass dieser in direktem Zusammenhang mit den spezifisch aus der Freizügigkeit folgenden Rechten der Bewerbung auf eine Stelle, der Einreise, des Aufenthalts und des Verbleibs in dem Beschäftigungsstaat steht.[209] Gleichwohl wird – mit jeweils unterschiedlichen Begründungen – vertreten, dass Eingriffe in sämtliche Gewährleistungen der Arbeitnehmerfreizügigkeit des Artikels 45 AEUV einer auf die geschriebenen Schranken des Artikels 45 Abs. 3 AEUV gestützten Rechtfertigung zugänglich sind.[210] Eine vertiefte Erörterung sowie Entscheidung dieser Frage kann indes unterbleiben. Wettbewerbsverbote bzw. ähnlich wirkende Verschwiegenheitspflichten sind nämlich offenkundig weder zur Wahrung der öffentlichen

208 U. a. Callies/Ruffert/*Brechmann*, a. a. O., Rn. 95 zu Art. 45 AEUV unter Verweis auf die einschlägige Rechtsprechung des EuGH, Frenz, Handbuch Europarecht, Band 1, Europäische Grundfreiheiten, 2. Aufl. 2012, Rn. 1985.

209 Frenz, a. a. O., Rn. 1990–1992 m. w. N.

210 Siehe nur die, den Meinungsstreit zusammenfassende Darstellungen m. w. N. bei Wienbracke, EuR 2012, 483 (505) sowie Frenz, a. a. O., Rn. 1990–1999.

Ordnung, noch zur Wahrung der öffentlichen Sicherheit und Gesundheit geboten. Im Einzelnen:

Was unter den, dem ordre-public-Vorbehalt unterfallenden Begriffen der öffentlichen Sicherheit, Ordnung und Gesundheit zu verstehen ist, wird durch Artikel 27 f. RL 2004/38/EG konkretisiert und ist eng auszulegen.[211] Mit dem Begriff der öffentlichen Sicherheit ist die innere und äußere Sicherheit[212] im Sinne der Wahrung der territorialen Integrität der Mitgliedstaaten und ihrer Institutionen gemeint.[213] Unter innerer Sicherheit des Staates ist der Bestand des Staates, seiner Einrichtungen und wichtigen öffentlichen Dienste sowie das Überleben der Bevölkerung zu verstehen.[214] Die äußere Sicherheit erfasst neben militärischen Bedrohungen auch die Gefahr einer erheblichen Störung der auswärtigen Beziehungen oder des friedlichen Zusammenlebens der Völker.[215] Öffentliche Ordnung meint die gesellschaftliche Ordnung, deren Störung es zu verhindern gilt, wobei diese nur dann gestört ist, wenn eine tatsächliche, gegenwärtige und erhebliche Gefahr besteht, die ein Grundinteresse der Gesellschaft berührt.[216]

In Bezug auf die öffentliche Gesundheit lässt der ordre-public-Vorbehalt eine Einschränkung des Rechts auf Freizügigkeit gemäß Artikel 29 RL 2004/38/EG wegen bestimmter Krankheiten zu.[217]

Unter Zugrundelegung dieser Maßgaben ist zu konstatieren, dass im Hinblick auf Wettbewerbsverbote bzw. ähnlich wirkende Verschwiegenheitspflichten der ordre-public-Vorbehalt kein tauglicher Rechtfertigungsgrund ist, da die dort benannten anerkannten Rechtsgüter offenkundig nicht tangiert sind. Dies gilt insbesondere aufgrund des Umstandes, dass bei Eingriffen nichtstaatlicher Rechtssubjekte eine Rechtfertigung aus Artikel 45 Abs. 3 AEUV daran scheitert, dass privatnütziges Verhalten nicht auf die Wahrung der erfassten Gemeinwohlzwecke gerichtet ist.[218]

---

211 ErfK/*Wißmann*, a. a. O., Rn. 30 zu Art. 45 AEUV, Callies/Ruffert/*Brechmann*, a. a. O., Rn. 96/97 zu Art. 45 AEUV.

212 Haratsch/Koenig/Pechstein, a. a. O., Rn. 934 unter Verweis auf die einschlägige Rechtsprechung des EuGH.

213 Geiger/*Khan*/Kotzur, EUV/AEUV, 5. Aufl., 2010, Rn. 41 zu Art. 45 AEUV unter Verweis auf die einschlägige Rechtsprechung des EuGH.

214 Streinz/*Franzen*, a. a. O., Rn. 136 zu Art. 45 AEUV m. w. N., *Schwarze/Schneider/Wunderlich*, a. a. O., Rn. 131 zu Art. 45 AEUV m. w. N.

215 Streinz/*Franzen*, a. a. O., Rn. 136 zu Art. 45 AEUV m. w. N., *Schwarze/Schneider/Wunderlich*, a. a. O., Rn. 132 zu Art. 45 AEUV m. w. N.

216 Geiger/*Khan*/Kotzur, a. a. O. unter Verweis auf den Wortlaut des Art. 27 Abs. 2 S. 3 der RL 2004/38/EG.

217 Streinz/*Franzen*, a. a. O., Rn. 139 zu Art. 45 AEUV m. w. N.

218 Haratsch/Koenig/Pechstein, a. a. O., Rn. 936.

B. Keine Rechtfertigung der Beschränkung gemäß Artikel 52 Abs. 1 i. V. m. Artikel 15 Abs. 2 EU-GRCh

Fraglich ist, ob neben dem in Artikel 45 Abs. 3 AEUV explizit geregelten Rechtfertigungsgrund die in Artikel 52 Abs. 1 EU-GRCh ausdrücklich verankerte Schranke auch für Beschränkungen der Grundfreiheit der Arbeitnehmerfreizügigkeit gilt.

I. Aufnahme der Arbeitnehmerfreizügigkeit in Artikel 15 Abs. 2 EU-GRCh

Dafür könnte sprechen, dass – wie bereits oben dargestellt – das Recht auf Freizügigkeit auch in der EU-GRCh unmittelbar beim Unionsgrundrecht der Berufsfreiheit in Artikel 15 Abs. 2 EU-GRCh genannt wird. Da Artikel 52 Abs. 1 EU-GRCh eigenständige Anforderungen an eine Einschränkung der Ausübung der in der EU-GRCh anerkannten Rechte und Freiheiten vorsieht, könnte dies bedeuten, dass neben dem in Artikel 45 Abs. 3 AEUV geregelten ordre-public-Vorbehalt eine zweite „geschriebene“ Rechtfertigungsanforderung bzgl. eines Eingriffs in das Beschränkungsverbot des Artikels 45 Abs. 2 AEUV zu berücksichtigen wäre.

II. Kein eigenständiger Regelungsgehalt, sondern lediglich Ausdruck des sachlichen Zusammenhangs zwischen dem Grundrecht der Berufsfreiheit und den Grundfreiheiten

Voraussetzung hierfür ist jedoch, dass Artikel 15 Abs. 2 EU-GRCh im Hinblick auf die Grundfreiheit der Arbeitnehmerfreizügigkeit einen eigenständigen, deren bisherigen Regelungsinhalt erweiternden Gehalt hat. Es sollte aber – insoweit sei auf die obigen Ausführungen verwiesen – einerseits allenfalls verdeutlicht werden, dass die genannten Grundfreiheiten aufgrund ihres Wesens als Freiheitsrecht einen engen Bezug zur Berufsfreiheit aufweisen bzw. diese konkretisieren, durch die Regelung zur Berufsfreiheit aber nicht ersetzt oder verdrängt werden. Diese Schlussfolgerung wird des Weiteren durch Artikel 52 Abs. 2 EU-GRCh belegt, in dem geregelt ist, dass die Ausübung der durch die EU-GRCh anerkannten Rechte, die zugleich in den Verträgen geregelt sind, im Rahmen der in den Verträgen festgelegten Bedingungen und Grenzen zu erfolgen hat.

Selbst unterstellt, mit Artikel 15 Abs. 2 EU-GRCh sei die Erweiterung des Anwendungsbereichs der Arbeitnehmerfreizügigkeit sowie die Verschaffung eines eigenständigen Charakters mit der Folge beabsichtigt gewesen, dass die Rechtfertigung eines Eingriffs an Artikel 52 Abs. 1 EU-GRCh zu messen sei, stünde dem daher Artikel 52 Abs. 2 EU-GRCh entgegen. Mit dem In-Kraft-Treten der EU-GRCh war nicht bezweckt, bereits gefestigte und von der Union anerkannte Regelungsgegenstände in den Verträgen auszuhöhlen bzw. diese einem neuen, mit modifizierten Parametern versehenen Rechtfertigungsregime zu unterwerfen. Dies sollte Artikel 52 Abs. 2 EU-GRCh zum Ausdruck bringen.

Zwar wird vereinzelt die Auffassung vertreten, Artikel 52 Abs. 2 EU-GRCh sei wegen der herausragenden Bedeutung der in Artikel 52 Abs. 1 EU-GRCh enthaltenen, allgemein anerkannten Prinzipien des europäischen Grundrechtsschutzes, der Wahrung des Wesensgehalts sowie des Grundsatzes der Verhältnismäßigkeit, als zusätzliche Schranke in dem Sinne zu begreifen, dass Artikel 52 Abs. 1 EU-GRCh auch bei den in Artikel 52 Abs. 2 EU-GRCh erwähnten Rechten anzuwenden sei.[219] Dies ist jedoch abzulehnen, da es hierfür bereits im Wortlaut des Artikel 52 Abs. 2 EU-GRCh keinen Anhaltspunkt gibt. Des Weiteren heißt es in den Erläuterungen zur EU-GRCh, dass Artikel 52 Abs. 2 EU-GRCh verdeutliche, dass die sowohl in der Charta als auch in den Verträgen enthaltenen Rechte weiterhin den Bedingungen und Grenzen unterliegen, die für das Unionsrecht, auf dem sie beruhen, gelten und die in den Verträgen festgelegt sind[220]. Weiterhin heißt es, dass mit der Charta die Regelungen hinsichtlich der durch den EG-Vertrag gewährten und in die Verträge übernommenen Rechte nicht geändert werden[221]. Daraus folgt zunächst, dass durch das In-Kraft-Treten der Charta keine, in den Verträgen bereits enthaltene Rechte geändert werden, sondern diese vielmehr unberührt bleiben sollten.[222] Vielmehr waren die in Artikel 15 Abs. 2 EU-GRCh benannten Verbürgungen in den Verträgen und sind nunmehr im AEUV geregelt, so dass für Artikel 15 Abs. 2 EU-GRCh Artikel 52 Abs. 2 EU-GRCh zur Anwendung gelangt.[223] Dies bedeutet ferner, dass die Bedingungen und Grenzen der in den Verträgen enthaltenen Rechte, somit hier der Arbeitnehmerfreizügigkeit, durch die Charta unverändert bleiben sollten, d. h. zum einen im Hinblick auf die den jeweiligen Schutzbereich definierenden Regelungen, aber auch hinsichtlich der Rechtfertigungsanforderungen.[224]

III. Ergebnis

Nach alledem bleibt festzuhalten, dass Beschränkungen der Arbeitnehmerfreizügigkeit nicht an der Schranke des Artikel 52 Abs. 1 EU-GRCh zu messen sind. Dagegen spricht einerseits, dass Artikel 15 Abs. 2 EU-GRCh keinen eigenständigen, über die

219 Philippi, Die Charta der Grundrechte der Europäischen Union – Entstehung, Inhalt und Konsequenzen für den Grundrechtsschutz in Europa, Seite 42.

220 Amtsblatt der Europäischen Union v. 14.12.2007 (2007/C 303/02), C 303/33.

221 Amtsblatt der Europäischen Union v. 14.12.2007 (2007/C 303/02), C 303/33.

222 Schwarze/*Becker*, a. a. O., Rn. 12 zu Art. 52 GRC; so auch Streinz/*Michl*, a. a. O., Rn. 13 zu Art. 52 GR-Charta sowie Meyer/*Borowsky*, a. a. O., Rn. 24 zu Art. 52, die beide von der lediglich deklaratorisch verankerten Duplizierung sprechen.

223 Schwarze/*Schwarze*, a. a. O., Rn. 7 zu Art. 15 GRC.

224 Siehe die allgemeinen Ausführungen bei Schwarze/*Becker*, a. a. O., Rn. 12 zu Art. 52 GRC sowie die konkret auf die Arbeitnehmerfreizügigkeit zielenden Ausführungen bei Meyer/*Borowsky*, a. a. O., Rn. 26 zu Art. 52; siehe auch Meyer/*Bernsdorff*, a. a. O., Rn. 20 zu Art. 15, der konsequent auch die vom EuGH entwickelte Rechtfertigungsprüfung für Eingriffe in die Grundfreiheiten als Bestandteil der Sperre des Art. 52 Abs. 2 EU-GRCh benennt.

in den Verträgen verankerten und von der Union anerkannten Rechte hinausgehenden Regelungsgehalt aufweist. Vielmehr sollte durch die Aufnahme der Grundfreiheiten in Artikel 15 Abs. 2 EU-GRCh lediglich der sachliche Zusammenhang zwischen dem Grundrecht der Berufsfreiheit einerseits und den Grundfreiheiten andererseits verdeutlicht werden. Selbst wenn ein eigenständiger Regelungsgehalt angenommen werden könnte, würde die Sperre des Artikel 52 Abs. 2 EU-GRCh greifen. Mit dieser wurde bezweckt, die Bedingungen und Grenzen der in den Verträgen bereits enthaltenen Rechte und insbesondere der Grundfreiheiten unverändert zu lassen.

C. Vorliegen von Regelungen, die einen von der Union anerkannten und dem Allgemeininteresse dienenden Zweck verfolgen und verhältnismäßig sind

Aufgrund des Umstandes, dass kein ausdrücklich geregelter Rechtfertigungsgrund für die Beurteilung der Zulässigkeit der durch Wettbewerbsverbote/ähnlich wirkende Verschwiegenheitspflichten erfolgten Beschränkung der Arbeitnehmerfreizügigkeit in Betracht kommt, ist auf die vom EuGH entwickelten Grundsätze des sog. „ungeschriebenen" Rechtfertigungsgrundes zur Arbeitnehmerfreizügigkeit zurückzugreifen.

I. Voraussetzungen dieses „ungeschriebenen" Rechtfertigungsgrundes

Nach der Rechtsprechung des EuGH sind Regelungen, die die Arbeitnehmerfreizügigkeit beschränken, auch dann gerechtfertigt, wenn mit ihnen ein berechtigter, mit dem Unionsrecht zu vereinbarender Zweck verfolgt wird und die Regelungen aus zwingenden Gründen des Allgemeininteresses gerechtfertigt sind.[225] Zudem muss die Anwendung solcher Maßnahmen geeignet sein, die Verwirklichung des in Rede stehenden Zweckes zu gewährleisten und darf nicht über das hinausgehen, was zur Erreichung dieses Zweckes erforderlich ist[226] (hierzu sodann in diesem Teil bei D.)

Obwohl die Formulierungen des EuGH in Bezug auf diesen Rechtfertigungsgrund in den, die Arbeitnehmerfreizügigkeit betreffenden Sachverhalten uneinheitlich sind, da der EuGH teilweise von „objektiven Erwägungen"[227], von „sachlichen

225 U. a. EuGH, Urteil v. 11.1.2007 – C-208/05 (Rs. ITC/Bundesagentur für Arbeit) = NZA-RR 2007, 267 (270).

226 U. a. EuGH, Urteil v. 11.1.2007 – C-208/05 (Rs. ITC/Bundesagentur für Arbeit) = NZA-RR 2007, 267 (270).

227 Frenz, a. a. O., Rn. 2053 unter Verweis auf u. a. EuGH, Urteil v. 23.5.1996 – C-237/94 (*Rs. O'Flynn*) = BeckRS 2004, 75327 (Rn. 19).

Erwägungen"[228] und wiederum von „zwingenden Gründen des Allgemeininteresses"[229] spricht, wendet der EuGH auch bei der Arbeitnehmerfreizügigkeit die Grundsätze der „Cassis-Rechtsprechung" durchgehend an.[230] In dem Urteil in der *Rs. Cassis-de-Dijon* hatte der EuGH über eine deutsche Regelung zu befinden, nach der Fruchtsaftliköre einen Mindestgehalt von 25% an Weingeist haben mussten, was dazu führte, dass der in Frankreich hergestellte Fruchtsaftlikör *Cassis de Dijon* mit einem Weingeistgehalt von nur 15–20% vom deutschen Markt ausgeschlossen wurde. Der Sachverhalt betraf eine unterschiedslos für sämtliche Waren aus dem In- und Ausland geltende Regelung, bei welcher der EuGH die Rechtfertigungsgründe zur Warenverkehrsfreiheit dahingehend erweiterte, dass Hemmnisse für den Binnenhandel der Union, die sich aus Unterschieden der nationalen Regelungen über die Vermarktung ergeben, nur zulässig seien, soweit diese Bestimmungen notwendig sind, um „zwingenden Erfordernissen" gerecht zu werden.[231]

Der EuGH hat sodann im Rahmen seiner Rechtsprechung eine Reihe von öffentlichen Interessen als „zwingende Erfordernisse" bzw. „zwingende Gründe des Gemeinwohls bzw. Allgemeininteresses" anerkannt, wobei diese Interessen nicht abschließend sind.[232] Als zwingender Grund kann vielmehr jedes von den Mitgliedstaaten vorgebrachte Interesse berücksichtigt werden, dessen Zielsetzung mit dem Unionsrecht in Einklang steht.[233] Ein Allgemeininteresse liegt in der Regel dann vor, wenn dieses Interesse nicht nur dem Schutz einzelner Individualinteressen dient.[234] Grundsätzlich kommen hierfür zunächst alle öffentlichen Interessen in Betracht.[235]

II. Zusammenfassung und Kategorisierung des jeweiligen Zwecks von Wettbewerbsverboten bzw. ähnlich wirkenden Verschwiegenheitspflichten

Für die nachfolgende Prüfung der Frage, ob mit Wettbewerbsverboten bzw. ähnlich wirkenden Verschwiegenheitspflichten Zwecke verfolgt werden, die jeweils von der Union anerkannt sind und dem Allgemeininteresse dienen, sind zur besseren Übersichtlichkeit dieser Prüfung vorab nochmals die jeweiligen, von der deutschen

---

228 Frenz, a. a. O., Rn. 2053 unter Verweis auf EuGH, Urteil v. 6.6.2000 – C-281/98 (*Rs. Angonese*), a. a. O. (Seite 470).

229 Frenz, a. a. O., Rn. 2052 unter Verweis auf EuGH, Urteil v. 15.12.1995 – C-415/93 (*Rs. Bosmann*), a. a. O. (Seite 510).

230 Haratsch/Koenig/Pechstein, a. a. O., Rn. 937, Frenz, a. a. O., Rn. 2053, Grabitz/Hilf/Nettesheim/*Forsthoff*, a. a. O., Rn. 371 zu Art. 45 AEUV.

231 EuGH, Urteil v. 20.2.1979 – C-120/78 (*Rs. Cassis-de-Dijon*) = GRUR Int 1979, 468 (471).

232 U. a. Schwarze/*Holubek*, a. a. O., Rn. 112 zu Art. 56/57, Frenz, a. a. O., Rn. 559.

233 Frenz, a. a. O., Rn. 2067/2076, Grabitz/Hilf/Nettesheim/*Forsthoff*, a. a. O., Rn. 379/380 zu Art. 45.

234 Frenz, a. a. O., Rn. 559.

235 König/Steiner, a. a. O. (Seite 3586).

Rechtsordnung anerkannten Zwecke von Wettbewerbsverboten bzw. ähnlich wirkenden Verschwiegenheitspflichten zusammenzufassen und in Fallgruppen zu kategorisieren:

1. *Schutz vor der Weitergabe und Verwertung von Betriebs- oder Geschäftsgeheimnissen an bzw. durch Dritte*

In der ersten in der deutschen Rechtsordnung anerkannten Fallgruppe wird mit Wettbewerbsverboten bzw. ähnlich wirkenden Verschwiegenheitspflichten – sowohl während des laufenden als auch nach Beendigung des Arbeitsverhältnisses – das Interesse verfolgt, die Weitergabe und Verwertung von Betriebs- oder Geschäftsgeheimnissen an bzw. durch Dritte zu verhindern, um sich einen Wettbewerbsvorteil zu verschaffen bzw. keinen Nachteil im Wettbewerb mit Konkurrenzunternehmen zu erleiden. Hier ist zu berücksichtigen, dass der Schutz von Betriebs- oder Geschäftsgeheimnissen – wie oben bereits aufgezeigt – sowohl eigentumsrechtliche und lauterkeitsrechtliche Aspekte haben als auch einen Bezug zu sonstigen Schutzrechten aufweisen kann. Es ist eine Vielzahl von Betriebs- oder Geschäftsgeheimnissen denkbar, an deren Geheimhaltung der Arbeitgeber mittels Wettbewerbsverboten bzw. ähnlich wirkenden Verschwiegenheitspflichten interessiert sein kann. Als Beispiel für den eigentumsrechtlichen Bezug ist der Fall zu nennen, in dem vor allem in entwicklungs- und produktionsintensiven Unternehmen verhindert werden soll, dass der Arbeitnehmer eine beim Arbeitgeber entwickelte und angewandte Konstruktions- bzw. Entwicklungsmethode zur Konkurrenz „mitnimmt" und diese sodann bei einem Konkurrenzunternehmen anwendet.

Auch immaterielle Vermögenswerte, an denen der Arbeitgeber Schutzrechte erworben hat und bei denen die Gefahr besteht, dass diese immateriellen Vermögenswerte an ein bzw. bei einem Konkurrenzunternehmen entgegen dieser Ausschließlichkeitsrechte weitergegeben bzw. verwertet werden, können Gegenstand von Betriebs- oder Geschäftsgeheimnissen und damit von Schutzmaßnahmen des Arbeitgebers sein. Dies gilt auch, wenn vertrauliche Informationen in dem einem Erwerb eines Ausschließlichkeitsrechts vorgeschalteten Prozess entstehen und der Arbeitgeber bereits in diesem Stadium an einer Geheimhaltung dieser vertraulichen Informationen interessiert ist, um sich einen Wettbewerbsvorteil zu verschaffen.

2. *Schutz vor unlauterem Einbruch in den Kunden- bzw. Lieferantenkreis*

In der zweiten in der deutschen Rechtsordnung anerkannten Fallgruppe verfolgt der Arbeitgeber – konkret mit einem nachvertraglichen Wettbewerbsverbot bzw. einer ähnlich wirkenden nachvertraglichen Verschwiegenheitspflicht – den Zweck, den unlauteren Einbruch in den Kunden- bzw. Lieferantenkreis durch einen ausgeschiedenen Arbeitnehmer und damit das Abwandern von Kunden bzw. Lieferanten an die Konkurrenz zu verhindern. Soweit dies unter Verwendung von Kunden- bzw. Lieferantenlisten erfolgt, ist die erste Fallgruppe einschlägig, da Kunden- bzw.

Lieferantenlisten als Betriebs- oder Geschäftsgeheimnis in der deutschen Rechtsordnung behandelt werden (s. o.), sodass die zweite Fallgruppe nur die Konstellation erfasst, in der der Arbeitnehmer versucht, in den Kunden- bzw. Lieferantenstamm ohne Verwendung der Kunden- bzw. Lieferantenliste des Arbeitgebers mit unlauteren Mitteln einzudringen.

3. Vorliegen vorrangig privater Interessen

Die vorgenannten Fallgruppen haben gemeinsam, dass der Arbeitgeber mit Wettbewerbsverboten bzw. ähnlich wirkenden Verschwiegenheitsvereinbarungen primär den Schutz seiner wirtschaftlichen bzw. geschäftlichen Interessen verfolgt, was ein reines Privatinteresse darstellt. Auch der Gesetzgeber verfolgt vorrangig sowohl im Rahmen der §§ 241 Abs. 2 BGB (bei Wettbewerbsverboten während des laufenden Arbeitsverhältnissen im Zusammenhang mit den §§ 60, 61 HGB) als auch im Rahmen der §§ 110 S.1 GewO, 74 f. HGB einen den privaten Interessen der jeweiligen Arbeitsvertragsparteien dienenden Zweck, da der Gesetzgeber insoweit einen privaten Interessen- und Güterausgleich regelt (s. o.).

Aufgrund dieses Befundes wird nachfolgend ggf. zu berücksichtigen sein, dass für Eingriffe, die von den an einem Arbeitsverhältnis beteiligten Privatpersonen ausgehen und die z. B. den Abschluss bzw. das Berufen auf ein Wettbewerbsverbot bzw. eine ähnlich wirkende Verschwiegenheitspflicht betreffen, auch die Möglichkeit einer grundrechtlichen Rechtfertigung von Eingriffen in die Arbeitnehmerfreizügigkeit besteht.[236] Des Weiteren wird nachfolgend ggf. zu berücksichtigen sein, dass der EuGH für Maßnahmen rein privatnütziger Natur das Spektrum der Rechtfertigungsgründe um eine zusätzliche Kategorie erweitert hat, in dem er zur Rechtfertigung eines privaten Grundfreiheitseingriffs weder auf zwingende Gründe des Allgemeininteresses noch auf eine private Grundrechtsausübung abstellt, sondern fragt, ob eine Grundfreiheitsbeschränkung aufgrund „sachlicher Erwägungen" gerechtfertigt sein könnte.[237]

Dennoch sei zunächst der vom EuGH angewendete allgemeine Maßstab der Rechtfertigungsprüfung angelegt, in dem zunächst gefragt wird, ob die vom Arbeitgeber bzw. Gesetzgeber verfolgten Zwecke von der Union anerkannt sind und dem Allgemeininteresse dienen. Im Einzelnen:

III. Von der Union anerkannter und dem Allgemeininteresse dienender Zweck

Fraglich ist, ob die mit Wettbewerbsverboten bzw. ähnlich wirkenden Verschwiegenheitspflichten verfolgten, vorrangig privaten Interessen des Arbeitgebers von der Union anerkannt sind und auch einem Allgemeininteresse zu dienen bestimmt sind.

---

236 Haratsch/Koenig/Pechstein, a. a. O., Rn. 941.
237 Haratsch/Koenig/Pechstein, a. a. O., Rn. 943 unter Verweis auf EuGH, Urteil v. 6.6.2000 – C-281/98 (*Rs. Angonese*) = EuZW 2000, 468 (470).

1. *Von der Union anerkannter und dem Allgemeininteresse dienender Schutz vor der Weitergabe und Verwertung von Betriebs- oder Geschäftsgeheimnissen an bzw. durch Dritte*

Auch im Europarecht finden sich Regelungen zum Schutz von Betriebs- oder Geschäftsgeheimnissen.

a. *Der Begriff des Betriebs- oder Geschäftsgeheimnisses in europarechtlichen Regelungen*

Hier ist zunächst Artikel 339 AEUV zu nennen.

aa. Artikel 339 AEUV

In Artikel 339 AEUV wird der Begriff „Betriebs- oder Geschäftsgeheimnis" zwar nicht ausdrücklich benannt. Dort heißt es aber, dass die Mitglieder der Organe der Union, die Mitglieder der Ausschüsse sowie die Beamten und sonstigen Bediensteten der Union verpflichtet sind, auch nach Beendigung ihrer Amtstätigkeit Auskünfte, die ihrem Wesen nach unter das Berufsgeheimnis fallen, nicht preiszugeben; dies gilt insbesondere für Auskünfte über Unternehmen sowie deren Geschäftsbeziehungen oder Kostenelemente.

Dem Begriff des Berufsgeheimnisses unterfallen nicht nur Berufs-, sondern auch Amts- und Geschäftsgeheimnisse sowie sonstige vertrauliche Informationen.[238] Klargestellt wird durch das „Wesen" des Berufsgeheimnisses nur, dass es sich um Informationen handeln muss, die den Verpflichteten im Rahmen ihrer Amts- oder Ausschusstätigkeit bekannt geworden sind.[239] Ein „Geheimnis" setzt hiernach voraus, dass alle relevanten Informationen nur einem bestimmten, begrenzten Personenkreis bekannt sind[240] und für Dritte kein ungehinderter Zugang besteht[241]. Des Weiteren muss dem Auskunftsgeber oder einem Dritten durch deren Offenlegung ein ernsthafter Nachteil entstehen[242] und die Geheimhaltung muss auch unter Berücksichtigung gegenläufiger Interessen objektiv geboten, das Geheimnis also schutzwürdig sein[243].

---

238 Grabitz/Hilf/Nettesheim/*Jaeckel*, a. a. O., Rn. 19 zu Art. 339 AEUV m. w. N. zur Rechtsprechung des EuGH.

239 Grabitz/Hilf/Nettesheim/*Jaeckel*, a. a. O., Rn. 19 zu Art. 339 AEUV.

240 Grabitz/Hilf/Nettesheim/*Jaeckel*, a. a. O., Rn. 21 zu Art. 339 AEUV., Callies/Ruffert/*Bernhard W. Wegener*, a. a. O., Rn. 2 zu Art. 339 AEUV.

241 Grabitz/Hilf/Nettesheim/*Jaeckel*, a. a. O., Rn. 21 zu Art. 339 AEUV.

242 Grabitz/Hilf/Nettesheim/*Jaeckel*, a. a. O., Rn. 22 zu Art. 339 AEUV sowie Callies/Ruffert/*Bernhard W. Wegener*, a. a. O., Rn. 2 zu Art. 339 AEUV, jeweils unter Verweis auf die Rechtsprechung des EuGH.

243 Nehl in Heselhaus/Nowak, a. a. O., § 55, Rn. 40 unter Verweis auf EuGH, Urteil v. 18.9.1996 - T-353/94 (Rs. Postbank/Kommission) = BeckEuRS 1996, 212140, Grabitz/Hilf/Nettesheim/*Jaeckel*, a. a. O., Rn. 22 zu Art. 339 AEUV, Callies/Ruffert/*Bernhard*

Dieser allgemeine Grundsatz wird z. B. für das EU-Kartellverfahren in Artikel 28 VO (EG) 1/2003 und Artikel 15–16 VO (EG) 773/2004 sowie für das EU-Fusionskontrollverfahren in Artikel 17 VO (EG) 139/2004 und Artikel 17–18 VO (EG) 802/2004 konkretisiert.[244] Insoweit werden zum einen der Kommission und den zuständigen Behörden der Mitgliedstaaten sowie deren Beamten und sonstigen Bediensteten, allen sonstigen, unter Aufsicht dieser Behörden handelnden Personen und den Beamten und Bediensteten anderer Behörden der Mitgliedstaaten aufgegeben, Geschäftsgeheimnisse nicht preiszugeben, die sie bei Anwendung der jeweiligen Verordnung erlangt haben und die ihrem Wesen nach unter das Berufsgeheimnis fallen (Artikel 28 VO (EG) 1/2003, Artikel 17–18 VO (EG) 802/2004 und Artikel 17 VO (EG) 139/2004). Des Weiteren gewährt die Kommission auf Antrag den Parteien, an die sie eine Mitteilung der Beschwerdepunkte gerichtet hat, Akteneinsicht, wobei Geschäftsgeheimnisse, andere vertrauliche Informationen sowie interne Unterlagen der Kommission und der Wettbewerbsbehörden der Mitgliedstaaten von der Akteneinsicht ausgenommen und Personen, die sich äußern oder anschließend der Kommission in demselben Verfahren weitere Informationen vorlegen verpflichtet, innerhalb der von der Kommission gesetzten Äußerungsfrist die ihrer Ansicht nach vertraulichen Informationen unter Angabe von Gründen kenntlich zu machen und eine nicht vertrauliche Fassung vorzulegen (Artikel 15–16 VO (EG) 773/2004).

In der Mitteilung der Kommission C(2003) 4582 v. 1.12.2003 zum Berufsgeheimnis in Beihilfeentscheidungen[245] hatte diese den Begriff als geschäftsbezogene Information, die einen konkreten wirtschaftlichen Wert haben und aus deren Preisgabe oder Verwendung andere Unternehmen wirtschaftliche Vorteile erlangen können, konkretisiert.[246]

Als Beispiele, die typischerweise unter den Begriff des Geschäftsgeheimnisses fallen, nennt die Kommission technische und/oder finanzielle Angaben in Bezug auf das Know-How eines Unternehmens, Kostenrechnungsmethoden, Produktionsgeheimnisse und -verfahren, Bezugsquellen, Herstellungs- und Absatzmengen, Marktanteile, Kunden- und Händlerlisten, Vermarktungspläne, Kosten- und Preisstruktur sowie Absatzstrategien.[247]

W. Wegener, a. a. O., Rn. 2 zu Art. 339 AEUV unter Verweis auf die Rechtsprechung des EuGH.

244 Kloepfer, a. a. O. (Seite 3), Nehl in Heselhaus/Nowak, a. a. O., § 55 Rn. 41.

245 ABl. 2003 C 297/6.

246 Nehl in Heselhaus/Nowak, a. a. O., § 55, Rn. 40.

247 Siehe den Verweis von Nehl in Heselhaus/Nowak, a. a. O., § 55, Rn. 42 auf eine Mitteilung der Kommission über die Neufassung der Mitteilung von 1997 über interne Verfahrensvorschriften für die Behandlung von Anträgen auf Akteneinsicht, ABl.2004 C 259/8, betr. Den „Entwurf einer Mitteilung der Kommission über die Regeln für die Einsicht in Kommissionsakten in Fällen einer Anwendung der Artikel 81 und 82 EG-Vertrag, Artikel 53, 54 und 57 des EWR-Abkommens und der Verordnung (EG) Nr. 139/2004“.

bb. TRIPS-Abkommen

Eine weitere Definition enthält das 1994 abgeschlossene Übereinkommen über handelsbezogene Aspekte der Rechte des geistigen Eigentums (nachfolgend: TRIPS-Abkommen) der Welthandelsorganisation (nachfolgend: WTO) in Artikel 39 Abs. 2. Hiernach wird natürlichen und juristischen Personen die Möglichkeit eingeräumt, zu verhindern, dass Informationen, die rechtmäßig unter ihrer Kontrolle stehen, ohne Zustimmung auf eine Weise, die den anständigen Gepflogenheiten in Gewerbe und Handel zuwiderläuft, Dritten offenbart, von diesen erworben oder benutzt werden, solange diese Informationen (a) in dem Sinn geheim sind, dass sie entweder in ihrer Gesamtheit oder in der genauen Anordnung und Zusammenstellung ihrer Bestandteile Personen in den Kreisen, die üblicherweise mit den fraglichen Informationen zu tun haben, nicht allgemein bekannt oder leicht zugänglich sind, (b) wirtschaftlichen Wert haben, weil sie geheim sind, und (c) Gegenstand von den Umständen nach angemessenen Geheimhaltungsmaßnahmen seitens der Person waren, unter deren Kontrolle sie rechtmäßig stehen.

cc. Richtlinie über den Schutz vertraulichen Know-Hows und vertraulicher Geschäftsinformationen (Geschäftsgeheimnisse) vor rechtswidrigem Erwerb sowie rechtswidriger Nutzung und Offenlegung[248]

Die Europäische Kommission hat am 28. Januar 2013 einen Vorschlag für eine Richtlinie des Europäischen Parlaments und des Rates über den Schutz vertraulichen Know-Hows und vertraulicher Geschäftsinformationen (Geschäftsgeheimnisse) vor rechtswidrigem Erwerb sowie rechtswidriger Nutzung und Offenlegung (nachfolgend: Richtlinie Geschäftsgeheimnisschutz) vorgelegt.[249] Im Mai 2014 verabschiedete der Rat der EU seine erste konsolidierte Fassung[250] und im Juni 2015 veröffentlichte

248 Zum Zeitpunkt der Einreichung dieser Dissertation lag lediglich der Vorschlag für eine Richtlinie des Europäischen Parlaments und des Rates über den Schutz vertraulichen Know-Hows und vertraulicher Geschäftsinformationen (Geschäftsgeheimnisse) vor rechtswidrigem Erwerb sowie rechtswidriger Nutzung und Offenlegung von der Europäischen Kommission vor. Die nachfolgenden Ausführungen befassen sich somit vorrangig mit dem Vorschlag der Europäischen Kommission sowie den im Vorfeld durchgeführten Studien. Kurz vor der Publikation dieser Dissertation erließen das EU-Parlament und der Rat der EU die Richtlinie, sodass eine Aktualisierung vorgenommen wurde, die jedoch lediglich den Verlauf und den Stand der Richtlinie zum Zeitpunkt des Abschlusses des Gesetzgebungsverfahrens betreffen.

249 COM (2013) 813 final – 2013/0402 (COD), http://eur-lex.europa.eu/legal-content/de/TXT/?uri=CELEX%3A52013PC0813; Koós, MMR 2016, 224.

250 Proposal for a Directive of the European Parliament an of the Council on the protection of undisclosed know-how and business information (trade secrets) against their unlawful acquisition, use and disclosure – General Approach, abrufbar unter:http://register.consilium.europa.eu/doc/srv?l=EN&f=ST%209870%202014%20INIT; Koós, MMR 2016, 224.

das EU-Parlament einen Bericht über den Richtlinienentwurf[251], auf dessen Grundlage der Trilog stattfand[252]. Ende 2015 waren die Trilog-Verhandlungen beendet[253] und am 14. April 2016 hat das Europäische Parlament den Richtlinienvorschlag nach Artikel 294 Abs. 3 AEUV im Wege des ordentlichen Gesetzgebungsverfahrens in der ersten Lesung formell angenommen[254], sodass die Richtlinie Geschäftsgeheimnisschutz in Kraft treten wird[255].

Im konsolidierten Text der Richtlinie Geschäftsgeheimnisschutz wird der Begriff des „Geschäftsgeheimnisses" ebenfalls definiert. In Artikel 2 Abs. 1 heißt es, dass Geschäftsgeheimnisse Informationen sind, die in dem Sinne geheim sind, dass sie weder in ihrer Gesamtheit noch in der genauen Anordnung und Zusammensetzung ihrer Bestandteile den Personenkreisen, die üblicherweise mit dieser Art von Informationen umgehen, allgemein bekannt oder ohne weiteres zugänglich sind (Artikel 2 Abs. 1 Buchstabe a)), die von kommerziellem Wert sind, weil sie geheim sind (Artikel 2 Abs. 1 Buchstabe b)) und die Gegenstand von den Umständen entsprechenden angemessenen Geheimhaltungsmaßnahmen der Person sind, die die rechtmäßige Kontrolle über die Informationen besitzt (Artikel 2 Abs. 1 Buchstabe c)). Die Formulierung greift somit die o. g. im TRIPS-Abkommen enthaltene Formulierung auf.

Hervorzuheben ist aber, dass in Artikel 1 Abs. 3 des konsolidierten Textes in Bezug auf die Mobilität der Arbeitnehmer ausgeführt wird, dass diese Richtlinie keinerlei Grund für die Beschränkung der Nutzung von Erfahrungen und Fähigkeiten, die Arbeitnehmer im normalen Verlauf ihrer Tätigkeit ehrlich erworben haben, bietet und somit klargestellt wird, dass derartige Erfahrungen und Fähigkeiten nicht als Geschäftsgeheimnisse im Sinne der Richtlinie anzusehen sind.

dd. Unterschiede und Gemeinsamkeiten in der deutschen und europäischen Rechtsordnung

Im Verhältnis zu dem bislang in Deutschland geltenden Verständnis des Betriebs- bzw. Geschäftsgeheimnisses ergeben sich bzgl. des europarechtlichen Begriffes – gerade im Hinblick auf die Richtlinie Geschäftsgeheimnisschutz sowie das TRIPS-Abkommen – neben der vorstehend dargestellten Klarstellung in Bezug auf Erfahrungen und Fähigkeiten, die Arbeitnehmer im normalen Verlauf ihrer Tätigkeit

251 abrufbar unter: http://www.europarl.europa.eu/sides/getDoc.do?pubRef=-//EP//NONSGML+REPORT+A8-2015-0199+0+DOC+PDF+V0//DE; Koós, MMR 2016, 224.

252 Koós, MMR 2016, 224.

253 Koós, MMR 2016, 224.

254 Entschließung und konsolidierter Text abrufbar unter: http://www.europarl.europa.eu/sides/getDoc.do?pubRef=-%2f%2fEP%2f%2fTEXT%2bTA%2bP8-TA-2016-0131%2b0%2bDOC%2bXML%2bV0%2f%2fDE&language=DE#ref_2_2

255 Nach Artikel 20 der Richtlinie Geheimnisschutz erfolgt dies zwanzig Tage nach ihrer Veröffentlichung im Amtsblatt der EU; Koós, MMR 2016, 224.

ehrlich erworben haben, aber bereits einige Abweichungen.[256] Das Erfordernis eines kommerziellen, auf der Geheimnisqualität beruhenden Wertes war bisher im deutschen Recht nicht angelegt und wurde auch nicht für erforderlich gehalten.[257] Ausreichend war es vielmehr, wenn das Bekanntwerden des Geheimnisses auf Seiten des Inhabers wirtschaftlichen Schaden verursachen würde[258], sodass der Richtlinienvorschlag in diesem Punkt etwas enger ist als das deutsche Recht.[259] Des Weiteren ist es gemäß Artikel 2 Abs. 1 Buchstabe c) der Richtlinie Geschäftsgeheimnisschutz erforderlich, dass die Informationen Gegenstand von den Umständen entsprechenden angemessenen Geheimhaltungsmaßnahmen des Geheimnisinhabers sind (s. o.). Dieses Erfordernis birgt die Gefahr, dass die Anforderungen überspannt werden, da nach deutscher Rechtslage jeden Arbeitnehmer auch ohne besondere Vereinbarung eine Vertraulichkeitspflicht trifft.[260]

Die Rechtsprechung hat zudem das Erfordernis eines nach außen manifestierten Geheimhaltungswillens, das am ehesten dem Begriffselement der angemessenen Geheimhaltungsmaßnahmen entspricht, stets großzügig interpretiert und diesen mitunter bereits „aus der Natur der geheim zu haltenden Tatsache" gefolgert.[261]

ee. Zwischenergebnis

Zusammenfassend bleibt damit festzuhalten, dass der Begriff des Betriebs- oder Geschäftsgeheimnisses mit geringen Abweichungen auch in europarechtlichen Regelungen existiert. Fraglich ist, ob sich aus europarechtlichen Regelungen auch konkret der Schutz von Betriebs- oder Geschäftsgeheimnissen des Arbeitgebers als privater Wirtschaftsteilnehmer ergibt und dieser Schutz einem Allgemeininteresse dient.

b. Keine direkte Aussage zum Schutz von Betriebs- oder Geschäftsgeheimnissen des Arbeitgebers als privater Wirtschaftsteilnehmer im AEUV

Der AEUV enthält keine direkte Aussage zum Schutz von Betriebs- oder Geschäftsgeheimnissen des Arbeitgebers als privater Wirtschaftsteilnehmer. Sofern – wie oben ausgeführt – ein Geschäftsgeheimnisschutz in Artikel 339 AEUV in Bezug

---

256 Kunz-Hallstein/Loschelder, a. a. O. (Seite 4).

257 Kunz-Hallstein/Loschelder, a. a. O. unter Verweis auf die zu § 17 UWG ergangene Rechtsprechung des BGH, Urteil v. 27. 4. 2006 - I ZR 126/03 = GRUR 2006, 1044.

258 Kunz-Hallstein/Loschelder, a. a. O. unter Verweis auf die zu § 17 UWG ergangene Rechtsprechung des BGH, Urteil v. 27. 4. 2006 - I ZR 126/03 = GRUR 2006, 1044 und Urteil v. 10.5.1995 - 1 StR 764/94 = NJW 1995, 2301.

259 Kunz-Hallstein/Loschelder, a. a. O.

260 Kunz-Hallstein/Loschelder, a. a. O. (Seite 5), siehe auch die obigen Ausführungen im 2. Teil unter **D.** und **E.**

261 Kunz-Hallstein/Loschelder, a. a. O. (Seite 5) unter Verweis auf die zu § 17 UWG ergangene Rechtsprechung des BGH, Urteil v. 10.5.1995 - 1 StR 764/94 = NJW 1995, 2301.

auf die Mitglieder der Organe der Union, die Mitglieder der Ausschüsse sowie die Beamten und sonstigen Bediensteten der Union kodifiziert ist, beinhaltet dieser eine andere Schutzrichtung. Artikel 339 AEUV verfolgt insoweit einen doppelten Schutzzweck[262]: Er dient dem Schutz von Individualinteressen im grundrechtsrelevanten Bereich, z.B. wenn es um die Übermittlung personenbezogener Daten geht. Ohne einen solchen Schutz wären freiwillige Mitteilungen an die Behörden in eigener Sache kaum zu erwarten. Die Norm schützt zugleich das Vertrauen der Allgemeinheit in die Verschwiegenheit der Unionsorgane und ihrer Beschäftigten. Sie konkretisiert auf diese Weise einen europäischen Gemeinwohlauftrag. Informationen der Kommission über die an wettbewerbsrechtlichen Verfahren beteiligten Unternehmen könnten nämlich bei ihrem Bekanntwerden zu Wettbewerbsverzerrungen und unabsehbaren wirtschaftlichen Schäden führen.[263]

Des Weiteren ist zu berücksichtigen, dass sich weder Artikel 45 AEUV noch den sonstigen, die Freizügigkeit der Arbeitnehmer regelnden Normen eine direkte Aussage zum Schutz von Betriebs- oder Geschäftsgeheimnissen des Arbeitgebers als privater Wirtschaftsteilnehmer entnehmen lässt.

c. *Schutz von Betriebs- oder Geschäftsgeheimnissen des Arbeitgebers als privater Wirtschaftsteilnehmer in Artikel 36 AEUV*

Allerdings enthält Artikel 36 AEUV einen Rechtfertigungsgrund für Eingriffe in die Grundfreiheit der Warenverkehrsfreiheit, der ausdrücklich auch Schutzgüter privater Wirtschaftsteilnehmer benennt.

aa. Inhalt dieses Rechtfertigungsgrundes

Nach Artikel 36 AEUV stehen die Bestimmungen der Artikel 34 und 35 AEUV Einfuhr-, Ausfuhr- und Durchfuhrverboten oder -beschränkungen nicht entgegen, die zum Schutze des gewerblichen und kommerziellen Eigentums gerechtfertigt sind, wobei diese Verbote oder Beschränkungen weder ein Mittel zur willkürlichen Diskriminierung noch eine verschleierte Beschränkung des Handels zwischen den Mitgliedstaaten darstellen dürfen. Zu den gewerblichen Schutzrechten i. S. d. Artikel 36 AEUV zählen alle einem Rechtssubjekt durch einen Mitgliedstaat verliehenen Ausschließlichkeitsrechte; erfasst werden von Artikel 36 AEUV insbesondere Patentrechte, Gebrauchsmusterrechte, Markenrechte, Urheberrechte, Geschmacksmusterrechte, nicht eingetragene Marken sowie Sortenschutzrechte.[264] Geschützt

262 Siehe bzgl. der nachfolgenden Ausführungen in diesem Abschnitt die Ausführungen bei Jaeckel/Grabitz/Hilf/Nettesheim, a. a. O., Rn. 3 zu Artikel 339 AEUV, jeweils m. w. N.

263 Jaeckel/Grabitz/Hilf/Nettesheim, a. a. O., Rn. 14 zu Artikel 339 AEUV m. w. N.

264 Grabitz/Hilf/Nettesheim/*Leible/T. Streinz*, a. a. O., Rn. 33 zu Art. 36 AEUV m. w. N. aus der Rechtsprechung des EuGH, ebenso wie Callies/Ruffert/*Kingreen*, a. a. O., Rn. 207 zu Art. 36 AEUV.

wird insoweit der spezifische Gegenstand des gewerblichen Eigentums.[265] Dieser ist bei Patenten und Gebrauchsmustern die Befugnis ihres Inhabers, eine Erfindung im Hinblick auf die Produktion und das erste Inverkehrbringen industrieller Erzeugnisse entweder selbst oder durch Lizenzvergabe an Dritte zu verwerten, sowie das Recht, sich gegen jede Zuwiderhandlung zur Wehr zu setzen, zu sichern.[266] Das spezifische Recht des Inhabers von Marken und Warenzeichen ist es, sich gegen ein Inverkehrbringen von Waren zur Wehr zu setzen, die verwechslungsfähige Bezeichnungen verwenden oder auf sonstige Weise die Herkunftsgarantie verfälschen.[267] Bei Urheberrechten ist der spezifische Gegenstand die Befugnis, für jede Einzelverwertung (Abspielen, Aufführen, Vermieten) eines geschützten Werkes eine Gebühr zu verlangen und im Geschmacksmusterrecht das Recht, die Einfuhr und Herstellung von Erzeugnissen, die das Muster verkörpern, zu verhindern.[268]

Insgesamt ist somit festzustellen, dass der Schutz von Rechtsgütern bzw. Rechten privater Wirtschaftsteilnehmer einen von der Union anerkannten Zweck darstellt. Davon erfasst sein muss auch der Schutz von Betriebs- oder Geschäftsgeheimnissen des Arbeitgebers, sofern ein Bezug zu gewerblichen Schutzrechten des Arbeitgebers besteht.

bb. Keine direkte Anwendbarkeit auf die Arbeitnehmerfreizügigkeit

Fraglich ist, ob der in Artikel 36 AEUV geregelte Rechtfertigungsgrund sogar direkt als Rechtfertigungsgrund für Beschränkungen der Arbeitnehmerfreizügigkeit angewendet werden kann, sodass es eines Rückgriffs auf den „ungeschriebenen" Rechtfertigungsgrund für Beschränkungen der Arbeitnehmerfreizügigkeit, der an dieser Stelle Gegenstand der Prüfung ist, an sich gar nicht bedarf.

(1) Wortlaut

Gegen eine direkte Anwendung des Rechtfertigungsgrundes in Artikel 36 AEUV auf Beschränkungen der Arbeitnehmerfreizügigkeit spricht aber bereits, dass es sich ausweislich des Wortlautes um einen speziell für die Grundfreiheit der Warenverkehrsfreiheit zugeschnittenen Rechtfertigungsgrund handelt. Der Wortlaut des Artikels 45 AEUV enthält demgegenüber auch keine ausdrückliche Verweisung

---

265 Grabitz/Hilf/Nettesheim/*Leible/T. Streinz*, a. a. O., Rn. 35 zu Art. 36 AEUV m. w. N., Callies/Ruffert/*Kingreen*, a. a. O., Rn. 208 zu Art. 36 AEUV m. w. N..

266 Grabitz/Hilf/Nettesheim/*Leible/T. Streinz*, a. a. O., Rn. 36 zu Art. 36 AEUV unter Verweis auf die Rechtsprechung des EuGH, Callies/Ruffert/*Kingreen*, a. a. O., Rn. 208 zu Art. 36 AEUV unter Verweis auf die Rechtsprechung des EuGH.

267 Grabitz/Hilf/Nettesheim/*Leible/T. Streinz*, a. a. O., Rn. 37 zu Art. 36 AEUV unter Verweis auf die Rechtsprechung des EuGH, Callies/Ruffert/*Kingreen*, a. a. O., Rn. 208 zu Art. 36 AEUV unter Verweis auf die Rechtsprechung des EuGH.

268 Grabitz/Hilf/Nettesheim/*Leible/T. Streinz*, a. a. O., Rn. 38, 39 zu Art. 36 AEUV unter Verweis auf die Rechtsprechung des EuGH, Callies/Ruffert/*Kingreen*, a. a. O., Rn. 208 zu Art. 36 AEUV unter Verweis auf die Rechtsprechung des EuGH.

auf den Rechtfertigungsgrund des Artikels 36 AEUV. Aufgrund des Umstandes, dass der AEUV eine Verweisungstechnik auf Rechtfertigungsgründe kennt, was insbesondere in Artikel 62 AEUV deutlich wird, der auf den Rechtfertigungsgrund der Dienstleistungsfreiheit in Artikel 52 AEUV verweist, ist daraus abzuleiten, dass eine Übertragung des in Artikel 36 AEUV geregelten Rechtfertigungsgrundes, wenn sie denn auch im Hinblick auf die übrigen im Vertrag geregelten Grundfreiheiten gewünscht wäre, auch per entsprechender Verweisung hätte geregelt werden können. Da dies unterblieben ist, lässt sich im Wege des argumentum e contrario schließen, dass eine Übertragung der Rechtfertigungsgründe einer Grundfreiheit auf eine andere grundsätzlich ausscheidet.[269]

(2) Systematik

Auch in systematischer Hinsicht werden die Eigenständigkeit der jeweiligen Grundfreiheiten und ihr jeweiliges Regelungsregime deutlich. Der Rechtfertigungsgrund aus Artikel 36 AEUV ist unmittelbar bei den Regelungen zur Grundfreiheit der Warenverkehrsfreiheit verortet. Sämtliche Grundfreiheiten sind jeweils in verschiedenen Kapiteln des AEUV geregelt. So ist die Warenverkehrsfreiheit in Titel II, die Arbeitnehmerfreizügigkeit in Titel IV, dort in dem Kapitel 1, die Niederlassungsfreiheit in Titel IV, dort in dem Kapitel 2, die Dienstleistungsfreiheit in Titel IV, dort in dem Kapitel 3 und die Zahlungsverkehrsfreiheit in Titel X, dort in dem Kapitel 4 des dritten Teils des AEUV geregelt. In sämtlichen vorstehend benannten Kapiteln sind im Rahmen der jeweiligen Grundfreiheiten jeweils eigenständige, auf die jeweiligen Grundfreiheiten zugeschnittene Rechtsfertigungsgründe enthalten. Artikel 36 AEUV, Artikel 45 Abs. 3 AEUV, Artikel 52 AEUV sowie Artikel 65 Abs. 1 AEUV stellen insoweit eigenständige, jeweils eng auszulegende Schranken der Grundfreiheiten mit einem sehr begrenzten Anwendungsbereich dar.[270]

(3) Sinn und Zweck

Auch gebietet es der Sinn und Zweck der Norm nicht, diese direkt auf andere Grundfreiheiten Anwendung finden zu lassen. Dies gilt schon aufgrund des Umstandes, dass jede Grundfreiheit – wie oben bereits ausgeführt – eigenständigen Rechtfertigungsanforderungen unterliegt.

(4) Zwischenergebnis

Vor diesem Hintergrund ist als Zwischenergebnis festzuhalten, dass eine direkte Anwendung des Artikel 36 AEUV auf die Grundfreiheit der Arbeitnehmerfreizügigkeit ausscheidet.

---

269 So auch Frenz, a. a. O., Rn. 527.

270 Frenz, a. a. O., Rn. 526, s. zu Art. 36 AEUV Grabitz/Hilf/Nettesheim/*Leible/T. Streinz*, a. a. O., Rn. 2 zu Art. 36 AEUV m. w. N. aus der Rechtsprechung des EuGH.

cc. Aber: Rückschluss auf einen von der Union anerkannten Zweck, der dem Allgemeininteresse dient

Zu berücksichtigen ist aber, dass es sich bei den von Artikel 36 AEUV geschützten Rechtsgüter auch um vorwiegend wirtschaftliche Rechtsgüter von privaten Wirtschaftsteilnehmern, d.h. entweder Privatpersonen oder Unternehmen der jeweiligen Mitgliedstaaten, handelt und diese dennoch in den Katalog des Artikel 36 AEUV aufgenommen wurden. Dies macht deutlich, dass die Union auch den Schutz von Rechtsgütern privater Wirtschaftsteilnehmer anerkennt. Zudem könnten sich hieraus Anhaltspunkte dafür ergeben, dass dieser Schutz dem Allgemeininteresse dient. Im Einzelnen:

(1) Erst-Recht-Schluss

Hintergrund der Aufnahme von Rechtsgütern privater Wirtschaftsteilnehmer in Artikel 36 AEUV ist, dass dahinter in weitem Umfang volkswirtschaftliche Interessen stehen, was ein öffentliches Interesse darstellt.[271] Insoweit könnte trotz des primären Vorliegens eines Privatinteresses zugleich ein Allgemeininteresse abgeleitet werden.

Dagegen spricht zunächst, dass eine Heranziehung der in Artikel 36 AEUV geregelten Rechtsgüter über den Umweg eines ungeschriebenen Rechtfertigungsgrundes genau das Gegenteil von dem bewirken würde, was oben festgestellt wurde, nämlich letztlich doch die Anwendbarkeit des geschriebenen Rechtfertigungsgrundes in „ungeschriebener" Form.

Dies mag unerwünscht sein, wenn man die Auffassung vertritt, die ungeschriebenen Rechtfertigungsgründe seien ebenfalls auf die jeweiligen Grundfreiheiten zugeschnitten.[272]

Allerdings kann für die Rechtfertigung auf Grund zwingender Erfordernisse des Allgemeininteresses nichts anderes gelten als für die AEU-vertraglich festgelegten Rechtfertigungsgründe.[273] Maßgeblich ist lediglich, ob ein bestimmter Zweck von der Union anerkannt wird. Auf die dogmatische Verortung dieses im Rahmen einer Rechtfertigung hervorgebrachten Zwecks kann es hingegen nicht ankommen. Würde man nämlich einen von der Union für eine andere Grundfreiheit anerkannten Zweck für die Rechtfertigung einer Beschränkung der Arbeitnehmerfreizügigkeit nur aus dogmatischen Gründen sperren, wäre dies inkonsequent. Ausweislich der Rechtsprechung des EuGH definiert diese auch nicht ausdrücklich einen jeweils einschlägigen, dem Allgemeininteresse dienenden Zweck anhand der jeweils einschlägigen Grundfreiheit. Vielmehr haben sämtliche, dem Allgemeininteresse dienende Zwecke für eine Rechtfertigung – sei es in „geschriebener", sei es in „ungeschriebener" Form – von Eingriffen in die Grundfreiheiten in Betracht zu kommen, soweit

271 Koenig/Steiner, a. a. O. (Seite 3586).
272 Frenz, a. a. O., Rn. 530.
273 Koenig/Steiner, a. a. O. (Seite 3586).

diese im AEUV direkt oder in sonstigen EU-Richtlinien als anerkannte Zwecke zum Ausdruck kommen.

(2) Zwischenergebnis

Vor diesem Hintergrund lässt die Regelung in Artikel 36 AEUV den Rückschluss zu, dass das Anliegen, Rechtsgüter von privaten Wirtschaftsteilnehmern zu schützen, auch im Rahmen der Arbeitnehmerfreizügigkeit einerseits ein Anliegen ist, das von der Union anerkannt ist und diesem zum anderen auch volkswirtschaftliche Gründe und damit ein öffentliches Interesse zugrunde liegt. Daraus folgt, dass hiervon auch der Schutz von Betriebs- oder Geschäftsgeheimnissen erfasst sein muss, sofern ein Bezug zu gewerblichen Schutzrechten des Arbeitgebers besteht.

dd. Weitere Anhaltspunkte für Allgemeininteresse aus deutscher Rechtsordnung

Dies korrespondiert zudem mit dem Schutzzweck des in Deutschland existierenden gesetzlichen Regelungssystems, das zahlreiche Gesetze enthält, die dem Arbeitgeber Rechte an bestimmten Gütern einräumen und diese schützen. Dieses sog. System des gesetzlichen Konkurrenzschutzes lässt sich unterteilen in die allgemeinen Normen des gewerblichen Rechtsschutzes und Urheberrechts, die der ehemalige Arbeitnehmer wie jeder beliebige Dritte im Wettbewerb beachten muss sowie in die besonderen Normen dieser Rechtsgebiete, die daran anknüpfen, dass das zu schützende wirtschaftliche Gut gerade auf einer Leistung des Arbeitnehmers beruht.[274] Ein näherer Blick auf die jeweiligen Schutzzwecke dieser Gesetze macht deutlich, dass zwar vorrangig Rechtsgüter privater Wirtschaftsteilnehmer geschützt werden, dies zugleich aber dem Allgemeininteresse dient. Im Einzelnen:

aaa. Schutzzweck des Patentgesetzes (PatG)

Sofern sich aus der Tätigkeit eines Unternehmens Patente ergeben, werden diese durch das PatG geschützt. Nach dem Zweck des PatG soll dieses für einen umgrenzten Kreis geistiger Leistungen auf dem Gebiet der Technik Schutz gewähren.[275] Im Vordergrund steht das Bestreben der Patente erteilenden Staaten, diejenigen, die Kenntnisse über gewerblich anwendbare Erfindungen besitzen, zur Preisgabe ihrer Kenntnisse zu veranlassen, damit die Allgemeinheit in diesem Staat aus der Kenntnis der der Öffentlichkeit preisgegebenen Erfindungen Nutzen ziehen kann.[276]

Die Patenterteilung verfolgt somit nicht nur den Zweck, den Erfinder wegen seiner erfinderischen Leistung zu belohnen, sondern dieser soll durch die Offenbarung

---

274 Westhoff, RdA 1976, 353 f. (355).

275 Benkhard/*Rogge*, Patentgesetz, 10. Aufl. 2006, Rn. 1 der Einleitung, *Pierson*/Ahrens/Fischer, Recht des geistigen Eigentums – Patente, Marken, Urheberrecht, Design, 3. Aufl. 2014, S. 42.

276 Benkhard/*Rogge*, a. a. O., *Pierson*/Ahrens/Fischer, a. a. O.

der Erfindung andere in die Lage versetzen, die Erfindung benutzen zu können.[277] Die Aussicht auf den Erwerb des Schutzrechts, das einen Vorteil im Wettbewerb verschaffen kann, und die Nennung des Erfinders gegenüber der Allgemeinheit soll die schöpferischen Persönlichkeiten zu neuen Leistungen anspornen, die die technischen Kenntnisse der Allgemeinheit erweitern und auf diese Weise den allgemeinen Nutzen durch einen ständigen Fortschritt auf dem Gebiet der Technik fördern, sodass das Ziel und der Zweck des Patentwesens im technischen Fortschritt gesehen wird.[278]

Insgesamt wird somit deutlich, dass das Patentwesen zwei Schutzzwecke verfolgt, zum einen die Belohnung der Erfinder, andererseits aber auch deren Anspornung, vermehrt Ausgaben für Forschung, Entwicklung und Einführung von Neuerungen auf dem Markt zu erhöhen und dadurch den technischen Fortschritt zum Wohle der Allgemeinheit zu fördern.[279]

bbb. Schutzzwecke des Gebrauchsmustergesetzes (GebrMG) und Designgesetzes (DesignG)

Auch Gebrauchsmuster sowie Geschmacksmuster bzw. nunmehr mit Wirkung ab dem 1.1.2014 Designs[280], die im Rahmen einer Tätigkeit eines Unternehmens entstehen, werden speziell geschützt. Dieser Schutz erfolgt auch im öffentlichen Interesse. Das Handwerk und die Industrie sollen durch die Gewährung des Gebrauchsmusters und des Designs zur Entwicklung weiterer neuer und eigenartiger Leistungen im Bereich des Gebrauchsmusters und Designs angespornt und dadurch gefördert werden.[281] Auch ist die Marke Anreiz für den Unternehmer, neue Waren und Dienstleistungsangebote zu entwickeln oder die Qualität der vorhandenen Produkte zu erhalten und zu verbessern, wobei Hintergrund für diese Anreizwirkung ist, dass Marken gegenüber dem Verbraucher als Garantie dafür wirken, dass alle mit der Marke gekennzeichneten Produkte vom selben Hersteller stammen oder zumindest unter dessen Kontrolle erzeugt wurden und daher von gleicher Qualität sind.[282]

ccc. Schutzzweck des Urhebergesetzes (UrhG)

Auch im Urheberrecht existieren Schutzvorschriften zugunsten von Werken, die während der unternehmerischen Tätigkeit entstehen. Der Schutz der persönlichkeitsrechtlichen Belange der Urheber wird durch die Zuerkennung des

---

277 Benkhard/*Rogge*, a. a. O., *Pierson*/Ahrens/Fischer, a. a. O.

278 Benkhard/*Rogge*, a. a. O., *Pierson*/Ahrens/Fischer, a. a. O.

279 Benkhard/*Rogge*, a. a. O., *Pierson*/Ahrens/Fischer, a. a. O (S. 42/43), so im Ergebnis auch Ohly, GRUR 2014, 1 (2).

280 Nach dem DesignG v. 24. 2. 2014 (BGBl. I S. 122) in der ab 1. 1. 2014 geltenden Fassung; bis 31. 12. 2013 „Gesetz über den rechtlichen Schutz von Mustern und Modellen (Geschmacksmustergesetz – GeschmMG)".

281 *Pierson*/Ahrens/Fischer, a. a. O (S. 43).

282 *Pierson*/Ahrens/Fischer, a. a. O (S. 43/44) m. w. N.

Urheberpersönlichkeitsrechts mit seinen Einzelbefugnissen des Veröffentlichungsrechts, des Verwertungsrechts, des Rechts auf Namensnennung und des Rechts auf Werkintegrität sowie durch eine Reihe weiterer, persönlichkeitsrechtlich geprägter Befugnisse gewährleistet.[283] Dies entspricht zunächst vorrangig einem ausschließlich privaten Belang des einzelnen Schöpfers der o. g. Werke. Das UrhG enthält darüber hinaus zwar keine ausdrückliche Schutzzweckbestimmung, die ein Allgemeininteresse beinhaltet.

Allerdings ist bereits aus der Entstehungsgeschichte des Urheberschutzes ein Allgemeininteresse abzuleiten. So ist das Bedürfnis, einen wirksamen Urheberschutz zu gewährleisten, als Reaktion auf die Erfindung des Buchdruckes entstanden und die ersten Vorläufer des urheberrechtlichen Schutzes waren Privilegien zum Schutz der Drucker und Verleger, die einen Amortisationsschutz dahingehend beinhalteten, als die Investitionen von Druckern und Verlegern gegen Nachdrucker geschützt werden sollten.[284] Zugleich war darin eine Belohnung dafür zu erblicken, dass der Drucker bzw. Verleger die Werkexemplare hergestellt hat, die Voraussetzung für die gewünschte Verbreitung geistiger Werke waren und womit letztlich die Verbreitung von Werken gefördert werden sollte.[285]

Mit dem Schutz des individuellen Urhebers eines Werkes ist somit zugleich das Interesse der Allgemeinheit verbunden, einerseits die Aufwendungen des Urhebers zu schützen und anderseits die Teilhabe des Urhebers an der Verbreitung seines Werkes zu gewährleisten, um somit überhaupt erst Werkschöpfer zu ermutigen, ihre Werke der Öffentlichkeit und somit der Allgemeinheit zur Verfügung zu stellen. Dieser sog. Investitionsschutz hat im Rahmen der Urheberrechtsindustrien eine nicht unbeachtliche volkswirtschaftliche Bedeutung, die zunehmend ansteigt.[286]

ddd. Schutzzweck des Arbeitnehmererfindungsgesetzes (ArbNErfG)

Eine große Bedeutung hat auch das Arbeitnehmererfinderrecht in der betrieblichen Praxis, was sich schon daran zeigt, dass mindestens 80 % aller gemeldeten Erfindungen solche von Arbeitnehmern sind.[287] Bei der rechtlichen Beurteilung von Arbeitnehmererfindungen gilt es zwar, den arbeitsrechtlichen Grundsatz der Zuordnung des Arbeitsergebnisses zugunsten des Arbeitgebers mit dem patentrechtlichen Erfinderprinzip in Einklang zu bringen und somit aus diesem Grund einen angemessenen privaten Interessenausgleich herzustellen.[288] Allerdings erfolgt

283 Dreier/Schulze, a. a. O., Rn. 3 der Einleitung.

284 Dreier/Schulze, a. a. O., Rn. 10 der Einleitung.

285 Dreier/Schulze, a. a. O., Rn. 10 der Einleitung.

286 Dreier/Schulze, a. a. O., Rn. 12 und 17a der Einleitung,

287 Schwab, Arbeitnehmerfindungsgesetz, 2. Auflage 2014, Rn. 1 Einleitung m. w. N., der zudem darauf hinweist, dass jährlich ca. 74.000 Erfindungen zum Patent oder Gebrauchsmuster angemeldet werden (lt. Statistischem Jahrbuch 2012 für Deutschland, S. 524).

288 Schwab, a. a. O., Rn. 3, 4 Einleitung.

dies ebenfalls mit dem Ziel, in der deutschen Volkswirtschaft Anreize für Erfindungsmeldungen der Arbeitnehmer zu schaffen.[289] Folglich wird auch hier ein öffentliches Interesse verfolgt.

ee. Ergebnis

Nach alledem kann als Ergebnis festgehalten werden, dass der AEUV zwar im Kontext mit der Grundfreiheit der Arbeitnehmerfreizügigkeit keinen dem Allgemeininteresse dienenden Schutz von Betriebs- oder Geschäftsgeheimnissen des Arbeitgebers als privater Wirtschaftsteilnehmer ausdrücklich regelt. Allerdings findet ein entsprechender Schutz in Artikel 36 AEUV Anklang. Dort ist ausdrücklich der Schutz von gewerblichen Schutzrechten des Arbeitgebers als Rechtfertigungsgrund im Hinblick auf einen Eingriff in die Warenverkehrsfreiheit verankert, sodass davon auch der Schutz von Betriebs- oder Geschäftsgeheimnissen erfasst sein muss, soweit diese einen Bezug zu den dort geregelten gewerblichen Schutzrechten aufweisen.

Der in Artikel 36 AEUV geregelte Rechtfertigungsgrund dient auch dem Allgemeininteresse, da er aus volkswirtschaftlichen Gründen zwingend ist. Dies verdeutlichen die Schutzzwecke der Gesetze in der deutschen Rechtsordnung, die dem Arbeitgeber Ausschließlichkeitsrechte an den in Artikel 36 AEUV genannten Rechtsgütern einräumen. Zusammenfassend lauten diese dahingehend, dass der unternehmensseitige Schutz von Patenten, Gebrauchs- und Geschmacksmustern, Urheberrechten etc. zwar primär den Schutz des einzelnen Unternehmens bezweckt, dieser jedoch auch von volkswirtschaftlich sehr hoher Bedeutung ist, da nur ein umfassender Schutz zu Investitionen und Erfindungen der Unternehmen führen kann. Dies muss auch für Betriebs- oder Geschäftsgeheimnisse gelten, die einen Bezug zu diesen gewerblichen Schutzrechten aufweisen.

Zwar ist der Rechtfertigungsgrund des Artikels 36 AEUV nicht direkt auf eine Rechtfertigung einer Beschränkung der Arbeitnehmerfreizügigkeit anwendbar, da ein entsprechender Rechtfertigungsgrund eben nicht bei den Regelungen zur Arbeitnehmerfreizügigkeit verankert wurde. Allerdings kann für die Rechtfertigung auf Grund zwingender Erfordernisse des Allgemeininteresses nichts anderes gelten als für die AEU-vertraglich ausdrücklich festgelegten Rechtfertigungsgründe. Folglich besteht auch im Kontext der Arbeitnehmerfreizügigkeit ein von der Union anerkanntes und im Allgemeininteresse liegendes Schutzinteresse in Bezug auf Betriebs- oder Geschäftsgeheimnisse, sofern bei diesen ein Bezug zu gewerblichen Schutzrechten des Arbeitgebers besteht.

d. Unionsgrundrechtlicher Schutz von Betriebs- oder Geschäftsgeheimnissen

Ebenso findet der Schutz von Betriebs- oder Geschäftsgeheimnissen des Arbeitgebers als privater Wirtschaftsteilnehmer in den Artikeln 16 und 17 EU-GRCh Anklang.

---

289 Schwab, a. a. O., Rn. 22 Einleitung.

aa. Artikel 16 und 17 EU-GRCh

Die Artikel 16 und 17 EU-GRCh bilden gemeinsam mit Artikel 15 EU-GRCh die zentralen Wirtschaftsgrundrechte[290], sodass es zunächst einer Abgrenzung bedarf.

aaa. Abgrenzung dieser Wirtschaftsgrundrechte

Der EuGH hat in seiner Rechtsprechung vor In-Kraft-Treten der EU-GRCh die in Artikel 15 Abs. 1 und Artikel 16 EU-GRCh angesprochenen Bereiche zusammen behandelt.[291] Dennoch deutet die Aufnahme dieser Grundrechte in zwei Artikel der EU-GRCh darauf hin, in der unternehmerischen Freiheit des Artikel 16 EU-GRCh ein gegenüber der Berufsfreiheit des Artikel 15 Abs. 1 EU-GRCh eigenständiges Grundrecht zu sehen.[292] Die beiden Grundrechte überschneiden sich allerdings in nicht unerheblichem Umfang, da es schwer fällt, Artikel 15 Abs. 1 EU-GRCh von vornherein auf Arbeitnehmer und ähnliche Personen zu beschränken.[293] Die Vorschrift des Artikel 16 EU-GRCh ist in ihrem Anwendungsbereich als lex specialis einzustufen[294], die die Vorschrift des Artikel 15 Abs. 1 EU-GRCh verdrängt, sodass die unternehmerische Freiheit eine spezielle Form der Berufsfreiheit darstellt. Im Verhältnis zur Berufsfreiheit des Artikel 15 Abs. 1 EU-GRCh und zur Freiheit unternehmerischer Betätigung nach Artikel 16 EU-GRCh dürfte die Eigentumsgarantie zur Anwendung kommen, soweit es um das Erworbene, um Substanzpflichten geht, während Artikel 15 Abs. 1 EU-GRCh und Artikel 16 EU-GRCh einschlägig sind, wenn es um den Erwerb, um handlungsbezogene Pflichten geht.[295] Der EuGH verzichtet zum Teil von vornherein auf die Abgrenzung und wendet beide Grundrechte zusammen und ohne Differenzierung an.[296]

bbb. Wesentlicher Schutzgehalt des Artikel 16 EU-GRCh

Artikel 16 EU-GRCh beinhaltet als Gewährleistungsinhalt auch die Vertragsfreiheit des Arbeitgebers, die mit ihrem die Privatautonomie schützenden bzw. konkretisierenden Gehalt zum Teil auch an die Grundfreiheiten angebunden werden könnte.[297] Dies hat der EuGH im Rahmen seiner Rechtsprechung zwar nicht direkt zu einer Grundfreiheit, aber zu Artikel 3 der Richtlinie 2001/23 (Betriebsübergang)

---

290 Jarass, a. a. O., Rn. 2 zu Art. 16 EU-GRCh m. w. N., Callies/Ruffert, a. a. O., Rn. 1 zu Art. 15 EU-GRCharta.

291 Jarass, a. a. O., Rn. 4 zu Art. 16 EU-GRCh unter Verweis auf die Rechtsprechung des EuGH.

292 Jarass, a. a. O., Rn. 4 zu Art. 16 EU-GRCh.

293 Jarass, a. a. O., Rn. 4 zu Art. 16 EU-GRCh.

294 Jarass, a. a. O., Rn. 4a zu Art. 16 EU-GRCh, Nowak in Heselhaus/Nowak, a. a. O., § 30, Rn. 32.

295 Jarass, a. a. O., Rn. 4 zu Art. 17 EU-GRCh m. w. N.

296 Jarass, a. a. O., Rn. 4 zu Art. 17 EU-GRCh unter Verweis auf u. a. EuGH, Urteil v. 9.9.2008 - verbundene Rs. 120/06 P und 121/06 P = EuR 2009, 660 (664).

297 Nowak in Heselhaus/Nowak, § 31, a. a. O., Rn. 33.

bestätigt.[298] Der EuGH hat insoweit ausgeführt, dass Artikel 3 der Richtlinie 2001/23 im Einklang mit Artikel 16 EU-GRCh zur unternehmerischen Freiheit auszulegen sei und dieses Grundrecht insbesondere die Vertragsfreiheit, wie sich aus den Erläuterungen ergibt, die als Anleitung für die Auslegung der Charta der Grundrechte zu berücksichtigen sind, schütze und es dem Arbeitgeber bzw. einem Unternehmen möglich sein muss, im Rahmen eines zum Vertragsabschluss führenden Verfahrens, an dem er beteiligt ist, seine Interessen wirksam geltend zu machen und die die Entwicklung der Arbeitsbedingungen seiner Arbeitnehmer bestimmenden Faktoren mit Blick auf seine künftige wirtschaftliche Tätigkeit auszuhandeln.[299] Dem Erwerber in dem der Entscheidung des EuGH zugrunde liegenden Sachverhalt war es jedoch verwehrt, in dem dortigen Tarifverhandlungsorgan mitzuwirken, sodass der Erwerber weder die Möglichkeit hatte, im Rahmen eines zum Vertragsabschluss führenden Verfahrens seine Interessen wirksam geltend zu machen, noch die Möglichkeit, die die Entwicklung der Arbeitsbedingungen seiner Arbeitnehmer bestimmenden Faktoren mit Blick auf seine künftige wirtschaftliche Tätigkeit auszuhandeln.[300]

Unter diesen Umständen sah der EuGH die Vertragsfreiheit dieses Erwerbers als so erheblich reduziert an, dass eine solche Einschränkung den Wesensgehalt seines Rechts auf unternehmerische Freiheit beeinträchtigen kann.[301]

Unter Berücksichtigung dieser Rechtsprechung wird deutlich, dass die Vertragsfreiheit und insbesondere die Bestimmung der Arbeitsbedingungen der Arbeitsvertragsparteien grundrechtlich im Rahmen der unternehmerischen Freiheit aus Artikel 16 EU-GRCh Schutz genießen. Hierzu muss auch das Recht zählen, durch Vereinbarungen über Wettbewerbsverbote bzw. ähnlich wirkende Verschwiegenheitspflichten den Schutz von Betriebs- oder Geschäftsgeheimnissen zu verfolgen.

ccc. Wesentlicher Schutzgehalt des Artikels 17 EU-GRCh

Artikel 17 EU-GRCh schützt das Sacheigentum, aber auch nichtkörperliche Gegenstände, etwa private Forderungsrechte und – wie sein Abs. 2 deutlich macht – auch geistige Eigentumsrechte (Urheber-, Patent-, Verlags-, Marken- und sonstige Schutzrechte).[302] Insoweit korrespondieren die durch Artikel 17 EU-GRCh geschützten Rechte mit den oben bereits dargestellten und in Artikel 36 AEUV geregelten Schutzgütern des Arbeitgebers. Daher zählen auch dem Eigentum des Arbeitgebers zuzuordnende Informationen zum Schutzgehalt des Artikels 17 EU-GRCh.[303]

---

298 EuGH, Urteil v. 18.7.2013 – C-426/11 (*Rs. Alemo-Herron u. a.*) = NZA 2013, 835.

299 EuGH, Urteil v. 18.7.2013 – C-426/11, a. a. O. (Seite 836).

300 EuGH, Urteil v. 18.7.2013 – C-426/11, a. a. O. (Seite 836).

301 EuGH, Urteil v. 18.7.2013 – C-426/11, a. a. O. (Seite 836).

302 Haratsch/Koenig/Pechstein, a. a. O., Rn. 690, Callies/Ruffert, a. a. O., Rn. 5 zu Art. 17 EU-GRCharta m. w. N.

303 Kloepfer, a. a. O. (Seite 4).

bb. Allgemeininteresse

Fraglich ist, ob auch aus Unionsgrundrechten ein Allgemeininteresse abzuleiten ist, da – wie bereits oben ausgeführt wurde – die Unionsgrundrechte grundsätzlich ein Abwehrrecht beinhalten und daher im Kontext der Eigentumsfreiheit ebenfalls vordergründig ein Privatinteresse betroffen ist.

aaa. Ablehnendes Argument

Dagegen könnte sprechen, dass gemäß dem Wortlaut in Artikel 51 EU-GRCh der Anwendungsbereich der EU-GRCh auf die Durchführung des Unionsrechts beschränkt wird, sodass die EU-Grundrechte nicht auf Beschränkungen der Grundfreiheiten durch die Mitgliedstaaten bzw. Private anwendbar sein könnten.[304]

bbb. Befürwortendes Argument

Zu berücksichtigen ist jedoch, dass in den Erläuterungen zu Artikel 51 EU-GRCh, die für die Auslegung der Charta heranzuziehen sind, darauf verwiesen wird, dass auch die Mitgliedstaaten sowie Private verpflichtet sind, die im Rahmen der Union definierten Grundrechte einzuhalten, wenn sie im Anwendungsbereich des Unionsrechts handeln.[305] Die Grundrechte sind hiernach sowohl von der Union als auch von den Mitgliedstaaten bzw. Privaten zu beachten, da der Schutz dieser Rechte ein berechtigtes Interesse darstellt, das grundsätzlich auch geeignet ist, eine Beschränkung von Verpflichtungen zu rechtfertigen, die kraft einer durch ein unionsrechtliches Regelwerk gewährleisteten Grundfreiheit bestehen.[306] Insoweit ist in der Rechtsprechung des EuGH anerkannt, dass sich auch Regierungen bzw. Gewerkschaften auf ein Unionsgrundrecht im Kontext einer die Grundfreiheiten beschränkenden Maßnahme dergestalt berufen können, dass eine Maßnahme zum Schutze dieses Unionsgrundrechts dem Allgemeininteresse diene.[307] Auch hat der EuGH bereits entschieden, dass im Recht auf Durchführung einer kollektiven Maßnahme, die den Schutz der Arbeitnehmer des Aufnahmemitgliedstaats gegen ein etwaiges Sozialdumping zum Ziel hat, ein zwingender Grund des Allgemeininteresses liegen kann, der grundsätzlich eine Beschränkung einer der vom Vertrag gewährleisteten Grundfreiheiten zu rechtfertigen vermag.[308] In einer weiteren Entscheidung hat der EuGH ausgeführt, dass auch die Durchführung einer kollektiven Maßnahme einschließlich des Streikrechts als Grundrecht anzuerkennen und der Grundrechtsschutz ein

---

304 Siehe nur Jarass, a. a. O., Rn. 19 zu Art. 51 EU-GRCharta m. w. N.

305 Amtsblatt der Europäischen Union v. 14.12.2007 (2007/C 303/02), C 303/23.

306 EuGH, Urteil v. 14.4.2004 – C-36/02 (Rs. *Omega*) = EuZW 2004, 753(755).

307 EuGH, Urteil v. 18.12.2007 – C-341/05 (Rs. *Laval un Partneri*) = NZA 2008, 159 (166).

308 EuGH, Urteil v. 18.12.2007 – C-341/05 (Rs. *Laval un Partneri*) = NZA 2008, 159 (166).

berechtigtes Interesse ist, das grundsätzlich geeignet ist, eine Beschränkung der Verpflichtungen zu rechtfertigen,

die nach dem Unionsrecht, auch kraft einer durch den EG-Vertrag gewährleisteten Grundfreiheit bestehen.[309]

Vor diesem Hintergrund wird deutlich, dass die Bedeutung der Unionsgrundrechte in ihrer objektiv-rechtlichen Schutzrichtung nach der Rechtsprechung des EuGH auch darin besteht, zu begründen, dass ein zur Rechtfertigung einer Einschränkung der Grundfreiheiten geltend gemachtes Regelungsanliegen als zwingendes Erfordernis anzuerkennen ist.[310]

ccc. Hilfsargument

Selbst wenn man zu dem Schluss kommen würde, aus dem Schutz der unternehmerischen Freiheit bzw. Eigentumsfreiheit kein Allgemeininteresse ableiten zu können, ist zudem die bereits oben benannte Rechtsprechung des EuGH zu nennen, in der dieser für Maßnahmen rein privatnütziger Natur das Spektrum der Rechtfertigungsgründe um eine zusätzliche Kategorie erweitert hat, in dem er zur Rechtfertigung eines privaten Grundfreiheitseingriffs weder auf zwingende Gründe des Allgemeininteresses noch auf eine private Grundrechtsausübung abstellt, sondern fragt, ob eine Grundfreiheitsbeschränkung aufgrund „sachlicher Erwägungen" gerechtfertigt sein könnte.[311] Diese Rechtsprechung ist im Hinblick auf die im zweiten Teil festgestellte Drittwirkung des Beschränkungsverbots auch konsequent. Denn Private verfolgen vorrangig private Interessen, sodass die konsequente Forderung nach dem Vorliegen eines zugleich gegebenen Allgemeininteresses in Bezug auf die privatrechtlichen Regelungen stets dazu führen würde, dass zwar eine Beschränkung im Privatrechtsverhältnis bejaht, eine Rechtfertigung aber per se mangels Vorliegens einer dem Allgemeininteresse dienenden Regelung ausgeschlossen werden kann.

Daher ist eine Abschwächung der Rechtfertigungsanforderungen in Privatrechtsverhältnissen zu befürworten mit der Folge, dass der Schutz der Weitergabe und Verwertung von Betriebs- oder Geschäftsgeheimnissen mit eigentumsrechtlichen Bezug an bzw. durch Dritte ein sachlicher Grund im Sinne der Rechtsprechung des EuGH für eine Grundfreiheitsbeschränkung ist. Diesen Schutz kann der Arbeitgeber auch im Rahmen von vertraglichen Vereinbarungen in Gestalt von Wettbewerbsverboten bzw. ähnlich wirkenden Verschwiegenheitspflichten verfolgen.

e. Schutz von Betriebs- oder Geschäftsgeheimnissen im TRIPS-Abkommen

Der Schutz von Betriebs- oder Geschäftsgeheimnissen ist zudem – wie oben bereits festgestellt – Gegenstand des TRIPS-Abkommens. Das 1994 abgeschlossene TRIPS-Abkommen der Welthandelsorganisation verfolgt nach seiner Präambel das Ziel,

309 EuGH, Urteil v. 11.12.2007 – C-438/05 (Rs. *Viking*) = EuZW 2008, 246 (248/249).

310 Grabitz/Hilf/Nettesheim/*Forsthoff*, a. a. O., Rn. 340 zu Art. 45.

311 Haratsch/Koenig/Pechstein, a. a. O., Rn. 943 unter Verweis auf EuGH, Urteil v. 6.6.2000 – C-281/98 (*Rs. Angonese*) = EuZW 2000, 468 (470).

Verzerrungen und Behinderungen des internationalen Handels zu verringern und es sollen einerseits die Rechte des geistigen Eigentums wirksamer geschützt werden, um technische Innovationen und ihre Verbreitung zum beiderseitigen Vorteil von Erzeugern und Nutzern zu fördern; andererseits soll sichergestellt werden, dass die Durchsetzung der gewerblichen Schutzrechte nicht selbst den rechtmäßigen Handel beschränkt.[312] Insoweit liegt dem TRIPS-Abkommen ein öffentliches Interesse zugrunde.

Das TRIPS-Abkommen begründet zwar nur Mindestverpflichtungen zum Schutz des geistigen Eigentums, die allerdings im Vergleich zu den sonstigen internationalen Abkommen auf sehr hohem Niveau stehen; die Mitglieder können einen weiterreichenden Schutz gewähren.[313] Artikel 39 Abs. 2 TRIPS-Abkommen regelt insoweit, dass natürlichen und juristischen Personen die Möglichkeit eingeräumt wird, zu verhindern, dass Informationen, die rechtmäßig unter ihrer Kontrolle stehen, ohne Zustimmung auf eine Weise, die den anständigen Gepflogenheiten in Gewerbe und Handel zuwiderläuft, Dritten offenbart, von diesen erworben oder benutzt werden, solange diese Informationen (a) in dem Sinn geheim sind, dass sie entweder in ihrer Gesamtheit oder in der genauen Anordnung und Zusammenstellung ihrer Bestandteile Personen in den Kreisen, die üblicherweise mit den fraglichen Informationen zu tun haben, nicht allgemein bekannt oder leicht zugänglich sind, (b) wirtschaftlichen Wert haben, weil sie geheim sind, und (c) Gegenstand von den Umständen nach angemessenen Geheimhaltungsmaßnahmen seitens der Person waren, unter deren Kontrolle sie rechtmäßig stehen. Nach dieser Regelung muss in den Rechtsordnungen der Mitgliedstaaten sichergestellt werden, dass Unternehmer die Möglichkeit haben, zu verhindern, dass Informationen, die rechtmäßig unter ihrer Kontrolle stehen, ohne ihre Zustimmung auf eine Weise, die den anständigen Gepflogenheiten in Gewerbe und Handel zuwiderläuft, Dritten offenbart, von diesen erworben oder benutzt werden.[314]

Betriebliche Informationen fallen dann in den Schutzbereich des Artikel 39 Abs. 2 des TRIPS-Abkommens, wenn sie in dem Sinne geheim sind, dass sie entweder in ihrer Gesamtheit oder in der genauen Anordnung und Zusammenstellung ihrer Bestandteile Personen in den Kreisen, die üblicherweise mit den fraglichen Informationen zu tun haben, nicht allgemein bekannt oder leicht zugänglich sind, wirtschaftlichen Wert haben, weil sie geheim sind, und Gegenstand von den Umständen nach angemessenen Geheimhaltungsmaßnahmen seitens der Person waren, unter

312 U. a. Fezer, Markenrecht, 4. Auflage 2009, Rn. 18 bei A. Einführung in das Recht der internationalen Verträge.
313 U. a. Fezer, Markenrecht, 4. Auflage 2009, Rn. 18 bei A. Einführung in das Recht der internationalen Verträge.
314 U. a. Sander, a. a. O. (Seite 227) m. w. N.

deren Kontrolle sie rechtmäßig stehen.[315] Insoweit wird der internationale Stellenwert geheimer betrieblicher Informationen verdeutlicht.[316]

f. Richtlinie Geschäftsgeheimnisschutz

Allerdings führte dieser potentielle gemeinsame Vergleichsmaßstab nicht zu einheitlichen Regelungen, denn er wurde entweder noch nicht vollständig oder mit unterschiedlichen Spezifikationen und Durchführungsdetails umgesetzt, was die Europäische Kommission dazu veranlasste, am 28. Januar 2013 einen Vorschlag für eine Richtlinie des Europäischen Parlaments und des Rates über den Schutz vertraulichen Know-Hows und vertraulicher Geschäftsinformationen (Geschäftsgeheimnisse) vor rechtswidrigem Erwerb sowie rechtswidriger Nutzung und Offenlegung vorzulegen.[317]

aa. Zweck und Inhalt des Vorschlags

Dieser Vorschlag zielte darauf ab, ein ausreichendes und vergleichbares Rechtsschutzniveau innerhalb des Binnenmarktes in Fällen einer rechtswidrigen Aneignung von Geschäftsgeheimnissen sicherzustellen und gleichzeitig ausreichende Schutzmaßnahmen zur Verhinderung eines missbräuchlichen Verhaltens zu treffen.[318] Insoweit wurde oben bereits ausgeführt, dass In Artikel 2 Abs. 1 der Geheimnisbegriff von der Kommission in Anlehnung an die Formulierung im TRIPS-Abkommen definiert wird. Des Weiteren waren in dem Vorschlag in Artikel 3 und 4[319] explizite Regelungen zur Frage der Rechtmäßigkeit/Rechtswidrigkeit der Erlangung, Verwertung und Nutzung von Geschäftsgeheimnissen enthalten. Zudem war in Artikel 8[320] ein besonderer Schutz von Geschäftsgeheimnissen im Verlauf von Gerichtsverfahren geregelt. Insbesondere ist zu berücksichtigen, dass in Artikel 3 Abs. 3[321] des Vorschlags geregelt war, dass die Nutzung oder Offenlegung eines Geschäftsgeheimnisses als rechtswidrig anzusehen ist, wenn sie ohne Zustimmung des Inhabers des Geschäftsgeheimnisses, vorsätzlich oder grob fahrlässig durch eine Person erfolgt, auf die eine der folgenden Bedingungen zutrifft:

---

315 U. a. Sander, a. a. O. (S. 227) m. w. N., s. auch die Darstellung der Unterschiede zwischen dem deutschen und dem europarechtlichen Geheimnisbegriff bei Ohly, GRUR 2014, 1 (4, 5).

316 U. a. Sander, a. a. O. (S. 218) m. w. N.

317 COM (2013) 813 final – 2013/0402 (COD), http://eur-lex.europa.eu/legal-content/de/TXT/?uri=CELEX%3A52013PC0813.

318 COM (2013) 813 final – 2013/0402 (COD), http://eur-lex.europa.eu/legal-content/de/TXT/?uri=CELEX%3A52013PC0813 (unter 3.).

319 Nunmehr ebenso in Artikel 3 und 4 der Richtlinie Geschäftsgeheimnisschutz.

320 Nunmehr in Artikel 9 der Richtlinie Geschäftsgeheimnisschutz.

321 Nunmehr in Artikel 4 Abs. 3 der Richtlinie Geschäftsgeheimnisschutz.

a) Sie ist auf rechtswidrige Weise in Besitz des Geschäftsgeheimnisses gelangt.
b) Sie verstößt gegen eine Vertraulichkeitsvereinbarung oder eine andere Verpflichtung zur Geheimhaltung des Geschäftsgeheimnisses.
c) Sie verstößt gegen eine vertragliche oder andere Verpflichtung zur Beschränkung der Nutzung des Geschäftsgeheimnisses.

Dies macht deutlich, dass nicht ausgeschlossen ist, dass auch Wettbewerbsverbote bzw. ähnlich wirkende Verschwiegenheitspflichten, sei es aufgrund einer gesetzlichen Verpflichtung (s. oben bei Buchstabe c), sei es aufgrund von vertraglichen Vereinbarungen (s. o. bei Buchstaben b und c) als Bezugspunkt für einen von der Union anerkannten Schutz von Betriebs- oder Geschäftsgeheimnissen in Betracht kommen können.

bb. Allgemeininteresse

Aus dem Vorschlag zur Richtlinie Geschäftsgeheimnisschutz ergeben sich Anhaltspunkte dafür, dass der Schutz von Betriebs- oder Geschäftsgeheimnissen einem Allgemeininteresse dient. Im Einzelnen:

Die Europäische Kommission hat sich im Vorfeld dieses Vorschlags im Kontext der Strategie „Europa 2020" auf das Ziel der Schaffung einer Innovationsunion verpflichtet und will Investitionen in die Wissensbasis schützen und Europa in einen Standort verwandeln, an dem es sich lohnt, innovativ zu sein.[322] Zum Hintergrund führt die Europäische Kommission aus, dass Rechte des geistigen Eigentums Innovatoren und Kreativen die Möglichkeit verschaffen, sich die Ergebnisse ihrer Arbeit, die immaterieller Natur sind, anzueignen und setzen somit die notwendigen Anreize für Investitionen in neue

Lösungen, Erfindungen und Know-how.[323] Weiter heißt es, dass im Forschungs- und Schaffensprozess wichtige Informationen zusammengetragen und entwickelt und damit eine Wissensbasis von hohem wirtschaftlichem Wert aufgebaut wird, die häufig nicht durch Rechte des geistigen Eigentums geschützt werden kann, aber im Hinblick auf Innovationen und die Wettbewerbsfähigkeit der Wirtschaft im Allgemeinen gleichermaßen von Bedeutung ist.[324] Die Europäische Kommission macht insoweit deutlich, dass am Anfang aller Rechte des geistigen Eigentums ein Geheimnis steht, da je nach Geschäftsmodell des Innovators Vertraulichkeit die Grundlage sein kann, auf der geistiges Eigentum entwickelt werden kann, das Innovation und Wettbewerbsfähigkeit voranbringt.[325] Insbesondere wird darauf

322 COM (2013) 813 final – 2013/0402 (COD), http://eur-lex.europa.eu/legal-content/de/TXT/?uri=CELEX%3A52013PC0813 (unter 1.).
323 COM (2013) 813 final – 2013/0402 (COD), http://eur-lex.europa.eu/legal-content/de/TXT/?uri=CELEX%3A52013PC0813 (unter 1.).
324 COM (2013) 813 final – 2013/0402 (COD), http://eur-lex.europa.eu/legal-content/de/TXT/?uri=CELEX%3A52013PC0813 (unter 1.).
325 COM (2013) 813 final – 2013/0402 (COD), http://eur-lex.europa.eu/legal-content/de/TXT/?uri=CELEX%3A52013PC0813 (unter 1.).

hingewiesen, dass Unternehmen nicht die vorläufigen Ergebnisse ihrer technologischen Experimente bekannt geben (künftiges Patent) und Informationen über neue Markenartikel zurückhalten (künftige Marke) usw.[326] Nach der Europäischen Kommission sind genauso wichtig Geschäftsgeheimnisse für den Schutz nichttechnologischer Innovationen, wie z. B. im Dienstleistungssektor, auf den etwa 70 % des EU-BIP entfallen und der zwar nicht im selben Maße wie das verarbeitende Gewerbe auf (patentgeschützte) technologische Prozesse und Produktinnovationen angewiesen ist, bei dem jedoch Vertraulichkeit das Fundament für die Entwicklung und Förderung sog. „weicher" Innovationen zur Förderung der Wettbewerbsfähigkeit ist, wie etwa Informationen über Kunden und Lieferanten, Geschäftsabläufe, Businesspläne, Marktforschung etc., d. h. derjenigen strategischen Geschäftsinformationen, die über das technologische Wissen hinausreichen.[327] Die Europäische Kommission stellt insoweit heraus, dass Geschäftsgeheimnisse besonders wichtig für kleine und mittlere Unternehmen und für Start-Up-Unternehmen sind, denen es häufig an den spezialisierten Fachkräften und finanziellen Möglichkeiten fehlt, die notwendig wären, um Rechte des geistigen Eigentums zu verfolgen, zu verwalten, durchzusetzen und zu verteidigen.[328]

Geschäftsgeheimnisse sind nach der Europäischen Kommission damit ein wichtiges ergänzendes Instrument für die erforderliche Aneignung geistiger Vermögenswerte, die die Triebkräfte der wissensbasierten Wirtschaft des 21. Jahrhunderts sind, sodass der Inhaber eines Geschäftsgeheimnisses zwar keine Exklusivrechte an den geheimen Informationen hat, Beschränkungen der Nutzung von Geschäftsgeheimnissen aber dann mit Blick auf die Förderung eines wirtschaftlich effizienten und wettbewerbsorientierten Prozesses gerechtfertigt sind, wenn das einschlägige Know-how oder die einschlägigen Informationen beim Inhaber des Geheimnisses gegen dessen Willen von einem Dritten mit unredlichen Mitteln beschafft wurden.[329]

Des Weitern kommt die Europäische Kommission im Rahmen ihres Vorschlages zu der Erkenntnis, dass der Aufbau und die Verwaltung von Wissen und Informationen für die Leistung der EU-Wirtschaft immer mehr an Bedeutung gewinnen, gleichzeitig aber das Risiko zunimmt, dass wertvolles, nicht offengelegtes Know-how und einschlägige Informationen (Geschäftsgeheimnisse) zum Gegenstand von Diebstahl, Spionage oder anderen Formen der widerrechtlichen Aneignung

326 COM (2013) 813 final – 2013/0402 (COD), http://eur-lex.europa.eu/legal-content/de/TXT/?uri=CELEX%3A52013PC0813 (unter 1.).

327 COM (2013) 813 final – 2013/0402 (COD), http://eur-lex.europa.eu/legal-content/de/TXT/?uri=CELEX%3A52013PC0813 (unter 1.).

328 COM (2013) 813 final – 2013/0402 (COD), http://eur-lex.europa.eu/legal-content/de/TXT/?uri=CELEX%3A52013PC0813 (unter 1.).

329 COM (2013) 813 final – 2013/0402 (COD), http://eur-lex.europa.eu/legal-content/de/TXT/?uri=CELEX%3A52013PC0813 (unter 1.).

werden (z.B. durch Globalisierung, Outsourcing, längere Lieferketten, verstärkte Nutzung).[330]

Vor diesem Hintergrund ist nach der Europäischen Kommission die Optimierung der Infrastruktur im Bereich des geistigen Eigentums ein wichtiger Pfeiler der Innovationsunion, da die derzeitige Unterschiedlichkeit und Fragmentierung des Rechtsrahmens für den Schutz von Geschäftsgeheimnissen vor unrechtmäßigen Erwerb, unrechtmäßiger Nutzung und unrechtmäßiger Offenlegung die grenzüberschreitende Forschung und Entwicklung und die Verbreitung innovativen Wissen behindert, indem sie die europäischen Unternehmen in ihren Möglichkeiten beeinträchtigt, unredliche Angriffe auf ihr Know-how abzuwehren.[331] Der Vorschlag ist insoweit eine, auf der Grundlage der eigenen Verpflichtung der Europäischen Kommission, sich der Frage des Schutzes von Geschäftsgeheimnissen anzunehmen[332], basierende weitere Maßnahme, die sich aus der Verpflichtung zur Schaffung eines Binnenmarktes für geistiges Eigentum ergibt.[333] Der Vorschlag der Europäische Kommission basiert auf zwei Studien, die zum einen eine vergleichende Bewertung der in den EU-Mitgliedstaaten bestehenden Rechtsvorschriften zum Schutz vor einer widerrechtlichen Aneignung von Geschäftsgeheimnissen (veröffentlicht im Januar 2012) sowie eine Untersuchung der wirtschaftlichen Grundlagen von Geschäftsgeheimnissen und ihres Schutzes vor widerrechtlicher Aneignung (veröffentlicht im Mai 2013) – nachfolgend: **Studie 2** – zum Inhalt hatten.[334]

In der Executive Summary der **Studie 2**[335] heißt es:

> *„Im heutigen Wirtschaftsleben haben sich Informationen und Know-how, die das Resultat von F&E Investitionen, Kreativität und unternehmerischer Initiative darstellen, zu dem Schlüsselfaktor zum Erreichen und Aufrechterhalten eines wettbewerblichen Vorteils entwickelt.*
> *[...]*
> *Die wahrscheinlich größte Besonderheit von Geschäftsgeheimnissen besteht darin, dass sie die am wenigsten bestimmbaren Werte unter den immateriellen Rechtsgütern sind. Eingeordnet entweder als ein untergeordneter oder nicht mit eingeschlossener Teil der traditionellen geistigen Schutzrechte sind Geschäftsgeheimnisse nicht einfach zu kategorisieren,*

330 COM (2013) 813 final – 2013/0402 (COD), http://eur-lex.europa.eu/legal-content/de/TXT/?uri=CELEX%3A52013PC0813 (unter 1.).

331 COM (2013) 813 final – 2013/0402 (COD), http://eur-lex.europa.eu/legal-content/de/TXT/?uri=CELEX%3A52013PC0813 (unter 1.).

332 COM (2011) 287.

333 COM (2013) 813 final – 2013/0402 (COD), http://eur-lex.europa.eu/legal-content/de/TXT/?uri=CELEX%3A52013PC0813 (unter 1.).

334 COM (2013) 813 final – 2013/0402 (COD), http://eur-lex.europa.eu/legal-content/de/TXT/?uri=CELEX%3A52013PC0813 (unter 2.1.).

335 Executive Summary der Studie über Geschäftsgeheimnisse / Trade Secrets Study von de Martinis/Gaudino/Respess III (alle BakerMcKenzie) vom April 2013, abrufbar unter http://ec.europa.eu/internal_market/iprenforcement/docs/trade-secrets/130711_executive-summary_de.pdf

da sie ein Resultat der Kombination von unterschiedlichen Typen von technischen und kommerziellen Informationen darstellen. Technische Betriebsgeheimnisse können Zeichnungen und Designs, Prototypen, Herstellungsverfahren, nicht patentierbare oder noch nicht patentierte Erfindungen, Know-how, Formeln oder Rezepte, Genmaterial und Düfte beinhalten, wohingegen kommerzielle Geschäftsgeheimnisse aus Kunden- und Zuliefererlisten, Geschäftsmethoden und Geschäftsstrategien sowie Kosten- und Preisinformationen bestehen können. Obwohl es schwierig ist, dies in einer einheitlichen Definition einzuordnen, lässt sich aufgrund der Wiederkehr bestimmter Elemente das Objekt des Schutzes identifizieren: Geschäftsgeheimnisse beinhalten sämtliche Informationen, die einen wirtschaftlichen Wert haben, d. h. an denen der Inhaber ein nachvollziehbares Verwertungsinteresse hat, die geheim gehalten und durch ausreichende Maßnahmen geschützt werden.
[...]
Geschäftsgeheimnisse stellen wertvolle Betriebsvermögen sowohl für forschende als auch für nicht forschende Unternehmen dar. Als derart wertvolles Betriebsvermögen spielen Geschäftsgeheimnisse eine bedeutende Rolle für das Wirtschaftswachstum und die Förderung von Innovationen.
[...]
Unter Ökonomen besteht mittlerweile Einigkeit darüber, dass Geschäftsgeheimnisse eine bedeutende Rolle bei der Absicherung der Rendite aus Erfindungen spielen und dass der Schutz von Geschäftsgeheimnissen ein wesentlicher und bedeutender Teil des gesamten Systems zum Schutz immaterieller Werte darstellt, welches den Unternehmen innerhalb der Europäischen Union zur Verfügung steht, vergleichbar mit Patenten und Urheberrechten.
[...]
Geschäftsgeheimnisse spielen eine gewichtige Rolle in einer Vielzahl von Gebieten mit Innovationspotential, einschließlich solcher mit Marktbedingungen, in denen sich die Technologie besonders schnell entwickelt, in denen Erfindungen möglicherweise (und tatsächlich) gleichzeitig entstehen, in denen Erfindungen gehäuft auftreten, in denen Kombinationen von Geschäftsgeheimnissen, Patenten und anderen Formen des gewerblichen Rechtsschutzes in einem „komplexen" Produkt verankert sind, oder in Bereichen, in denen der Patentschutz als unzureichend angesehen wird. Speziell im Hinblick auf kleine und mittelgroße Unternehmen (KMUs) erscheinen Geschäftsgeheimnisse von besonderer Bedeutung, da Entwicklungen in diesem Bereich zumeist schrittweise vonstattengehen und von entscheidender Bedeutung für den Unternehmenswert und dessen Leistungsfähigkeit sind. Die als höher angesehenen Kosten für Patentrechte und der enorme Einfluss, den eine Offenlegung für den Unternehmenswert von KMUs und deren Leistungsfähigkeit haben kann, motiviert diese zumeist, auf Geschäftsgeheimnisse als Schutzmechanismus zu vertrauen.
[...]
Auf der Grundlage der untersuchten ökonomischen Fachliteratur und öffentlichen Anhörungen der Beteiligten kommen wir zu dem Schluss, dass es eine eindeutige wirtschaftliche Rechtfertigung für die Gewährung von Rechtsschutz für Geschäftsgeheimnisse und vertrauliche Geschäftsinformationen gibt. Ein solides rechtliches Umfeld zum Schutz von Geschäftsgeheimnissen würde zur Förderung von Innovation durch EU-Unternehmen beitragen. Geschäftsgeheimnisse und deren Schutz scheinen für alle Geschäftsbereiche

wichtig zu sein. Dies wird durch ihre Verbreitung und Bedeutung für praktisch alle Unternehmen in EU-Mitgliedsstaaten, unabhängig von ihrer Größe, reflektiert, denn die Bedeutung von Geschäftsgeheimnissen wird gleichermaßen von großen, mittleren und kleineren Unternehmen anerkannt. Der Schutz von Geschäftsgeheimnissen ergänzt und ersetzt den Schutz durch Patente, Urheberrechte und andere Schutzmechanismen."

Als eines im Rahmen einer durchgeführten Befragung von Vertretern aus Industrie- und Wirtschaftsverbänden sowie einzelnen Unternehmen erzielten Resultate hält die **Studie 2** insbesondere Folgendes fest:

„Die im Rahmen dieses Projektes bei europäischen Unternehmen durchgeführte Studie bestätigt die wirtschaftliche und rechtliche Bedeutung von Geschäftsgeheimnissen für europäische Unternehmen und Industrien sowie für das gesamte Wachstum und die Leistungsfähigkeit des europäischen Wirtschaftssystems. Als Teil der Studienziele verlangte die Kommission die Durchführung einer Umfrage hinsichtlich der Nutzung und des Schutzes von Geschäftsgeheimnissen bei einem repräsentativen Teil der Wirtschaftsverbände und Wirtschaftsunternehmen quer durch die Europäische Union, insbesondere mit Blick auf KMUs. Die Umfrage wurde gemäß den Vorgaben der Kommission anhand eines abgestuften Ausschnitts vorbereitet und durchgeführt, der große, mittlere und kleine Unternehmen beinhaltete, die in einer Vielzahl von Geschäftssektoren tätig sind. Insgesamt wurden 537 Antworten im Rahmen der Studie durch EU-Unternehmen eingereicht.

Nachfolgend sind die wichtigsten Ergebnisse aufgeführt:

- *Insgesamt bezeichnen 75 % der Befragten Geschäftsgeheimnisse als strategisch bedeutsam für das Unternehmenswachstum, dessen Wettbewerbsfähigkeit und Innovationsleistung.*
- *Die als besonders wertvoll angesehenen Arten von Geschäftsgeheimnissen beziehen sich auf „kommerzielle Angebote und Verträge/Vertragsklauseln", gefolgt von „Kunden- und Zuliefererlisten und diesbezüglicher Daten", sowie „finanzielle Informationen und Geschäftsplanung". Geschäftsgeheimnisse hinsichtlich „Forschungs- und Entwicklungsdaten", „Herstellungs-Know-How und-technologien", „Formeln und Rezepte", „Produkttechnologie", und „Marketingdaten und Planung" wurden ebenso als besonders wertvoll eingestuft.*
- *Die Vermeidung der Veröffentlichung von wertvollen Informationen wurde von den Befragten der Studie als der häufigste Grund identifiziert, warum diese auf Geschäftsgeheimnisse anstatt auf anderen Formen des geistigen Eigentums vertrauen (52 % positive Antworten).*
- *Ca. 60 % der Befragten erklärten, dass sie regelmäßig oder gelegentlich ihre Geschäftsgeheimnisse mit Dritten teilen. Gründe dafür, warum Unternehmen sich dafür entscheiden ihre Geschäftsgeheimnisse nicht mit Dritten zu teilen sind unter anderem: Strategische Gründe (49 % positive Antworten) sowie Bedenken hinsichtlich eines Verlustes der Vertraulichkeit der Informationen (39 % positive Antworten).*
- *In der Automobil- und pharmazeutischen Industrie ist Industriespionage ein spezieller Grund zur Besorgnis.*

– *Das Risiko der Veruntreuung von Geschäftsgeheimnissen betrifft eine Vielzahl von möglichen Quellen, einschließlich aktueller und früherer Arbeitnehmer, Wettbewerber und Zulieferer. In der Telekommunikationsbranche und im Finanzsektor werden frühere Arbeitnehmer als besonders bedenklich angesehen, wohingegen in der Pharmabranche, im Verlagswesen und im Finanzsektor Wettbewerber die größte Besorgnis auslösen. Im Pharmasektor stellt das Durchsickern von Informationen durch Aufsichtsbehörden ebenfalls einen Grund zur Besorgnis dar.*

< *Im Chemie- und Pharmasektor ist die Wahrnehmung, dass das Risiko der Veruntreuung sich in den letzten 10 Jahren verstärkt hat, besonders stark ausgeprägt.*

< *Eine große Gruppe der befragten Unternehmen berichtet, dass sie je nach den betroffenen Ländern unterschiedliche Maßnahmen zum Schutz von Geschäftsgeheimnissen ergreifen, wenn sie in mehr als einem Land der Europäischen Union geschäftstätig sind. Die Zahlen variieren je nach Industriebereichen und Land (41.5% der Befragten in Deutschland wenden unterschiedliche Maßnahmen zur Sicherung von Geschäftsgeheimnissen an, 8.1% der italienischen Unternehmen ergreifen unterschiedliche Maßnahmen).*

< *Ungefähr jeder Fünfte der Befragten hat in den letzten zehn Jahren mindestens einen Versuch der Veruntreuung von Geschäftsgeheimnissen innerhalb eines EU-Mitgliedsstaates erlitten, und nahezu zwei von fünf (38% positive Antworten) Unternehmen sind der Meinung, dass sich das Risiko in dieser Zeitspanne erhöht hat. Unternehmen, die derartige Erfahrungen machen mussten finden sich hauptsächlich in dem Chemie-, Automobil- und dem Pharmasektor.*

< *Die als hauptverantwortlich für versuchte oder tatsächliche Veruntreuung identifizierten Parteien sind Wettbewerber (53%), frühere Arbeitnehmer (45%) und Kunden (31%).*

< *Die erfolgreiche oder versuchte Veruntreuung von Geschäftsgeheimnissen führte zu Umsatzausfall (56%), Kosten für interne Untersuchungen (44%), erhöhten Ausgaben für den Schutz (35%), Kosten für Vergleichsverhandlungen (34%) und Kosten für Strafverfolgung und Gerichtsverfahren (31%).*

< *Von den 140 Unternehmen, die von versuchter oder tatsächlicher Veruntreuung von Geschäftsgeheimnissen berichteten, haben lediglich 57 (40,7% der Antworten) Rechtsschutz vor den europäischen Gerichten in Anspruch genommen. Die Gründe, keine gerichtliche Hilfe in Anspruch zu nehmen beinhalten die Schwierigkeit bei der Beweisführung (43%), Reputationsverlust (30%) und Gerichtskosten (30%).“*

Die **Studie 2** kommt sodann zu folgender Schlussfolgerung:

„Diese Studie hat das Ziel, die möglichen Vorteile einer Gesetzgebungsinitiative auf EU-Ebene in dem Bereich von Geschäftsgeheimnissen zu untersuchen. Das Resultat dieser Arbeit unterstützt die Arbeitshypothese, dass neue harmonisierte Gesetzgebung gerichtet auf Geschäftsgeheimnisse einen signifikanten Einfluss auf die Förderung von Innovation und wirtschaftlichem Wachstum haben wird, indem die derzeit existierenden Hindernisse für ein reibungsloses Funktionieren des internen Marktes bei Know-how, wie z.B. die hohen Transaktionskosten und die höheren Kosten, welche mit dem inadäquaten Rechtsrahmen innerhalb der Union assoziiert werden, beseitigt werden. Als Ergebnis würde

die Europäische Union als „sicherer Hafen" für Unternehmen bei der Entwicklung, dem Austausch und dem Gebrauch von innovativem Wissen fungieren. Dies würde zu einem Wettbewerbsvorteil des Wirtschaftssystems der EU als Ganzes führen.

Unsere Recherche bestätigt die Schlüsselrolle von Geschäftsgeheimnissen im Hinblick auf diese Ziele. Die Optimierung des Schutzes von immateriellen Leistungen und die Herstellung eines effizienten Systems zur Sicherstellung der Forschungs- und Entwicklungsresultate ist eine Voraussetzung, damit Unternehmen forschend tätig werden können. Dabei passt die flexible Handhabung des Schutzes von Geschäftsgeheimnissen zu der Art und Weise, wie Innovation im heutigen Geschäftsumfeld üblicherweise funktioniert: Auf der einen Seite die konstante schrittweise Veränderung im Gegensatz zu unstetigen Sprüngen. Auf der anderen Seite ein offenes Modell, bei dem verschiedene Akteure kooperieren, um Innovationen zu schaffen, was wiederum eine sichere Umgebung für Know-how-Transfer voraussetzt.

In diesem Zusammenhang füllen Geschäftsgeheimnisse effektiv die Lücke zwischen Urheberrecht und Patentschutz als traditionellen Säulen des geistigen Eigentums. Viele Faktoren sprechen dafür, auf Geschäftsgeheimnisse zu setzen, um Innovationen zu schützen: Geschäftsgeheimnisse (i) sind gegenständlich nicht beschränkt, (ii) erfordern keine Kosten und zeitintensiven Registrierungsverfahren, (iii) stellen eine nahtlose Verbindung zwischen praktischem und rechtlichem Schutz dar, (iv) sind ein unmittelbares Gegenstück zu vertraglichem Schutz und anderen Sicherungsmaßnahmen. Alles in allem stellen Geschäftsgeheimnisse ein effektives und kosteneffizientes Werkzeug dar, welches insbesondere für solche Unternehmen sinnvoll ist, die nicht über genügend Ressourcen verfügen, um ein Portfolio von klassischen geistigen Schutzrechten aufzubauen und aufrechtzuerhalten. Tatsächlich haben wir empirische Beweise dafür finden können, dass Geschäftsgeheimnisse von Unternehmen in der Europäischen Union quer durch Industriesektoren und Unternehmensgrößen ausgiebig genutzt werden.

Aufgrund dieser Feststellungen sind wir daher der Ansicht, dass es eine ausreichende wirtschaftliche Rechtfertigung für die Harmonisierung des Schutzes von Geschäftsgeheimnissen gibt. Das sich derzeitig von den Rechtsordnungen der Mitgliedsstaaten abzeichnende Bild ist überaus zersplittert: Dies hat einen signifikanten negativen Einfluss, insbesondere aus einer grenzüberschreitenden und Binnenmarkt-Perspektive. Aufgrund der aktuellen Rechtsunsicherheit führt die Verbreitung und Verwertung von Informationen, Know-how und Technologie innerhalb der EU zu unnötigen Risiken und Kosten. Die Durchsetzung von Geschäftsgeheimnissen innerhalb der unterschiedlichen Mitgliedsstaaten kann zu einem sehr teuren und schwierigen Unterfangen werden. Das unterschiedliche Schutzniveau hat Einfluss auf wichtige Geschäftsentscheidung wie etwa die Fragen, ob überhaupt Wissen geteilt werden soll, wo die Forschungs- und Entwicklungszentren entstehen sollen, oder wo nach potentiellen Partnern Ausschau gehalten wird. Das Resultat ist, dass die europäischen Unternehmen mit versteckten, allerdings signifikanten Kosten konfrontiert sind und sehr unterschiedliche Voraussetzungen im Hinblick darauf bestehen, in Innovationen zu investieren und die Rendite für diese Investitionen zu erhalten.

Unsere Analyse von Rechtssystemen außerhalb der Europäischen Union stellt einen wichtigen Vergleichswert dar, der bei der Betrachtung des EU-Bildes berücksichtigt werden sollte. Insbesondere der Vergleich des zerstückelten und uneinheitlichen EU-Rechtsrahmens mit dem US-System – in dem Unternehmen in dem Genuss eines einheitlichen Schutzsystems für Geschäftsgeheimnisse in einer Multistaatenwirtschaft kommen – unterstützt die Forderung, dass eine Initiative auf länderübergreifender Ebene sowohl machbar als auch wünschenswert ist.

Das derzeitige Szenario steht im Widerspruch zu der Logik des Binnenmarktes, in dem Güter, Dienstleistungen, Arbeiter, unternehmerische Aktivitäten, Ideen, Wissen und Technologie so einfach wie möglich zirkulieren sollten; ebenso als würden sie innerhalb eines einzelnen nationalen Marktes zirkulieren. Aufgrund der dargelegten wirtschaftlichen Bedeutung des Schutzes von Geschäftsgeheimnissen sollten die Unterschiede in den Rechtsvorschriften der Mitgliedsstaaten eliminiert oder zumindest minimiert werden. Es sprechen gute Grunde dafür, einen harmonisierten Rechtsrahmen zu schaffen, der die verschiedenen relevanten Faktoren in Einklang bringt: Politische Motivationen und damit konfligierende Interessen der Marktteilnehmer (Schutz von Unternehmensinnovationen vs. Arbeitnehmerfreizügigkeit vs. freien Austausch von Wissen), die Nutzung unterschiedlicher Rechtsbehelfe (zivilrechtlich und strafrechtlich) und der Einfluss des Kartellrechts (Missbrauch einer marktbeherrschenden Stellung, Zugangsschranken). Ein Vergleich mit anderen, bei der Handhabung von Geschäftsgeheimnissen fortgeschritteneren Rechtssystemen, kann bei der Überprüfung diesbezüglicher Annahmen und der Identifizierung der besten Lösungen unterstützen.“

Die vorstehend zitierten Ausführungen aus der **Studie 2** finden sich ebenfalls in den Erwägungsgründen der Richtlinie Geschäftsgeheimnisschutz wieder. Vor diesem Hintergrund wird deutlich, dass der Schutz von Betriebs- oder Geschäftsgeheimnissen nicht nur dem Schutz von privaten wirtschaftlichen und geschäftlichen Interessen des Arbeitgebers bzw. Unternehmen dient, sondern darüber hinaus auch dem Allgemeininteresse. Zwar enthält die Richtlinie Geschäftsgeheimnisschutz vorrangig den Zweck, einheitliche Bedingungen in der Union für die Behandlung von Betriebs- oder Geschäftsgeheimnissen zu schaffen. Allerdings verdeutlichen die in der **Studie 2** herausgearbeiteten Ergebnisse, die Grundlage für die Richtlinie Geschäftsgeheimnisschutz waren, welche herausragende volkswirtschaftliche Funktion der Schutz von Betriebs- oder Geschäftsgeheimnissen aufweist.

cc. Bestätigung des Allgemeininteresses am Schutz von Betriebs- oder Geschäftsgeheimnissen in deutscher Rechtsordnung

Die Ausführungen in der **Studie 2**, auf der der Vorschlag der Richtlinie Geschäftsgeheimnisschutz basiert und deren Ausführungen sich in den Erwägungsgründen der Richtlinie Geschäftsgeheimnisschutz wieder finden, korrespondieren insbesondere auch mit dem Zweck des Geschäftsgeheimnisschutzes in Deutschland.

Ein Allgemeininteresse geht insoweit auch aus dem Schutzzweck des UWG hervor. Dieser ist zu untergliedern in die Frage nach dem Schutzsubjekt und nach dem

Schutzobjekt des Rechts gegen den unlauteren Wettbewerb, wobei die erste Frage auf die Bestimmung des Kreises der Personen, deren Schutz das Wettbewerbsrecht bezweckt, die zweite Frage auf die Bestimmung dessen, was Gegenstand dieses Schutzes ist, gerichtet ist.[336] Das Wettbewerbsrecht schützt zwar auch Individualinteressen. In § 1 S. 1 UWG ist insoweit explizit der geschützte Personenkreis benannt. Das Wettbewerbsrecht ist dem Schutz der Mitbewerber, der Verbraucherinnen und der Verbraucher sowie der sonstigen Marktteilnehmer vor unlauteren geschäftlichen Handlungen zu dienen bestimmt. In § 1 S. 2 UWG ist aber explizit geregelt, dass zugleich das Interesse der Allgemeinheit an einem unverfälschten Wettbewerb Schutzsubjekt des Wettbewerbsrechts ist. In der Begründung des Gesetzesentwurfs gegen den unlauteren Wettbewerb[337], mit dem das UWG im Jahr 2003 umfassend reformiert und insbesondere die Schutzzweckbestimmung in § 1 UWG aufgenommen wurde[338], heißt es hierzu, dass das UWG, nachdem dieses zunächst nur als reiner Individualschutz der einzelnen Mitbewerber aufgefasst wurde, auch das Interesse der Allgemeinheit an der Erhaltung des unverfälschten und damit funktionsfähigen Wettbewerbs schützt.[339] Es wurde des Weiteren darauf hingewiesen, dass diese Schutzzwecktrias, die bereits geltendem Recht entsprach, zum einen das Ziel verfolgt, einerseits das Marktverhalten der Unternehmen im Interesse der Marktteilnehmer, insbesondere der Mitbewerber und der Verbraucher und damit zugleich das Interesse der Allgemeinheit an einem unverfälschten Wettbewerb zu regeln; das Recht geht insoweit von einem integrierten Modell eines gleichberechtigten Schutzes der Mitbewerber, der Verbraucher und der Allgemeinheit aus.[340]

Der Schutz der Allgemeinheit vor unverfälschtem Wettbewerb richtet sich auf den Schutz des Wettbewerbs als Institution vor Verfälschung.[341] Inhaltlich ist das Schutzanliegen damit auf die Vermeidung von Verzerrungen durch unlauteres, den freien Wettbewerb in seiner Entfaltung und Funktionsfähigkeit hinderndes Wettbewerbsverhalten gerichtet.[342] Der Schutz des Betriebs- oder Geschäftsgeheimnisses vor unbefugter Weitergabe und Nutzung liegt somit nicht nur im Interesse des Unternehmensinhabers, sondern auch der Wettbewerbsordnung als solcher, da der rechtliche Schutz u. a. auch Ansporn zur Schaffung und Nutzung von Know-how

---

336 Piper/Ohly/*Sosnitza*, a. a. O., Rn. 2 zu § 1.

337 BT-Drucks. 15–1487.

338 BT-Drucks. 15–1487, S. 13 unter 3.

339 BT-Drucks. 15–1487, S. 15 unter B. zu § 1.

340 BT-Drucks. 15–1487, S. 16 unter B. zu § 1.

341 U. a. Piper/Ohly/*Sosnitza*, a. a. O., Rn. 31 zu § 1, Harte-Bavendamm/Henning-Bodewig/*Podszun*, a. a. O., Rn. 63 zu § 1, *Köhler*/Bornkamm, a. a, O., Rn. 42 zu § 1 unter Verweis darauf, dass dies keine neue Einsicht, sondern auch schon zum früheren Lauterkeitsrecht durch das BVerfG anerkannt gewesen sei, s. BVerfG v. 6.2.2002 – 1 BvR 952/90 u. 1 BvR 2151/96 = GRUR 2002, 455 sowie w. N.

342 Piper/Ohly/*Sosnitza*, a. a. O., Rn. 31 zu § 1 m. w. N.

gibt und vorstoßenden Wettbewerb im Allgemeininteresse ermöglicht.[343] Ein umfassender Geheimnisschutz nutzt insoweit einerseits dem Kollektiv, da Überinvestitionen in tatsächliche Schutzvorkehrungen vermieden werden, andererseits wird durch umfassende Restriktionen insbesondere auch der imitatorische Wettbewerb beschränkt.[344]

Dies verdeutlicht auch die wirtschaftlich große Rolle, die Betriebs- oder Geschäftsgeheimnisse im Wirtschaftsleben spielen, da sie häufig den wesentlichen Vermögenswert eines Unternehmens darstellen und oft sogar wertvoller sind als ein gewerbliches Schutzrecht.[345] Der Schutz vor einer Verletzung von Betriebs- oder Geschäftsgeheimnissen ist umso notwendiger, als durch Wirtschaftsspionage den Unternehmen große Schäden entstehen; allein für Deutschland werden jährliche Schäden in Milliardenhöhe vermutet.[346] Neben den auf „greifbaren" Informationen bzw. Unterlagen basierenden Geheimnissen kommt aber auch den immateriellen Werten der Unternehmen eine immer größere Bedeutung zu. Der hohe wirtschaftliche Wert, der sich im geheimen betrieblichen Know-how verkörpern kann und denjenigen gewerblicher Schutzrechte (insbesondere Patente) oft deutlich übersteigt, ist seit langem anerkannt.[347]

Vor diesem Hintergrund ist festzuhalten, dass der im UWG angelegte Schutz von Betriebs- oder Geschäftsgeheimnissen von Unternehmen neben dem Individualinteresse des Arbeitgebers auch einem Allgemeininteresse zu dienen bestimmt ist.

dd. Zusammenfassung/Würdigung

Zusammenfassend ist damit festzuhalten, dass sich auch aus der Richtlinie Geschäftsgeheimnisschutz, insbesondere aus Artikel 4 Abs. 3, ausdrücklich ergibt, dass die Union den Schutz von Betriebs- oder Geschäftsgeheimnissen auch durch Wettbewerbsverbote bzw. ähnlich wirkenden Verschwiegenheitspflichten ausdrücklich anerkennt. Des Weiteren wird insbesondere durch die Ausführungen in der **Studie 2**, auf der der Vorschlag der Richtlinie Geschäftsgeheimnisschutz basiert und deren Ausführungen sich in den Erwägungsgründen der Richtlinie Geschäftsgeheimnisschutz wieder finden, deutlich, dass der Schutz von Betriebs- oder Geschäftsgeheimnissen einem Allgemeininteresse dient. Zusammenfassend besteht ein öffentliches Interesse daran, Betriebs- oder Geschäftsgeheimnisse von privaten Wirtschaftsteilnehmern zu schützen, weil diese wertvolle Betriebsvermögen sowohl für forschende als auch für nicht forschende Unternehmen darstellen und eine

---

343 *Köhler*/Bornkamm, a. a. O., Rn. 6 zu Vorbemerkungen vor §§ 17–19, Harte-Bavendamm/Henning-Bodewig/*Podszun*, a. a. O., Rn. 5 zu Vorbemerkungen zu §§ 17–19.

344 Sander, GRUR Int 2013, 217 (218), Kalbfus, Know-how-Schutz in Deutschland zwischen Strafrecht und Zivilrecht - welcher Reformbedarf besteht?, 2011, Rn. 508.

345 *Köhler*/Bornkamm, a. a. O., Rn. 1 zu Vorbemerkungen vor §§ 17–19.

346 Köhler/Bornkamm, a. a. O., Rn. 2 zu § 17 m. w. N.

347 Harte-Bavendamm/Henning-Bodewig/Podszun, a. a. O., Rn. 1 zu Vorbemerkungen zu §§ 17–19.

bedeutende Rolle für das Wirtschaftswachstum und die Förderung von Innovationen spielen. Erst wenn der Schutz von Betriebs- oder Geschäftsgeheimnissen sichergestellt ist, entstehen Anreize für Unternehmen, in Entwicklung und Forschung zu investieren. Daran wird deutlich, dass der durch ein Unternehmen verfolgte Schutz von Betriebs- oder Geschäftsgeheimnissen ein anerkanntes Regelungsziel ist, das im Allgemeininteresse liegt.

Zwar bezweckt die Richtlinie Geschäftsgeheimnisschutz den Schutz vor einer Verfälschung des Wettbewerbs bzw. vor Wettbewerbsverzerrung durch die Verhinderung einer unlauteren Aneignung von Betriebs- oder Geschäftsgeheimnissen eines Unternehmens, welches diese rechtmäßig unter seiner Kontrolle hat. Allerdings sieht die Richtlinie Geschäftsgeheimnisschutz selbst den Verstoß gegen eine vertragliche oder eine sonstige Pflicht, welche die Vertraulichkeit von Betriebs- oder Geschäftsgeheimnissen zum Gegenstand hat, als unlautere Aneignung an.

g. *Ergebnis*

Im Ergebnis ist bzgl. der Fallgruppe, in der der Arbeitgeber den Zweck verfolgt, die Weitergabe von Betriebs- oder Geschäftsgeheimnisse an Dritte zu verhindern, Folgendes festzuhalten:

Zwar ist der Schutz von Betriebs- oder Geschäftsgeheimnissen des Arbeitgebers als privater Wirtschaftsteilnehmer nicht ausdrücklich im AEUV, d.h. weder in den die Arbeitnehmerfreizügigkeit regelnden noch in anderen Vorschriften, kodifiziert. Allerdings findet ein entsprechender Schutz in Artikel 36 AEUV Anklang. Dort ist ausdrücklich der Schutz von gewerblichen Schutzrechten des Arbeitgebers als Rechtfertigungsgrund im Hinblick auf einen Eingriff in die Warenverkehrsfreiheit verankert, sodass davon auch der Schutz von Betriebs- oder Geschäftsgeheimnissen erfasst sein muss, soweit diese einen Bezug zu den dort geregelten gewerblichen Schutzrechten aufweisen.

Der in Artikel 36 AEUV geregelte Rechtfertigungsgrund dient auch dem Allgemeininteresse, da er aus volkswirtschaftlichen Gründen zwingend ist. Dies verdeutlichen die Schutzzwecke der Gesetze in der deutschen Rechtsordnung, die dem Arbeitgeber Ausschließlichkeitsrechte an den in Artikel 36 AEUV genannten gewerblichen Schutzrechten einräumen. Zusammenfassend lauten diese dahingehend, dass der unternehmensseitige Schutz von Patenten, Gebrauchs- und Geschmacksmustern, Urheberrechten etc. zwar primär den Schutz des einzelnen Unternehmens bezweckt, dieser jedoch auch von volkswirtschaftlich sehr hoher Bedeutung ist, da nur ein umfassender Schutz zu Investitionen und Erfindungen der Unternehmen führen kann. Dies muss auch für Betriebs- oder Geschäftsgeheimnisse gelten, die einen Bezug zu diesen Schutzrechten aufweisen.

Zwar ist der Rechtfertigungsgrund des Artikels 36 AEUV nicht direkt auf eine Rechtfertigung einer Beschränkung der Arbeitnehmerfreizügigkeit anwendbar, da ein entsprechender Rechtfertigungsgrund eben nicht bei den Regelungen zur Arbeitnehmerfreizügigkeit verankert wurde. Allerdings kann für die Rechtfertigung auf Grund zwingender Erfordernisse des Allgemeininteresses nichts anderes gelten als für die AEU-vertraglich ausdrücklich festgelegten Rechtfertigungsgründe. Folglich besteht auch im Kontext der Arbeitnehmerfreizügigkeit ein im Allgemeininteresse liegendes Schutzinteresse in Bezug auf Betriebs- oder Geschäftsgeheimnisse, sofern ein Bezug zu gewerblichen Schutzrechten des Arbeitgebers besteht.

Des Weiteren erfolgt der Schutz von Betriebs- oder Geschäftsgeheimnissen mit eigentumsrechtlichem Bezug auch auf Grundlage des in Artikel 17 EU-GRCh geregelten Grundrechts der Eigentumsfreiheit. Artikel 16 EU-GRCh schützt darüber hinaus das Recht, diesen Schutz durch vertragliche Vereinbarungen wie Wettbewerbsverbote bzw. ähnlich wirkende Verschwiegenheitspflichten zu verfolgen. Auch dieser grundrechtlich gewährleistete Schutz liegt im Allgemeininteresse, zumindest stellt dieser aber einen sachlichen Grund für eine Grundfreiheitsbeschränkung dar.

Schließlich ergibt sich sowohl aus dem TRIPS-Abkommen als auch aus der Richtlinie Geschäftsgeheimnisschutz – bzgl. Letzterem insbesondere im Hinblick auf Artikel 4 Abs. 3 – dass die Union den Schutz von Betriebs- oder Geschäftsgeheimnissen auch durch Wettbewerbsverbote bzw. ähnlich wirkende Verschwiegenheitspflichte anerkennt. Zudem wird insbesondere durch die Ausführungen in der **Studie 2**, auf der der Vorschlag der Richtlinie Geschäftsgeheimnisschutz basiert und deren Ausführungen sich in den Erwägungsgründen der Richtlinie Geschäftsgeheimnisschutz wieder finden, belegt, dass der Schutz von Betriebs- oder Geschäftsgeheimnissen einem Allgemeininteresse dient. Zusammenfassend besteht ein öffentliches Interesse daran, Betriebs- oder Geschäftsgeheimnisse von privaten Wirtschaftsteilnehmern zu schützen, weil diese wertvolle Betriebsvermögen sowohl für forschende als auch für nicht forschende Unternehmen darstellen und eine bedeutende Rolle für das Wirtschaftswachstum und die Förderung von Innovationen spielen. Erst wenn der Schutz von Betriebs- oder Geschäftsgeheimnissen sichergestellt ist, entstehen Anreize für Unternehmen, in Entwicklung und Forschung zu investieren.

2. Von der Union anerkannter und dem Allgemeininteresse dienender Schutz vor unlauterem Einbruch in den Kunden- bzw. Lieferantenkreis

Fraglich ist, ob das Interesse des Arbeitgebers, den Einbruch in den Kunden- bzw. Lieferantenkreis zu verhindern, ein von der Union anerkannter und dem Allgemeininteresse dienender Zweck ist.

a. Keine Aussage aus dem AEUV

Im AEUV findet sich im Kontext der Arbeitnehmerfreizügigkeit bzw. anderer Grundfreiheiten keine Aussage zum Schutz vor dem Einbruch in den Kunden- bzw. Lieferantenkreis.

b. Artikel 16 EU-GRCh

Grundrechtlicher Schutz vor dem unlauteren Einbruch in den Kunden- bzw. Lieferantenkreis kommt, da hier nur der Fall zu behandeln ist, in dem der Arbeitgeber ohne Verwendung der Kunden- bzw. Lieferantenlisten des Arbeitgebers eine

Abwerbung der Kunden bzw. Lieferanten versucht, nur aus Artikel 16 EU-GRCh in Betracht. Auch hier ist eine Regelung des Arbeitgebers, mit der dieser dem Arbeitnehmer ein Wettbewerbsverbot bzw. eine ähnlich wirkende Verschwiegenheitspflicht mit dem Ziel auferlegt, dass seine Kunden bzw. Lieferanten nicht abgeworben werden, von der in Artikel 16 EU-GRCh verankerten Vertragsfreiheit gedeckt. Zur Vermeidung von unnötigen Wiederholungen sei auf die oben erläuterten Einzelheiten verwiesen. Dies gilt ebenso in Bezug auf das Vorliegen eines Allgemeininteresses bzw. sachlichen Grundes für die Grundfreiheitsbeschränkung.

c. *UGP-Richtlinie*

Des Weiteren ist die Richtlinie 2005/29/EG des Europäischen Parlaments und des Rates vom 11. 5. 2005 über unlautere Geschäftspraktiken im binnenmarktinternen Geschäftsverkehr zwischen Unternehmen und Verbrauchern und zur Änderung der Richtlinie 84/450/EWG des Rates, der Richtlinie 97/7/EG, 98/27/EG und 2002/65/EG des Europäischen Parlaments und des Rates sowie der Verordnung (EG) Nr. 2006/2004 des Europäischen Parlaments und des Rates (Richtlinie über unlautere Geschäftspraktiken) (ABl. EG Nr. L 149 S. 22) – die sog. UGP-Richtlinie – zu berücksichtigen.

aa. Wesentlicher Schutzgehalt der UGP-Richtlinie

Die UGP-Richtlinie ist eine auf den Verbraucherschutz bezogene Richtlinie, die eine Vollharmonisierung vorsah.[348] Zum wesentlichen Inhalt der Richtlinie gehören: Zweckbestimmung (Artikel 1), Definitionen (Artikel 2), Anwendungsbereich (Artikel 3), Binnenmarktklausel (Artikel 4), Generalklausel (Artikel 5), Regelungen über irreführende Geschäftspraktiken (Artikel 6 und 7), über aggressive Geschäftspraktiken (Artikel 8 und 9) und Verhaltenskodizes (Artikel 10) sowie Schlussbestimmungen über die Durchsetzung (Artikel 11 bis 13), über die Änderung bereits bestehender unionsrechtlicher Regelungen im Bereich des Lauterkeitsrechts (Artikel 14 bis 16), über angemessene Maßnahmen zur Information der Verbraucher über die Umsetzung der Richtlinie (Artikel 17), über eine Evaluierung der Anwendung der Richtlinie (Artikel 18) und über die Umsetzung (Artikel 18).[349]

Der Anwendungsbereich erstreckt sich auf unlautere Geschäftspraktiken zwischen Unternehmern und Verbrauchern vor, während und nach Abschluss eines auf ein Produkt bezogenen Handelsgeschäfts (Artikel 3 Abs. 1 UGP-Richtlinie); die Richtlinie ist damit unmittelbar auf den Verbraucherschutz gerichtet, schützt mittelbar aber auch rechtmäßig handelnde Unternehmer vor solchen Mitbewerbern, die sich nicht an die Regeln der Richtlinie halten, und will damit auch den fairen

348 Gloy/Loschelder/*Erdmann*, Wettbewerbsrecht, 4. Auflage 2010, Rn. 37 zu § 1.
349 Gloy/Loschelder/*Erdmann*, a. a. O., Rn. 40 zu § 1.

Wettbewerb in dem durch sie harmonisierten Bereich gewährleisten (Erwägungsgrund 8 der Richtlinie).[350] Zwar heißt es in Erwägungsgrund 6 der UGP-Richtlinie:

> *„Die vorliegende Richtlinie gleicht deshalb die Rechtsvorschriften der Mitgliedstaaten über unlautere Geschäftspraktiken einschließlich der unlauteren Werbung an, die die wirtschaftlichen Interessen der Verbraucher unmittelbar und dadurch die wirtschaftlichen Interessen rechtmäßig handelnder Mitbewerber mittelbar schädigen. Im Einklang mit dem Verhältnismäßigkeitsprinzip schützt diese Richtlinie die Verbraucher vor den Auswirkungen solcher unlauteren Geschäftspraktiken, soweit sie als wesentlich anzusehen sind, berücksichtigt jedoch, dass die Auswirkungen für den Verbraucher in manchen Fällen unerheblich sein können. Sie erfasst und berührt nicht die nationalen Rechtsvorschriften in Bezug auf unlautere Geschäftspraktiken, die lediglich die wirtschaftlichen Interessen von Mitbewerbern schädigen oder sich auf ein Rechtsgeschäft zwischen Gewerbetreibenden beziehen; die Mitgliedstaaten können solche Praktiken, falls sie es wünschen, unter uneingeschränkter Wahrung des Subsidiaritätsprinzips im Einklang mit dem Gemeinschaftsrecht weiterhin regeln. Diese Richtlinie erfasst und berührt auch nicht die Bestimmungen der Richtlinie 84/450/EWG über Werbung, die für Unternehmen, nicht aber für Verbraucher irreführend ist, noch die Bestimmungen über vergleichende Werbung. Darüber hinaus berührt diese Richtlinie auch nicht die anerkannten Werbe- und Marketingmethoden wie rechtmäßige Produktplatzierung, Markendifferenzierung oder Anreize, die auf rechtmäßige Weise die Wahrnehmung von Produkten durch den Verbraucher und sein Verhalten beeinflussen können, die jedoch seine Fähigkeit, eine informierte Entscheidung zu treffen, nicht beeinträchtigen."*

Aus Satz 3 des vorstehenden Zitats wird daher gefolgert, dass die UGP-Richtlinie nicht die nationalen Rechtsvorschriften in Bezug auf unlautere Geschäftspraktiken berührt, die lediglich die wirtschaftlichen Interessen von Mitbewerbern schädigen.[351]

Allerdings müssen in allen Fällen, in denen eine geschäftliche Handlung gegenüber Verbrauchern vorgenommen wird und dadurch Mitbewerber behindert werden, bei der Beurteilung dieser geschäftlichen Handlung die Vorgaben der UGP-Richtlinie beachtet werden.[352] Dies gilt beispielweise für weite Bereiche des Abfangens oder Abwerbens von Kunden, für das Verleiten zum Vertragsbruch, wenn auf der Marktgegenseite Verbraucher stehen, für herabsetzende Äußerungen über Mitbewerber gegenüber Verbrauchern oder für den Preiskampf bei Verbraucherprodukten.[353]

---

350 Gloy/Loschelder/*Erdmann*, a. a. O., Rn. 39 zu § 1.

351 Harte-Bavendamm/Henning-Bodewig/*Omsels*, a. a. O., Rn. 3 zu § 4.

352 Harte-Bavendamm/Henning-Bodewig/*Omsels*, a. a. O., Rn. 3 zu § 4 unter Verweis auf EuGH, Urteil v. 14.1.2010 – C-304/08 (*Rs. Plus Warenhandelsgesellschaft*) = GRUR 2010, 244 (246) sowie Urteil v. 9.11.2010 – C-540/08 (*Rs. Mediaprint*) = GRUR 2011, 76 (77).

353 Harte-Bavendamm/Henning-Bodewig/*Omsels*, a. a. O., Rn. 3 zu § 4, Köhler/Bornkamm, a. a. O., Rn. 10.3a zu § 4, Ohly/Sosnitza, a. a. O., Rn. 10/5 zu § 4.

Verbraucher i. S. d. Artikel 2 a) der UGP-Richtlinie ist zwar jede natürliche Person, die im Geschäftsverkehr im Sinne dieser Richtlinie zu Zwecken handelt, die nicht ihrer gewerblichen, handwerklichen oder beruflichen Tätigkeit zugerechnet werden können. Folglich müssten nach dem Wortlaut der Norm juristische Personen bzw. Arbeitnehmer, die für die juristische Person beruflich tätig sind, außen vor bleiben. Dies kann jedoch nicht gewollt sein, da es keinen Unterschied machen kann, ob der Kunde des Arbeitgebers eine natürliche Person oder eine juristische Person ist.

bb. Allgemeininteresse

Der Zweck der Richtlinie besteht darin, durch Angleichung der Rechts- und Verwaltungsvorschriften der Mitgliedstaaten über unlautere Geschäftspraktiken, die die wirtschaftlichen Interessen der Verbraucher beeinträchtigen, zu einem reibungslosen Funktionieren des Binnenmarkts und zum Erreichen eines hohen Verbraucherschutzniveaus beizutragen (Artikel 1 UGP-Richtlinie).[354] Die UGP-Richtlinie enthält als Schutzzweckbestimmung das reibungslose Funktionieren des Binnenmarktes und der Begriff der Wettbewerbsverfälschung wird hierzu in Bezug gesetzt.[355] Das reibungslose Funktionieren des Binnenmarktes beinhaltet den Schutz des Wettbewerbs, da der Binnenmarkt nur dann funktioniert, wenn staatliche wie auch private Wettbewerbsbeschränkungen und –Verfälschungen beseitigt werden.[356] Insoweit entspricht auch die o. g. Schutzrichtung des UWG der Vorgabe der UGP-Richtlinie 2005/29/EG, die auf eine Vollharmonisierung des Lauterkeitsrechts gegenüber Verbrauchern zielte[357] und infolge dieser das UWG im Rahmen einer weiteren Novellierung 2008 angepasst wurde[358].

d. Ergebnis

Im Ergebnis ist auch bzgl. der Fallgruppe, in der der Arbeitgeber den Zweck verfolgt, den unlauteren Einbruch in den Kunden- bzw. Lieferantenkreis zu verhindern, festzustellen, dass dies einen von der Union anerkannten und dem Allgemeininteresse dienenden Zweck darstellt.

---

354 Gloy/Loschelder/*Erdmann*, a. a. O., Rn. 38 zu § 1.
355 Harte-Bavendamm/Henning-Bodewig/*Podszun*, a. a. O., Rn. 68 zu § 1.
356 Harte-Bavendamm/Henning-Bodewig/*Podszun*, a. a. O., Rn. 65 zu § 1.
357 Harte-Bavendamm/Henning-Bodewig/*Podszun*, a. a. O., Rn. 21 zu § 1.
358 Harte-Bavendamm/Henning-Bodewig/*Podszun*, a. a. O., Rn. 15 zu § 1 unter Verweis darauf, dass es sich für § 1 UWG zunächst nur um eine terminologische Korrektur handelte, indem der Begriff „geschäftliche Handlungen“ eingefügt wurde (zuvor: „Wettbewerbshandlungen“) und im Übrigen im Rahmen der Reform die Kongruenz zur Schutzzweckbestimmung der UGP-Richtlinie herzustellen gewesen sei, wobei der Gesetzgeber aufgrund der Weite des Schutzbereichs des UWG keinen Reformbedarf sah.

3. Ergebnis

Nach alledem bleibt als Ergebnis festzuhalten, dass die mit Wettbewerbsverboten bzw. ähnlich wirkenden Verschwiegenheitspflichten verfolgten Zwecke von der Union anerkannt und dem Allgemeininteresse zu dienen bestimmt sind.

Der Schutz von Betriebs- oder Geschäftsgeheimnissen des Arbeitgebers als privater Wirtschaftsteilnehmer ist zwar nicht ausdrücklich im AEUV, d. h. weder in den die Arbeitnehmerfreizügigkeit regelnden noch in anderen Vorschriften, kodifiziert. Allerdings findet ein entsprechender Schutz in Artikel 36 AEUV Anklang. Dort ist ausdrücklich der Schutz von gewerblichen Schutzrechten des Arbeitgebers als Rechtfertigungsgrund im Hinblick auf einen Eingriff in die Warenverkehrsfreiheit verankert, sodass davon auch der Schutz von Betriebs- oder Geschäftsgeheimnissen erfasst sein muss, soweit diese einen Bezug zu den dort geregelten gewerblichen Schutzrechten aufweisen.

Der in Artikel 36 AEUV geregelte Rechtfertigungsgrund dient auch dem Allgemeininteresse, da er aus volkswirtschaftlichen Gründen zwingend ist. Dies verdeutlichen die Schutzzwecke der Gesetze in der deutschen Rechtsordnung, die dem Arbeitgeber Ausschließlichkeitsrechte an den in Artikel 36 AEUV genannten gewerblichen Schutzrechten einräumen. Zusammenfassend lauten diese dahingehend, dass der unternehmensseitige Schutz von Patenten, Gebrauchs- und Geschmacksmustern, Urheberrechten etc. zwar primär den Schutz des einzelnen Unternehmens bezweckt, dieser jedoch auch von volkswirtschaftlich sehr hoher Bedeutung ist, da nur ein umfassender Schutz zu Investitionen und Erfindungen der Unternehmen führen kann. Dies muss auch für Betriebs- oder Geschäftsgeheimnisse gelten, die einen Bezug zu diesen Schutzrechten aufweisen.

Zwar ist der Rechtfertigungsgrund des Artikels 36 AEUV nicht direkt auf eine Rechtfertigung einer Beschränkung der Arbeitnehmerfreizügigkeit anwendbar, da ein entsprechender Rechtfertigungsgrund eben nicht bei den Regelungen zur Arbeitnehmerfreizügigkeit verankert wurde. Allerdings kann für die Rechtfertigung auf Grund zwingender Erfordernisse des Allgemeininteresses nichts anderes gelten als für die AEU-vertraglich ausdrücklich festgelegten Rechtfertigungsgründe. Folglich besteht auch im Kontext der Arbeitnehmerfreizügigkeit ein im Allgemeininteresse liegendes Schutzinteresse in Bezug auf Betriebs- oder Geschäftsgeheimnisse, sofern ein Bezug zu gewerblichen Schutzrechten des Arbeitgebers vorliegt.

Des Weiteren erfolgt der Schutz von Betriebs- oder Geschäftsgeheimnissen mit spezifisch eigentumsrechtlichen Bezug auch auf Grundlage des in Artikel 17 EU-GRCh geregelten Grundrechts der Eigentumsfreiheit. Artikel 16 EU-GRCh schützt darüber hinaus das Recht, diesen Schutz durch vertragliche Vereinbarungen wie Wettbewerbsverbote bzw. ähnlich wirkende Verschwiegenheitspflichten zu verfolgen. Auch dieser grundrechtlich gewährleistete Schutz liegt im Allgemeininteresse, zumindest stellt dieser aber einen sachlichen Grund für eine Grundfreiheitsbeschränkung dar.

Schließlich ergibt sich sowohl aus dem TRIPS-Abkommen als auch aus der Richtlinie Geschäftsgeheimnisschutz – bzgl. Letzterem insbesondere im Hinblick auf Artikel 4 Abs. 3 – dass die Union den Schutz von Betriebs- oder Geschäftsgeheimnissen auch durch Wettbewerbsverbote bzw. ähnlich wirkende Verschwiegenheitspflichten anerkennt. Zudem wird insbesondere durch die Ausführungen in der **Studie 2**, auf der der Vorschlag der Richtlinie Geschäftsgeheimnisschutz basiert und deren Ausführungen sich in den Erwägungsgründen der Richtlinie Geschäftsgeheimnisschutz wieder finden, belegt, dass der Schutz von Betriebs- oder Geschäftsgeheimnissen einem Allgemeininteresse dient. Zusammenfassend besteht ein öffentliches Interesse daran, Betriebs- oder Geschäftsgeheimnisse von privaten Wirtschaftsteilnehmern zu schützen, weil diese wertvolle Betriebsvermögen sowohl für forschende als auch für nicht forschende Unternehmen darstellen und eine bedeutende Rolle für das Wirtschaftswachstum und die Förderung von Innovationen spielen. Erst wenn der Schutz von Betriebs- oder Geschäftsgeheimnissen sichergestellt ist, entstehen Anreize für Unternehmen, in Entwicklung und Forschung zu investieren.

Schließlich machen die Regelungen aus der UGP-Richtlinie deutlich, dass es der Union auch ein Anliegen ist, dafür Sorge zu tragen, dass ein unlauteres Eindringen in den Kunden- bzw. Lieferantenkreis unterbleibt, was dem Allgemeininteresse dient, die Märkte funktionsfähig zu erhalten und die Funktionsfähigkeit nicht durch unlautere Verhaltensweisen zu stören. Zugleich ist dieses Anliegen ein von Artikel 16 EU-GRCh geschütztes Anliegen, das ebenfalls dem Allgemeininteresse dienen kann, zumindest aber einen sachlichen Grund für eine Grundfreiheitsbeschränkung bildet.

IV. Gesamtergebnis

Nach alledem ist als Gesamtergebnis Folgendes festzuhalten:

Eine Rechtfertigung der durch Wettbewerbsverbote bzw. ähnlich wirkende Verschwiegenheitspflichten verursachten Beschränkung der Arbeitnehmerfreizügigkeit kann nicht auf Grundlage des Rechtfertigungsgrundes in Artikel 45 Abs. 3 AEUV und auch nicht auf Grundlage des Artikels 52 Abs. 1 i. V. m. Artikel 15 Abs. 2 EU-GRCh erfolgen.

Die durch Wettbewerbsverbote bzw. ähnlich wirkende Verschwiegenheitspflichten verursachte Beschränkung der Arbeitnehmerfreizügigkeit ist daher nur gerechtfertigt, wenn mit Wettbewerbsverboten bzw. ähnlich wirkenden Verschwiegenheitspflichten ein Zweck verfolgt wird, der von der Union anerkannt ist und dem Allgemeininteresse dient.

Als Fallgruppen für diese Bewertung können folgende Zwecke herangezogen werden:

- Schutz vor der Weitergabe und Verwertung von Betriebs- oder Geschäftsgeheimnissen an bzw. durch Dritte
- Schutz vor dem Einbruch in den Kunden- bzw. Lieferantenkreis

Die vorgenannten Zwecke schützen zwar vorrangig rein private Arbeitgeberinteressen. Allerdings steht hinter dem privaten Arbeitgeberinteresse ein von der Union anerkannter und dem Allgemeininteresse dienender Zweck.

Im Hinblick auf den Zweck, die Verwertung von Rechtsgütern des Arbeitgebers durch Dritte zu verhindern bzw. entsprechende Verwertungsrechte zu schützen, ist zwar der Schutz von Betriebs- oder Geschäftsgeheimnissen des Arbeitgebers als privater Wirtschaftsteilnehmer nicht ausdrücklich im AEUV, d. h. weder in den die Arbeitnehmerfreizügigkeit regelnden noch in anderen Vorschriften, kodifiziert. Allerdings findet ein entsprechender Schutz in Artikel 36 AEUV Anklang. Dort ist ausdrücklich der Schutz von gewerblichen Schutzrechten des Arbeitgebers als Rechtfertigungsgrund im Hinblick auf einen Eingriff in die Warenverkehrsfreiheit verankert, sodass davon auch der Schutz von Betriebs- oder Geschäftsgeheimnissen erfasst sein muss, soweit diese einen Bezug zu den dort geregelten gewerblichen Schutzrechten aufweisen.

Der in Artikel 36 AEUV geregelte Rechtfertigungsgrund dient auch dem Allgemeininteresse, da er aus volkswirtschaftlichen Gründen zwingend ist. Dies verdeutlichen die Schutzzwecke der Gesetze in der deutschen Rechtsordnung, die dem Arbeitgeber Ausschließlichkeitsrechte an den in Artikel 36 AEUV genannten gewerblichen Schutzrechten einräumen. Zusammenfassend lauten diese dahingehend, dass der unternehmensseitige Schutz von Patenten, Gebrauchs- und Geschmacksmustern, Urheberrechten etc. zwar primär den Schutz des einzelnen Unternehmens bezweckt, dieser jedoch auch von volkswirtschaftlich sehr hoher Bedeutung ist, da nur ein umfassender Schutz zu Investitionen und Erfindungen der Unternehmen führen kann. Dies muss auch für Betriebs- oder Geschäftsgeheimnisse gelten, die einen Bezug zu diesen Schutzrechten aufweisen.

Zwar ist der Rechtfertigungsgrund des Artikels 36 AEUV nicht direkt auf eine Rechtfertigung einer Beschränkung der Arbeitnehmerfreizügigkeit anwendbar, da ein entsprechender Rechtfertigungsgrund eben nicht bei den Regelungen zur Arbeitnehmerfreizügigkeit verankert wurde. Allerdings kann für die Rechtfertigung auf Grund zwingender Erfordernisse des Allgemeininteresses nichts anderes gelten als für die AEU-vertraglich ausdrücklich festgelegten Rechtfertigungsgründe. Folglich besteht auch im Kontext der Arbeitnehmerfreizügigkeit ein im Allgemeininteresse liegendes Schutzinteresse in Bezug auf Betriebs- oder Geschäftsgeheimnisse, sofern ein eigentumsrechtlicher Bezug bzw. ein Bezug zu gewerblichen Schutzrechten des Arbeitgebers vorliegt.

Des Weiteren erfolgt der Schutz von Betriebs- oder Geschäftsgeheimnissen mit eigentumsrechtlichen Bezug auch auf Grundlage des in Artikel 17 EU-GRCh geregelten Grundrechts der Eigentumsfreiheit. Artikel 16 EU-GRCh schützt darüber hinaus das Recht, diesen Schutz durch vertragliche Vereinbarungen wie Wettbewerbsverbote bzw. ähnlich wirkende Verschwiegenheitspflichten zu verfolgen. Auch dieser grundrechtlich gewährleistete Schutz liegt im Allgemeininteresse, zumindest stellt dieser aber einen sachlichen Grund für eine Grundfreiheitsbeschränkung dar.

Schließlich ergibt sich sowohl aus dem TRIPS-Abkommen als auch aus der Richtlinie Geschäftsgeheimnisschutz – bzgl. Letzterem insbesondere im Hinblick auf Artikel 4 Abs. 3 – dass die Union den Schutz von Betriebs- oder Geschäftsgeheimnissen auch durch Wettbewerbsverbote bzw. ähnlich wirkende Verschwiegenheitspflichten anerkennt. Zudem wird insbesondere durch die Ausführungen in der **Studie 2**, auf der der Vorschlag zur Richtlinie Geschäftsgeheimnisschutz basiert und deren Ausführungen sich in den Erwägungsgründen der Richtlinie Geschäftsgeheimnisschutz wieder finden, belegt, dass der Schutz von Betriebs- oder Geschäftsgeheimnissen einem Allgemeininteresse dient. Zusammenfassend besteht ein öffentliches Interesse daran, Betriebs- oder Geschäftsgeheimnisse von privaten Wirtschaftsteilnehmern zu schützen, weil diese wertvolle Betriebsvermögen sowohl für forschende als auch für nicht forschende Unternehmen darstellen und eine bedeutende Rolle für das Wirtschaftswachstum und die Förderung von Innovationen spielen. Erst wenn der Schutz von Betriebs- oder Geschäftsgeheimnissen sichergestellt ist, entstehen Anreize für Unternehmen, in Entwicklung und Forschung zu investieren.

Ferner machen die Regelungen aus der UGP-Richtlinie deutlich, dass es der Union auch ein Anliegen ist, dafür Sorge zu tragen, dass ein unlauteres Eindringen in den Kunden- bzw. Lieferantenkreis unterbleibt, was dem Allgemeininteresse dient, die Märkte funktionsfähig zu erhalten und die Funktionsfähigkeit nicht durch unlautere Verhaltensweisen zu stören. Zugleich ist dieses Anliegen ein von Artikel 16 EU-GRCh geschützes Anliegen, das ebenfalls dem Allgemeininteresse dienen kann, zumindest aber einen sachlichen Grund für eine Grundfreiheitsbeschränkung bildet.

D. Verhältnismäßigkeit der Beschränkung

Wettbewerbsverbote bzw. ähnlich wirkende Verschwiegenheitspflichten müssen auch verhältnismäßig sein. Maßnahmen bzw. Regelungen, welche die Arbeitnehmerfreizügigkeit zwar beschränken, aber einen mit dem Vertrag zu vereinbarenden Zweck verfolgen, der dem Allgemeininteresse dient, sind dann verhältnismäßig, wenn die Anwendung der Maßnahmen bzw. Regelungen geeignet ist, die Verwirklichung des jeweils in Rede stehenden Zweckes zu gewährleisten und nicht über das hinausgeht, was zur Erreichung des jeweiligen Zweckes erforderlich ist.[359] Im Einzelnen:

I. Geeignetheit

Die mit Wettbewerbsverboten bzw. ähnlich wirkenden Verschwiegenheitspflichten verbundene Beschränkung muss geeignet sein, die Verwirklichung der mit Wettbewerbsverboten bzw. ähnlich wirkenden Verschwiegenheitspflichten jeweils verfolgten Zwecke zu gewährleisten.[360]

---

359 U. a. EuGH v. 5.12.2013 – C-514/12 (*Rs. Zentralbetriebsrat der gemeinnützigen Salzburger Landeskliniken Betriebs GmbH*) = BeckRS 2013, 82274, Rn. 36, EuGH v. 16.3.2010 – C-325/08 (*Rs. Olympique Lyonnais*) = NJW 2010, 1733 (1735) EuGH v. 11.1.2007 – C-208/05 (*Rs. ITC*) = NZA-RR 2007, 267 (270), EuGH v. 27.1.2005 – C-109/04 (*Rs. Kranemann*) = NJW 2005, 1481 (1483).

360 U. a. EuGH v. 5.12.2013 – C-514/12 (*Rs. Zentralbetriebsrat der gemeinnützigen Salzburger Landeskliniken Betriebs GmbH*) = BeckRS 2013, 82274, Rn. 38.

1. Geeignetheit der mit Wettbewerbsverboten bzw. ähnlich wirkenden Verschwiegenheitspflichten verbundenen Beschränkung mit dem Ziel, Betriebs- oder Geschäftsgeheimnisse des Arbeitgebers vor einer Weitergabe und Verwertung an bzw. von Dritten zu schützen

Wie bereits oben dargestellt, verfolgt der Arbeitgeber mit Wettbewerbsverboten bzw. ähnlich wirkenden Verschwiegenheitspflichten u. a. den von der Union anerkannten und dem Allgemeininteresse dienenden Zweck, Betriebs- oder Geschäftsgeheimnisse des Arbeitgebers vor einer Weitergabe bzw. Verwertung an bzw. durch Dritte zu schützen. Hier ist bereits fraglich, ob die mit Wettbewerbsverboten verbundenen Tätigkeitsverbote geeignet sind, dieses Ziel sowohl während des laufenden als auch im Anschluss an die Beendigung des Arbeitsverhältnisses zu verwirklichen. Insoweit ist zunächst berücksichtigen, dass eine Weitergabe bzw. Verwertung von Betriebs- oder Geschäftsgeheimnissen des Arbeitgebers an bzw. durch Dritte auch dann droht, wenn ein im Unternehmen tätiger bzw. ehemaliger Arbeitnehmer nicht bei einem Konkurrenzunternehmen tätig wird. Insoweit sind vielfältige Situationen denkbar, in denen Konkurrenzunternehmen an Betriebs- oder Geschäftsgeheimnisse des Arbeitgebers gelangen können bzw. diese für sich beanspruchen, ohne dass ein Arbeitnehmer für das Konkurrenzunternehmen tätig werden muss.

Allerdings kann ein Tätigwerden eines (ehemaligen) Arbeitnehmers bei einem Konkurrenzunternehmen die Gefahr, dass eine Weitergabe bzw. Verwertung von Betriebs- oder Geschäftsgeheimnisse an bzw. durch Dritte erfolgt, verstärken. Arbeitnehmer erlangen typischerweise Kenntnisse über Betriebs- oder Geschäftsgeheimnisse, sei es aufgrund ihrer Funktion, sei es aufgrund der Mitarbeit bzw. Entwicklung von Produktions- oder Herstellungsverfahren. Vor diesem Hintergrund ist ein Tätigkeitsverbot zumindest geeignet, die Gefahr einer Weitergabe bzw. Verwertung von Betriebs- oder Geschäftsgeheimnissen des Arbeitgebers an bzw. durch Dritte zu verringern.

2. Geeignetheit der mit Wettbewerbsverboten bzw. ähnlich wirkenden Verschwiegenheitspflichten verbundenen Beschränkung mit dem Ziel, den unlauteren Einbruch in den Kunden- bzw. Lieferantenkreis zu verhindern

Ferner wurde oben herausgearbeitet, dass der Arbeitgeber mit Wettbewerbsverboten bzw. ähnlich wirkenden Verschwiegenheitspflichten zudem den von der Union anerkannten und dem Allgemeininteresse dienenden Zweck verfolgt, den unlauteren Einbruch in den Kunden- und Lieferantenkreis zu verhindern. Die Untersagung der Aufnahme einer Tätigkeit durch einen ehemaligen Arbeitnehmer bei einem Konkurrenzunternehmen im Anschluss an die Beendigung des Arbeitsverhältnisses ist geeignet, zu verhindern, dass ein Konkurrenzunternehmen mithilfe dieses ausgeschiedenen Arbeitnehmers unlauter in den Kunden- bzw. Lieferantenstamm eindringen kann. Wird nämlich eine Tätigkeit bei einem Konkurrenzunternehmen,

d. h. einem Unternehmen, das in demselben Geschäftsfeld des ehemaligen Arbeitgebers tätig ist, untersagt, besteht gewöhnlich kein Anreiz für den Arbeitnehmer, Kundenlisten des ehemaligen Arbeitgebers zu nutzen, um Kunden abzuwerben und somit in den Kundenstamm einzudringen.

II. Erforderlichkeit

Wettbewerbsverbote bzw. ähnlich wirkende Verschwiegenheitspflichten müssen auch erforderlich sein. Dies ist dann der Fall, wenn keine milderen Mittel gegeben sind, welche die mit Wettbewerbsverboten bzw. ähnlich wirkenden Verschwiegenheitspflichten verfolgten Zwecke genauso effektiv erreichen und dabei geringere Beeinträchtigungen hervorrufen.

1. Erforderlichkeit der mit Wettbewerbsverboten bzw. ähnlich wirkenden Verschwiegenheitspflichten verursachten Beschränkung mit dem Ziel, Betriebs- oder Geschäftsgeheimnisse des Arbeitgebers vor einer Weitergabe und Verwertung an bzw. von Dritten zu schützen

Fraglich ist, ob das oben bereits angesprochene gesetzliche Schutzsystem in Deutschland mildere Mittel beinhaltet, die den mit Wettbewerbsverboten bzw. ähnlich wirkenden Verschwiegenheitspflichten verfolgten Zweck, Betriebs- oder Geschäftsgeheimnisse des Arbeitgebers vor einer Weitergabe und Verwertung an bzw. von Dritten zu schützen, genau so effektiv gewährleisten können. Um dies bewerten zu können, bedarf es eines näheren Blicks auf den Regelungsinhalt der einzelnen Gesetze dieses Schutzsystems:

a. Gesetzlicher Schutz nach dem PatG, UrhG, GebrMG und DesignG

Bezüglich eines Schutzes des Arbeitgebers kommen im Rahmen des gesetzlichen Konkurrenzschutzsystems insbesondere das PatG, das UrhG, das GebrMG und das DesignG in Betracht.

aa. PatG

Gemäß § 6 S. 1 PatG hat der Erfinder oder sein Rechtsnachfolger das Recht auf die Erteilung eines Patents. Als Patent wird eine neue Erfindung bezeichnet, die nicht zum Stand der Technik zählt, vgl. § 3 Abs. 1 S. 1 PatG, wobei der Stand der Technik alle Kenntnisse umfasst, die vor dem für den Zeitrang der Anmeldung maßgeblichen Tag durch schriftliche oder mündliche Beschreibung, durch Benutzung oder in sonstiger Weise der Öffentlichkeit zugänglich gemacht worden sind, vgl. § 3 Abs. 1 S. 2 PatG.

Voraussetzung für die Erteilung eines Patents sind das Vorliegen einer neuen Erfindung, die auf einer erfinderischen Tätigkeit beruht (vgl. § 4 PatG) und gewerblich anwendbar ist (vgl. § 5 PatG)[361]. Gemäß § 9 S. 1 PatG hat das erteilte Patent die Wirkung, dass allein der Patentinhaber befugt ist, die patentierte Erfindung im Rahmen des geltenden Rechts zu benutzen. Jedem Dritten ist es verboten, ohne Zustimmung des Patentinhabers den Gegenstand der Erfindung gewerbsmäßig herzustellen oder das patentierte Verfahren anzuwenden (vgl. § 9 S. 2 Nr. 1–3 PatG).

Unterstellt, dem Arbeitgeber wird das Patent – sei es ein speziell entwickeltes Verfahren, sei es eine sonstige Neuheit – zugeordnet, wobei diese Rechtsfolge im Hinblick auf Erfindungen, die ein Arbeitnehmer während des laufenden Arbeitsverhältnisses macht, spezialgesetzlich im ArbNErfG geregelt ist, ist dieses daher vor dem Zugriff einerseits des Arbeitnehmers und andererseits der Konkurrenz geschützt. Vor diesem Hintergrund regelt das PatG die Frage, wer zur Verwertung berechtigt ist. Durch die Patenterteilung wird im Hinblick auf die Verwertung des geschützten Patentes sowohl der noch beim Arbeitgeber beschäftigte als auch der ausgeschiedene Arbeitnehmer wie jeder Dritte daran gehindert, den Gegenstand der Erfindung gewerbsmäßig herzustellen oder das patentierte Verfahren anzuwenden.

Handelt der Arbeitnehmer zuwider, sieht das PatG in den §§ 139, 142 Schadensersatz- und Unterlassungsansprüche sowie eine Strafandrohung vor.

bb. UrhG

Gemäß § 2 UrhG sind Werke, bei denen es sich um eine persönliche geistige Schöpfung handeln muss, geschützt. Das Merkmal des persönlichen Schaffens beinhaltet, dass das Werk nicht durch rein mechanische Tätigkeit bzw. auf Zufall beruhend zustande gekommen ist[362]. Das Werk als persönliche geistige Schöpfung muss auf einer menschlich-gestalterischen Tätigkeit des Urhebers als Realakt beruhen, sodass grundsätzlich nur natürliche Personen als Urheber in Betracht kommen, nicht aber juristische Personen, wobei Letztere aber Inhaber von Nutzungsrechten sein können[363]. Es gilt das sog. Schöpferprinzip, d.h. wer nicht schöpferisch an einem Werk mitgestaltet, ist kein Urheber[364].

In § 11 UrhG ist zum einen geregelt, dass das Urheberrecht den Urheber in seinen geistigen und persönlichen Beziehungen zum Werk und in der Nutzung des Werkes schützt, vgl. § 11 S. 1 UrhG. Ferner dient das Urheberrecht zugleich der Sicherung einer angemessenen Vergütung für die Nutzung des Werkes, vgl. § 11 S. 2 UrhG. Der Urheber hat gemäß § 12 Abs. 1 UrhG das Recht zu bestimmen, ob und wie sein Werk zu veröffentlichen ist. Dem Urheber ist es vorbehalten, den Inhalt seines Werkes öffentlich mitzuteilen oder zu beschreiben, solange weder das Werk noch der wesentliche Inhalt oder eine Beschreibung des Werkes mit seiner Zustimmung veröffentlicht ist, vgl. § 12 Abs. 2 UrhG. Der Urheber hat zudem gemäß § 15 Abs. 1

361 Mes, Patentgesetz Gebrauchsmustergesetz, 4. Aufl. 2015, § 1 PatG Rn. 3.
362 *Wiebe* in Spindler/Schuster, Recht der elektronischen Medien, 3. Aufl. 2015, § 2 UrhG Rn. 4.
363 *Wiebe*/Spindler/Schuster, a. a. O., § 7 UrhG Rn. 1.
364 *Wiebe*/Spindler/Schuster, a. a. O., § 7 UrhG Rn. 2.

UrhG das ausschließliche Recht, sein Werk in körperlicher Form zu verwerten, zu vervielfältigen, zu verbreiten, auszustellen (vgl. § 15 Abs. 1 S. 2 Nr. 1–3 UrhG) bzw. in unkörperlicher Form öffentlich wiederzugeben, wobei Letzteres gemäß § 15 Abs. 2 S. 2 Nr. 1–5 UrhG das Vortrags-, Aufführungs- und Vortragsrecht, das Recht der öffentlichen Zugänglichmachung, das Senderecht, das Recht der Wiedergabe durch Bild- oder Tonträger sowie das Recht der Wiedergabe von Funksendungen und von öffentlicher Zugänglichmachung umfasst.

Gemäß § 43 UrhG sind die Vorschriften des Unterabschnittes 2 des UrhG, der die Nutzungsrechte betrifft, auch anzuwenden, wenn der Urheber das Werk in Erfüllung seiner Verpflichtungen aus einem Arbeits- oder Dienstverhältnis geschaffen hat, soweit sich aus dem Inhalt oder dem Wesen des Arbeits- oder Dienstverhältnisses nicht etwas anderes ergibt. Nach der h. M. gilt, dass das Arbeitsergebnis bei „Pflichtwerken" kraft Schuldverhältnis dem Arbeitgeber „gehört" und sich aus dem Wesen und dem Inhalt des Arbeits- oder Dienstverhältnisses ergibt, dass der angestellte Urheber dem Arbeitgeber schon mit dem Arbeitsvertrag ein entsprechendes ausschließliches Nutzungsrecht überträgt, da der Arbeitgeber das Nutzungsrecht zur Verwertung benötigt, um es wirtschaftlich zu seinen Gunsten und auf sein Risiko auf dem Markt verwerten zu können[365]. Dies wird daraus gefolgert, dass nach dem o. g. Schöpferprinzip Urheber zunächst der Arbeitnehmer ist, vgl. § 7 UrhG. Dieses Prinzip erfährt durch § 43 UrhG keine Einschränkung[366]. Der Arbeitgeber erwirbt jedoch das Eigentumsrecht an, von den einzelnen Arbeitnehmern in Erfüllung der arbeitsvertraglichen Pflichten hergestellten körperlichen Gegenständen entsprechend § 950 BGB, da bei „Pflichtwerken" die Herstellung im Namen und im wirtschaftlichen Interesse des Arbeitgebers erfolgt[367]. Stellt der Arbeitnehmer im Rahmen des Arbeitsverhältnisses Gegenstände her, die geschützte geistige Schöpfungen enthalten, z.B. urheberrechtlich geschützte Werke gemäß § 2 UrhG oder patent- bzw. gebrauchsmusterfähige Erfindungen gemäß § 1 PatG bzw. § 1 GebrMG, erwirbt der Arbeitgeber das Eigentum an Sachen, die diese Eigentumsrechte verkörpern[368]. Bei arbeitsvertraglich geschuldeten Werken kommt es dementsprechend zum Auseinanderfallen von Eigentumsrecht und Urheberrecht.

Fehlen arbeitsvertragliche Festlegungen, gilt gemäß § 31 Abs. 5 UrhG, dass sich nach dem von den Parteien zugrunde gelegten Vertragszweck bestimmt, auf welche Nutzungsarten es sich erstreckt. Dies bedeutet, dass nur diese Rechte mit dem erforderlichen Inhalt und in dem nötigen Umfang übertragen werden, die vom Arbeitgeber zur Erfüllung der betrieblichen Aufgaben benötigt werden[369]. Eine stillschweigende Rechtsübertragung über den Betriebszweck hinaus kann i. d. R. nicht

---

365 BAG, Urteil vom 13.9.1983 – 3 AZR 371/81 = NJW 1984, 1579 f.; *Wandtke*/Bullinger, Urheberrecht 4. Aufl. 2014, § 43 UrhG Rn. 30.

366 *Gennen* in Moll, Münchener Anwaltshandbuch Arbeitsrecht, 3. Aufl. 2012, § 16 Rechte am Arbeitsergebnis Rn. 233 m. w. N. zur h. M.

367 Vgl. Palandt/*Bassenge*, Bürgerliches Gesetzbuch, 74. Auflage 2015, § 950 BGB Rn. 7.

368 Moll, a. a. O., Rn. 6.

369 BAG, Urteil vom 21.8.1996 – 5 AZR 1011/94 = NZA 1996, 1342 f.

angenommen werden[370]. Der Umfang dieser Nutzung ist im Wege der Auslegung zu ermitteln, wobei im Zweifel davon auszugehen ist, dass nur ein einfaches Nutzungsrecht eingeräumt wird.[371]

Im Hinblick auf den urheberrechtlichen Schutz des Arbeitgebers im Arbeitsverhältnis gilt daher, dass die Frage, wem Ausschließlichkeitsrechte an dem urheberrechtsfähigen Werk zustehen, umfassend geregelt ist.

Gemäß § 97 Abs. 1 UrhG stehen dem Arbeitgeber Unterlassungs- und Schadensersatzansprüche zu.

cc. GebrMG und DesignG

Gemäß § 11 Abs. 1 S. 1 GebrMG hat die Eintragung eines Gebrauchsmusters die Wirkung, dass allein der Inhaber befugt ist, den Gegenstand des Gebrauchsmusters zu benutzen. Jedem Dritten ist es verboten, ohne seine Zustimmung ein Erzeugnis, das Gegenstand des Gebrauchsmusters ist, herzustellen, anzubieten, in Verkehr zu bringen oder zu gebrauchen oder zu den genannten Zwecken entweder einzuführen oder zu besitzen, vgl. § 11 Abs. 1 S. 2 GebrMG. Als Gebrauchsmuster werden gemäß § 1 Abs. 1 GebrMG Erfindungen geschützt, die neu sind, auf einem erfinderischen Schritt beruhen und gewerblich anwendbar sind. Gebrauchsmusterschutz kommt in Betracht für Anlagen und Anordnungen, unbewegliche Sachen, Nahrungs-, Genuss- und Arzneimittel sowie insbesondere für Stofferfindungen[372]. Verfahren genießen im Vergleich zum Patentrecht keinen Gebrauchsmusterschutz[373].

Bei Designs ist in § 7 Abs. 2 DesignG geregelt, dass das Recht an dem Design dem Arbeitgeber zusteht, wenn ein Design von einem Arbeitnehmer in Ausübung seiner Aufgaben oder nach Weisung seines Arbeitgebers entworfen wird, sofern vertraglich nichts anderes vereinbart ist. Als Design i. S. d. DesignG wird ein Design geschützt, das neu ist und Eigenart hat, vgl. § 2 Abs. 1 DesignG. Das Design gewährt seinem Rechteinhaber gemäß § 38 Abs. 1 S. 1 DesignG das ausschließliche Recht, es zu benutzen und Dritten zu verbieten, es ohne Zustimmung zu benutzen.

Gemäß § 39 DesignG besteht zudem eine Vermutung zugunsten des Rechteinhabers, dass die an die Rechtsgültigkeit eines Designs zu stellenden Anforderungen erfüllt sind, wobei die Vermutung aufgrund der allgemeinen Formulierung sowohl für den Verletzungsstreit als auch für das Nichtigkeitsverfahren gilt[374].

Voraussetzung für das Eingreifen der Vermutung ist die Eintragung des Designs zugunsten des Rechteinhabers, weil erst ab der Eintragung in das Register Ansprüche aus dem DesignG geltend gemacht werden können, vgl. § 27 Abs. 1 DesignG. Die Rechtsgültigkeit umfasst alle Kriterien, die Gegenstand einer Nichtigkeitsklage

---

370 Moll, a. a. O., Rn. 227.

371 BAG, Urteil vom 21.8.1996 a. a. O. unter Verweis auf Fromm/Nordemann/Hertin, Urheberrecht, 11. Aufl. 2014, §§ 31/32, Rn. 25.

372 Mes, a. a. O., § 1 GebrMG Rn. 4.

373 Mes, a. a. O., § 1 GebrMG Rn. 4.

374 *Eichmann*/von Falckenstein, Geschmacksmustergesetz, 4. Aufl. 2010, § 39 Rn. 1.

sein können, weshalb insbesondere vermutet wird, dass das Design die Voraussetzungen der Designfähigkeit, der Neuheit und der Eigenart erfüllt und nicht vom Schutz ausgeschlossen ist.[375]

Zusammenfassend wird dem Arbeitgeber somit als Rechteinhaber die wirtschaftliche Verwertung im Rahmen des GebrMG und des DesignG von Gebrauchsmustern und Designs gesichert, die im Rahmen der unternehmerischen Tätigkeit entstehen.

Gemäß § 24 GebrMG und § 42 DesignG stehen dem Arbeitgeber Unterlassungs- und Schadensersatzansprüche zu.

dd. Zusammenfassung/Würdigung

Als Ergebnis kann somit festgehalten werden, dass in den dargestellten Gesetzen des Konkurrenzschutzsystems Regelungen enthalten sind, welche die Rechtstellung des Arbeitgebers im Hinblick auf die Weitergabe bzw. Verwertung der durch diese Gesetze geschützten Rechtsgüter insoweit regeln, als dass der Arbeitgeber hieran Ausschließlichkeitsrechte erwirbt und der jeweils betroffene Arbeitnehmer an den Ergebnissen seiner Arbeit faktisch ausgeschlossen wird. Folglich wird im Rechtsverkehr klargestellt, wer – hier der Arbeitgeber – z. B. die vom Arbeitnehmer erarbeiteten Ergebnisse sowie materiellen bzw. immateriellen Erzeugnisse verwerten darf. Zudem sehen die jeweiligen Gesetze Unterlassungs- und Schadensersatzansprüche des Arbeitgebers vor, welche dieser ggf. im Wege einer einstweiligen Verfügung (bzgl. des Unterlassungsanspruchs) geltend machen kann.

Zu berücksichtigen ist aber, dass einerseits durch das PatG nur das erteilte Patent geschützt wird. In dem Zeitpunkt, in dem die Information zur Patenterteilung offenbart wird, endet der Schutz des Betriebs- oder Geschäftsgeheimnisses.[376] Die Voraussetzungen eines Betriebs- oder Geschäftsgeheimnisses liegen nicht mehr vor, da dieses durch die Patenterteilung nicht mehr geheim ist, sondern für jedermann offensichtlich ist, dass zum einen das Patent existiert und zum anderen der Arbeitgeber Inhaber des durch das PatG verliehenen Ausschließlichkeitsrechts ist. Dies stellt das Deutsche Patent- und Markenamt sicher, in dem es Schutzrechte für technische und gewerbliche Innovationen erteilt, einträgt, verwaltet und veröffentlicht[377]. Für Informationen, die im Vorfeld der Patenterteilung die Qualität eines Betriebs- oder Geschäftsgeheimnisses aufweisen, gewährleistet das PatG hingegen keinen Schutz.

Entsprechendes gilt für Gebrauchsmuster und Designs. Auch hier besteht wie beim Patent, wenn auch in einem vereinfachten Verfahren bei Gebrauchsmustern

375 *Eichmann*/von Falckenstein a. a. O., § 39 Rn. 3.

376 Ohly, GRUR 2014, 1 (3), s. auch Fußnote 32 in KOM (2011) 287 final vom 24.5.2011, abrufbar unter: http://ec.europa.eu/internal_market/copyright/docs/ipr_strategy/COM_2011_287_de.pdf, wo es heißt, dass mit dem Terminus „Geschäftsgeheimnis" Know-how bezeichnet wird, das nicht bzw. noch nicht als gewerbliches Schutzrecht registriert wurde.

377 Siehe hierzu den Internetauftritt des Deutschen Patent- und Markenamtes, abrufbar unter http://www.dpma.de/index.html

bzw. sogar in einem Online-Anmeldungsverfahren bei Designs, die Möglichkeit, alle Gebrauchsmuster und Designs durch Eintragung zu schützen[378]. Auch hier stellt das Deutsche Patent- und Markenamt sicher, dass Schutzrechte erteilt, eingetragen, verwaltet und veröffentlicht werden[379]. Ebenso wie beim Patent verlieren Designs und Gebrauchsmuster mit der Eintragung den Charakter eines Betriebs- oder Geschäftsgeheimnisses. Dies gilt aber nicht für Informationen, die vor der jeweiligen Eintragung entstehen und die die Qualität eines Betriebs- oder Geschäftsgeheimnisses besitzen. Diese Informationen werden auch vom GebrMG und DesignG nicht geschützt.

Für den Urheberrechtsschutz ist zwar eine Eintragung in ein amtliches Register weder erforderlich noch nötig, sodass die Qualität als Betriebs- oder Geschäftsgeheimnis zumindest durch eine Eintragung in ein öffentlich zugängliches Register nicht verloren geht. Allerdings stellen Betriebs- oder Geschäftsgeheimnisse mit Bezug zu Urheberrechten bzw. gewerblichen Schutzrechten insgesamt – wie oben bereits erläutert – nur einen Auszug von in Betracht kommenden vertraulichen Informationen dar, welche die Qualität eines Betriebs- oder Geschäftsgeheimnisses aufweisen können.

Zusammenfassend ist daher festzuhalten, dass der Arbeitgeber durch das vorstehend dargestellte gesetzliche Konkurrenzschutzsystem nur unzureichend vor der Weitergabe bzw. Verwertung von Betriebs- oder Geschäftsgeheimnissen geschützt ist. Ein umfassender Schutz wird durch diese Gesetze bei Patenten, Gebrauchsmustern und Designs nur vermittelt, wenn eine Eintragung erfolgt. Für Betriebs- oder Geschäftsgeheimnisse mit Bezug zu diesen gewerblichen Schutzrechten, die im Vorfeld der Eintragung entstehen bzw. verwertet werden, wird weder durch das PatG, noch durch das GebrMG bzw. DesignG ein Schutz für den Arbeitgeber bewirkt. Im Übrigen – und dies gilt auch für das UrhG – stellen Betriebs- oder Geschäftsgeheimnisse mit Bezug zu diesen gewerblichen Schutzrechten ohnehin nur einen Auszug schützenswerter Informationen dar, sodass das gesetzliche Konkurrenzschutzsystem zumindest keinen umfassenden Schutz der Betriebs- oder Geschäftsgeheimnisse des Arbeitgebers gewährleistet.

b. Gesetzlicher Schutz durch die Straftatbestände nach dem UWG

Mildere Mittel könnten ferner die gesetzlichen Regelungen zum Schutz von Betriebs- oder Geschäftsgeheinissen aus dem strafbewährten UWG sein. Wie bereits erläutert, enthält das UWG die gesetzlichen Kernvorschriften bzgl. des Schutzes von Betriebs- oder Geschäftsgeheimnissen. In §§ 1, 17 UWG existiert eine Strafandrohung für den Fall, dass Betriebs- oder Geschäftsgeheimnisse des Unternehmens Dritten mitgeteilt, sich unbefugt verschafft oder gesichert und anschließend verwertet

378 Siehe hierzu den Internetauftritt des Deutschen Patent- und Markenamtes, abrufbar unter http://www.dpma.de/index.html

379 Siehe hierzu den Internetauftritt des Deutschen Patent- und Markenamtes, abrufbar unter http://www.dpma.de/index.html

werden. Um zu bewerten, wie weitgehend dieser Schutz ist, bedarf es zunächst einer näheren Betrachtung der einzelnen mit Strafe bedrohten Tatbestände des § 17 UWG.

aa. Straftatbestände

§ 17 UWG ist in drei verschiedene Tatbestände unterteilt, zum einen in den in § 17 Abs. 1 UWG geregelten Geheimnisverrat, zum anderen in die in § 17 Abs. 2 Nr. 1 UWG geregelte Betriebsspionage und schließlich in die Geheimnisverwertung gemäß § 17 Abs. 2 Nr. 2 UWG.

aaa. Geheimnisverrat

In § 17 Abs. 1 UWG ist der sog. Geheimnisverrat unter Strafe gestellt. Diese Strafandrohung richtet sich gemäß der mit § 17 Abs. 1 UWG bezweckten Regelung, einen möglichst weitreichenden Schutz zu erreichen[380], an jede, in irgendeiner Art und Weise beim Unternehmen beschäftigte Person.[381] Strafbar ist ein Verhalten, mit dem der Arbeitnehmer während der Geltung des Arbeitsverhältnisses ein Betriebs- oder Geschäftsgeheimnis unbefugt an jemand Drittes zu Zwecken des Wettbewerbs, aus Eigennutz, zugunsten eines Dritten oder in der Absicht, dem Arbeitgeber Schaden zuzufügen, mitteilt. Es muss sich hierbei um ein Betriebs- oder Geschäftsgeheimnis handeln, das dem Arbeitnehmer im Rahmen des Arbeitsverhältnisses vom Arbeitgeber anvertraut wurde, d. h. mit der ausdrücklichen oder aus den Umständen abzuleitenden Auflage der Geheimhaltung überlassen oder zugänglich geworden ist.[382]

In Anbetracht der bereits erörterten, jedem Arbeitsverhältnis immanenten Verschwiegenheitspflicht ist jeder Verrat eines Betriebs- oder Geschäftsgeheimnisses unbefugt, falls dem Arbeitnehmer nicht ein Rechtfertigungsgrund zur Seite steht, z. B. die Einwilligung des Arbeitgebers.[383]

Allerdings bestehen für den Arbeitgeber trotz der Strafandrohung in § 17 Abs. 1 UWG erhebliche Rechtsunsicherheiten, solange die Parteien keine ausdrückliche Klarstellung dahingehend vornehmen, welche Betriebs- oder Geschäftsgeheimnisse gewahrt bleiben sollen.

In diesem Fall ist für den Arbeitgeber eine effektive Durchsetzung der jeweiligen Rechte erschwert. Zwar kann der Wille, eine Tatsache geheim halten zu wollen, durch den Arbeitgeber nicht nur ausdrücklich, sondern auch auf sonst irgendeine Art und Weise erkennbar gemacht werden, wobei sich eine Vermutung für einen Geheimhaltungswillen aus verschiedenen Verhaltensweisen ergeben kann, z. B. aus der Kennzeichnung von Unterlagen als „Vertraulich, nur für interne Zwecke“

---

380 Gaugenrieder/Unger-Hellmich, WRP 2011, 1364 (1368).

381 BGH, Urteil vom 26.2.2009 – I ZR 28/06 = GRUR 2009, 603 (604, Rn. 10), Gaugenrieder/Unger-Hellmich, a. a. O. (Seite 1368), Harte-Bavendamm/Henning-Bodewig, a. a. O., Rn. 8 zu § 17.

382 Harte-Bavendamm/Henning-Bodewig, a. a. O., Rn. 9 zu § 17, Gaugenrieder/Unger-Hellmich, a. a. O. (Seite 1369) .

383 Harte-Bavendamm/Henning-Bodewig, a. a. O., Rn. 11 zu § 17.

oder aus dem Verschließen von Unterlagen.[384] Auch interpretiert die Rechtsprechung das Erfordernis eines nach außen manifestierten Geheimhaltungswillens stets großzügig und folgert diesen mitunter bereits „aus der Natur der geheim zu haltenden Tatsache".[385]

Dem Arbeitgeber ist jedoch zu empfehlen, aus Gründen der Klarheit über die bestehenden arbeitsvertraglichen Pflichten sowie zur Beweissicherung, eine ausdrückliche vertragliche Regelung zu treffen, wonach der Arbeitnehmer über Betriebs- oder Geschäftsgeheimnisse Stillschweigen zu bewahren hat.[386]

Eine derartige vertragliche Regelung wäre aufgrund der oben bereits erörterten ohnehin bestehenden Nebenpflicht zur Wahrung von Betriebs- oder Geschäftsgeheimnissen indes lediglich deklaratorischer Natur. Allerdings ist nicht nur die psychologische Wirkung einer gesondert vereinbarten Verschwiegenheitspflicht zu unterschätzen.[387] Auch aus Beweiszwecken empfiehlt es sich für den Arbeitgeber, eine ausdrückliche Verschwiegenheitsvereinbarung zu schließen, die belegt, dass der Arbeitnehmer unbefugt gehandelt hat. Liegt eine solche nicht vor, ist es für den Arbeitgeber schwer nachzuweisen, dass ein unbefugtes Handeln in Bezug auf das konkrete Betriebs- oder Geschäftsgeheimnis vorlag. Dies gilt insbesondere angesichts des Umstandes, dass nur mit einer Verschwiegenheitsvereinbarung der Wille des Arbeitgebers, die Informationen/Kenntnisse geheim halten zu wollen, was Voraussetzung für das Vorliegen eines Betriebs- oder Geschäftsgeheimnisses i. S. d. Vorschrift ist, rechtssicher verdeutlicht wird.

Daher ist eine ausdrückliche Klarstellung, welche Tatsachen Betriebs- und Geschäftsgeheimnisse darstellen könnten, aus Arbeitgebersicht grundsätzlich ebenso anzuraten, wie ein Hinweis auf etwaige Sanktionen.[388] Erfolgt dies nicht, ist zu konstatieren, dass der Arbeitgeber während des laufenden Arbeitsverhältnisses vor der Weitergabe der Betriebs- oder Geschäftsgeheimnisse an sich zwar strafrechtlich geschützt wird, dies allerdings nur unzureichend der Fall sein kann, weil die Frage, ob ein unbefugter Verrat vorliegt, Nachweisschwierigkeiten in sich bergen kann, wenn die Parteien keine ausdrückliche Vereinbarung über die Verschwiegenheitspflicht getroffen haben.

Angesicht der ausdrücklich im Wortlaut des § 17 Abs. 1 UWG angelegten Beschränkung des unter Strafe gestellten Geheimnisverrats auf die Geltungsdauer des Arbeitsverhältnisses, ergibt sich zudem im Hinblick auf den Zeitraum nach Beendigung des Arbeitsverhältnisses eine gesetzliche Schutzlücke.

---

384 Gaugenrieder/Unger-Hellmich, a. a. O. (Seite 1367) m. w. N.

385 Kunz-Hallstein/Loschelder, a. a. O. (Seite 5) unter Verweis auf die zu § 17 UWG ergangene Rechtsprechung des BGH, Urteil v. 10.5.1995 - 1 StR 764/94 = NJW 1995, 2301.

386 Gaugenrieder/Unger-Hellmich, a. a. O. (Seite 1376).

387 Preis/*Rolfs*, a. a. O., II V 20, Rn. 80.

388 Preis/*Rolfs*, a. a. O., II V 20, Rn. 80.

Anvertraut-sein im Sinne des § 17 UWG meint nämlich nur für die Dauer des Arbeitsverhältnisses.[389] Maßgeblich ist, ob das Arbeitsverhältnis zum Zeitpunkt des Geheimnisverrats rechtlich Bestand hatte.[390] Unbeachtlich ist hierbei, ob das Arbeitsverhältnis bereits gekündigt wurde[391], ob der Arbeitnehmer tatsächlich noch im Unternehmen seine Tätigkeit verrichtet, ob er pflichtwidrig nicht zur Arbeit erscheint[392] oder er freigestellt ist bzw. sich in Krankheit, Elternzeit oder Urlaub befindet[393]. Nach der rechtlichen Beendigung des Arbeitsverhältnisses ist der Arbeitnehmer daher nach der gesetzlichen Konzeption des § 17 Abs. 1 UWG zumindest im Hinblick auf eine etwaige Strafbarkeit frei, Betriebs- oder Geschäftsgeheimnisse preiszugeben, es sei denn, es ist ihm ein Verhalten vorwerfbar, das in § 17 Abs. 2 UWG unter Strafe gestellt ist (hierzu sogleich). Wenn ein Arbeitnehmer somit erst nach rechtlicher Beendigung des Arbeitsverhältnisses redlich erlangte Geheimnisse Dritten mitteilt, d.h. im Rahmen seiner Selbständigkeit oder in seinem neuen Arbeitsverhältnis, macht er sich nicht nach § 17 Abs. 1 UWG strafbar.[394]

bbb. Betriebsspionage

Im Gegensatz zu dem o. g. strafbewehrten Geheimnisverrat richtet sich die in § 17 Abs. 2 Nr. 1 UWG unter Strafe gestellte Betriebsspionage an einen wesentlich größeren Personenkreis, nämlich sowohl an Arbeitnehmer des Unternehmens als auch an ehemalige Arbeitnehmer, aber auch an Personen, die zu keinem Zeitpunkt Arbeitnehmer waren, wie z.B. selbständige Handelsvertreter.[395] Unter den Tatbestand der Betriebsspionage in § 17 Abs. 2 Nr. 1 UWG fallen Tathandlungen, mit denen sich der Arbeitnehmer ein Betriebs- oder Geschäftsgeheimnis mittels bestimmter Hilfsmittel unbefugt verschafft oder sichert. Der Tatbestand ist erfüllt, wenn sich der Arbeitnehmer zu Zwecken des Wettbewerbs, aus Eigennutz, zugunsten eines Dritten oder in der Absicht, dem Arbeitgeber Schaden zuzufügen, ein Betriebs- oder Geschäftsgeheimnis durch Anwendung technischer Mittel (§ 17 Abs. 2 Nr. 1 a) UWG)[396], Herstellung einer verkörperten Wiedergabe des Geheimnisses (§ 17 Abs. 2

---

389 Gaugenrieder/Unger-Hellmich, a. a. O. (Seite 1369).

390 Köhler/Bornkamm, a. a. O., Rn. 22 zu § 17.

391 Gaugenrieder/Unger-Hellmich, a. a. O. (Seite 1369) m. w. N.

392 Harte-Bavendamm/Henning-Bodewig, a. a. O., Rn. 12 zu § 17, Gaugenrieder/Unger-Hellmich, a. a. O. (Seite 1369).

393 Gaugenrieder/Unger-Hellmich, a. a. O. (Seite 1369).

394 Piper/Ohly/Sosnitza, a. a. O., Rn. 16 zu § 17 UWG, Gaugenrieder/Unger-Hellmich, a. a. O. (Seite 1369).

395 BGH, Urteil vom 26.2.2009 – I ZR 28/06 = GRUR 2009, 603 (605, Rn. 16), Gaugenrieder/Unger-Hellmich, a. a. O. (Seite 1369).

396 Siehe hierzu die Kritik bei Ohly, GRUR 2014, 1 (5,6), der unter Verweis auf Rn. 219 bei Kalbfus, zu Recht darauf hinweist, dass „die Anwendung technischer Mittel (§ 17 II Nr. 1 a UWG) im Informationszeitalter nicht mehr als Merkmal gesteigerten Unrechts angesehen werden" könne, „weil mittlerweile nahezu alle Information elektronisch gespeichert und daher nur mit technischen Mitteln wahrnehmbar ist."

Nr. 1 b) UWG) oder Wegnahme einer Sache, in der das Geheimnis verkörpert ist (§ 17 Abs. 2 Nr. 1 c) UWG), unbefugt verschafft oder sichert.

Der Arbeitnehmer hat sich das Betriebs- oder Geschäftsgeheimnis hiernach nicht erst zu dem Zeitpunkt verschafft, in dem er von dem Geheimnis Kenntnis erlangt, sondern bereits, wenn er sich das Medium verschafft hat, welches das Geheimnis enthält, z. B. Unterlagen, USB-Stick, Fotoaufnahmen etc.[397] Überträgt und verkörpert der Arbeitnehmer eine ihm bekannte geheime Tatsache in ein dauerhaftes Medium, hat er das Geheimnis gesichert.[398]

Problematisch ist im Hinblick auf den sich aus dieser Norm ergebenden strafrechtlichen Schutz des Arbeitgebers, dass sich aus dem Gesetzestext, und zwar sowohl im Rahmen des § 17 Abs. 2 Nr. 1 UWG als auch im Rahmen des Tatbestands der Geheimnisverwertung (§ 17 Abs. 1 Nr. 2 UWG – hierzu sogleich) eine Einschränkung dahingehend ergibt, dass das Verschaffen oder Sichern des Betriebs- oder Geschäftsgeheimnisses unbefugt erfolgen muss. Was unter dem Begriff „unbefugt“ im Rahmen dieses Tatbestands zu verstehen ist, ist in Deutschland nicht abschließend geklärt. Zum einen wird darauf hingewiesen, dass das Merkmal unbefugt keine eigenständige Bedeutung habe, sondern auf die Einwilligung und die übrigen anerkannten Rechtfertigungsgründe des Strafrechts zu verweisen sei.[399] Andererseits wird vorgeschlagen, das Merkmal „unbefugt“ im Lichte des Artikel 39 Abs. 2 TRIPS und der Schutzzwecke des UWG als Tatbestandsmerkmal zu verstehen und so zu interpretieren, dass es eine Abwägung der Interessen aller Beteiligter erlaube.[400]

Die unterschiedlichen Auffassungen sind hier jedoch keiner abschließenden Bewertung zuzuführen, da jedenfalls zu konstatieren ist, dass im Rahmen des laufenden Arbeitsverhältnisses der Normalfall derjenige ist, dass dem Arbeitnehmer das Betriebs- oder Geschäftsgeheimnis vom Arbeitgeber im Rahmen seiner vertraglich geschuldeten Tätigkeit zugänglich gemacht wird, der Arbeitnehmer somit befugter Weise von dem Betriebs- oder Geschäftsgeheimnis Kenntnis erlangt. Zumeist ist dieses für die Erbringung der vertraglich geschuldeten Tätigkeit sogar erforderlich.

Vor diesem Hintergrund ist festzustellen, dass eine Strafbarkeit gemäß § 17 Abs. 2 Nr. 1 UWG während des laufenden Arbeitsverhältnisses nur in dem Fall eingreift, wenn der Arbeitnehmer Betriebs- oder Geschäftsgeheimnisse unbefugt und unter Zuhilfenahme der o. g. Tatbestandsalternativen an sich nimmt. Im Hinblick auf den Zeitraum nach rechtlicher Beendigung des Arbeitsverhältnisses ist fraglich, ob der Arbeitnehmer sich gemäß § 17 Abs. 2 Nr. 1 UWG strafbar macht, wenn er der dem Geheimnis zugrunde liegenden Quelle die geheimen Informationen entnimmt. Fertigt der Arbeitnehmer während des Arbeitsverhältnisses Unterlagen an, kommt es

397 Gaugenrieder/Unger-Hellmich, a. a. O. (Seite 1370).

398 Gaugenrieder/Unger-Hellmich, a. a. O. (Seite 1370).

399 Siehe den bei Ohly, GRUR 2014, 1 (6) unter Fn. 58 enthaltenen verweis auf die herrschende Meinung sowie Harte-Bavendamm/Henning-Bodewig, a. a. O., Rn. 21 zu § 17.

400 Ohly, GRUR 2014, 1 (6).

für eine Strafbarkeit gemäß § 17 Abs. 2 Nr. 1 UWG darauf an, ob der Arbeitnehmer diese Unterlagen im Anschluss an die Beendigung des Arbeitsverhältnisses behalten darf oder nicht. Liegen dem ausgeschiedenen Mitarbeiter derartige schriftliche Unterlagen – beispielsweise in Form privater Aufzeichnungen oder in Form einer auf dem privaten Notebook abgespeicherten Datei – vor und entnimmt er ihnen ein Betriebs- oder Geschäftsgeheimnis seines früheren Arbeitgebers, verschafft er sich damit dieses Betriebs- oder Geschäftsgeheimnis unbefugt.[401] Davon abzugrenzen sind diejenigen Fälle, in denen sich ein Arbeitnehmer die Tatsachen, die das Betriebs- oder Geschäftsgeheimnis darstellen, in seinem Gedächtnis eingeprägt hat und diese Informationen nach Beendigung des Arbeitsverhältnisses aus seinem Gedächtnis abruft. In diesem Fall liegt nach der deutschen Rechtsprechung kein unbefugtes Sich-Verschaffen bzw. Sichern vor, sodass diese Informationen im Einklang mit § 17 Abs. 2 Nr. 1 UWG verwendet werden können.[402] Davon auszunehmen sind nur Fälle des gezielten und systematischen Auswendiglernens oder Fälle der Bestechung[403] bzw. der Verwertung von Kundendaten aus einem Schreiben, das einem nur deshalb zur Kenntnis gelangte, da es erkennbar fehlgeleitet ist.[404]

In Anbetracht dieser Rechtslage ist der Arbeitgeber insbesondere in dem oben geschilderten Normalfall in strafrechtlicher Hinsicht nicht vor der Weitergabe von Betriebs- oder Geschäftsgeheimnissen geschützt. Zum einen ist festzustellen, dass der Arbeitnehmer die Betriebs- oder Geschäftsgeheimnisse befugter Weise vom Arbeitgeber, regelmäßig zur Erbringung der arbeitsvertraglich geschuldeten Tätigkeit, anvertraut erhält, womit kein unbefugtes Sich-Verschaffen bzw. Sichern gegeben ist. Des Weiteren ist im Hinblick auf den Zeitraum nach rechtlicher Beendigung des Arbeitsverhältnisses nur dann von einem unbefugten Sich-Verschaffen bzw. Sichern auszugehen, wenn der Arbeitnehmer Unterlagen oder sonstige Medien mit zum neuen Arbeitgeber nimmt, was in der Praxis ohnehin in der Regel durch arbeitsvertragliche Klauseln, die die unverzügliche Herausgabe von Unterlagen regelt, vermieden wird.

Außen vor bleiben vor diesem Hintergrund die geheimen Informationen, die der Arbeitnehmer einerseits befugt seitens des Arbeitgebers im Verlauf des Arbeitsverhältnisses erhalten hat und die sich der Arbeitnehmer andererseits in sein Gedächtnis derart eingeprägt hat, dass dieser sie mittels seiner Gedächtnisleistung rekonstruieren kann. Bezüglich dieser Verhaltensweisen ist der Arbeitgeber aus strafrechtlicher Sicht durch § 17 Abs. 2 Nr. 1 UWG nicht geschützt.

---

401 BGH, Urteil vom 27.4.2006 – I ZR 126/03 = NJW 2006, 3424 (3425) m. w. N., siehe auch die bei Gaugenrieder/Unger-Hellmich, a. a. O. (Seite 1370) aufgezählten Beispiele m. w. N.

402 BGH, Urteil vom 27.4.2006 – I ZR 126/03 = NJW 2006, 3424 (3425), Urteil vom 14.1.1999 – I ZR 2/97 = NJW-RR 1999, 1131 (1132).

403 Piper/Ohly/Sosnitza, a. a. O., Rn. 21 zu § 17 UWG, Gaugenrieder/Unger-Hellmich, a. a. O. (Seite 1370).

404 BGH, Urteil vom 7.10.1982 – I ZR 93/80 = GRUR 1983, 34 /35, Gaugenrieder/Unger-Hellmich, a. a. O. (Seite 1370).

ccc. Geheimnisverwertung

Der in § 17 Abs. 2 Nr. 2 UWG unter Strafe gestellte Tatbestand der Geheimnisverwertung richtet sich an Jedermann, ungeachtet dessen, ob er Beschäftigter des Unternehmens ist oder war.[405] Dieser Fall ist in der Praxis am bedeutsamsten, insbesondere in den Fällen, in denen frühere Arbeitnehmer Betriebs- oder Geschäftsgeheimnisse ihres ehemaligen Arbeitgebers verwerten, die sie sich noch während der Dauer des Arbeitsverhältnisses auf unbefugte Weise verschafft haben oder die sie – wie oben bereits dargestellt – ihren eigenen, seinerzeit angefertigten Unterlagen entnehmen.[406] Im Hinblick auf den Schutz des Arbeitgebers ergibt sich daher auch hier die bereits im Rahmen des Tatbestandes der Betriebsspionage (§ 17 Abs. 2 Nr. 1 UWG) erläuterte Einschränkung, dass der frühere Arbeitnehmer das Betriebs- oder Geschäftsgeheimnis durch eine der o. g. Tatbestandsalternativen, d. h. durch Verrat i. S. d. § 17 Abs. 1 UWG, durch Betriebsspionage nach § 17 Abs. 2 Nr. 1 UWG oder auf sonstige unbefugte Weise erlangt haben muss.[407]

Nur wer das Betriebs- oder Geschäftsgeheimnis auf unbefugte Weise erfahren, erlangt oder gesichert hat und es unbefugt verwertet oder Jemandem mitteilt, d. h. im geschäftlichen Verkehr einsetzt, begeht eine strafbare Handlung.[408] Untersagt ist damit die unbefugte Verwertung, mithin jede wirtschaftliche Verwendung oder Mitteilung eines unredlich erworbenen Betriebs- oder Geschäftsgeheimnisses.[409] Das Merkmal unbefugt ist im Rahmen dieses Tatbestandes generalklauselartig gefasst und erfasst jeden sonstigen Fall, in dem sich der Täter das Geheimnis zu Zwecken des Wettbewerbs, aus Eigennutz, zu Gunsten eines Dritten oder in Schädigungsabsicht unbefugt verschafft oder gesichert hat.[410]

Vor diesem Hintergrund ist der Arbeitgeber hier zwar in den Fällen geschützt, in denen sich der Arbeitnehmer die geheimen Informationen während des Arbeitsverhältnisses unbefugt verschafft oder wenn sich der Arbeitnehmer in den o. g. Fällen die geheimen Informationen erst durch eine rechtswidrige Handlung nach der rechtlichen Beendigung des Arbeitsverhältnisses verschafft bzw. gesichert hat. Auch ist die Geheimnisverwertung im Gegensatz zum Geheimnisverrat gem. § 17 Abs. 1 UWG nicht nur auf die Dauer des laufenden Arbeitsverhältnisses begrenzt, sondern ist sowohl während des laufenden Vertragsverhältnisses als auch nach dessen rechtlicher Beendigung strafbar.[411] Ebenso wie bei der Betriebsspionage bleiben jedoch die Fälle außen vor, in denen sich der Arbeitnehmer die Tatsachen, die das Geschäfts- oder Betriebsgeheimnis bilden, in seinem Gedächtnis einprägt und

405 Gaugenrieder/Unger-Hellmich, a. a. O. (Seite 1370).
406 Harte-Bavendamm/Henning-Bodewig, a. a. O., Rn. 27 zu § 17 m. w. N.
407 Harte-Bavendamm/Henning-Bodewig, a. a. O., Rn. 28 zu § 17.
408 Gaugenrieder/Unger-Hellmich, a. a. O. (Seite 1371).
409 Gaugenrieder/Unger-Hellmich, a. a. O. (Seite 1370).
410 Harte-Bavendamm/Henning-Bodewig, a. a. O., Rn. 31 zu § 17 m. w. N. sowie Ohly, a. a. O. (Seite 6) m. w. N.
411 Gaugenrieder/Unger-Hellmich, a. a. O. (Seite 1371).

diese sodann mittels seiner Gedächtnisleistung bei einem Dritten verwertet. Nach der deutschen Rechtsprechung darf ein ausgeschiedener Mitarbeiter nämlich die während der Beschäftigungszeit erworbenen Kenntnisse auch später unbeschränkt verwenden, wenn er keinem Wettbewerbsverbot unterliegt und es sich um Informationen handelt, die der frühere Mitarbeiter in seinem Gedächtnis bewahrt.[412]

Ein umfassender Schutz des Arbeitgebers wird daher in strafrechtlicher Hinsicht auch durch den Tatbestand der Geheimnisverwertung gemäß § 17 Abs. 2 S. 2 UWG nicht gewährleistet.

bb. Zusammenfassung

Zusammenfassend ist damit festzuhalten, dass sich der Schutz von Betriebs- oder Geschäftsgeheimnissen nach dem UWG wie folgt gestaltet:

Während des laufenden Arbeitsverhältnisses ist zwar die unbefugte Weitergabe eines Betriebs- oder Geschäftsgeheimnisses des Arbeitgebers unter Strafe gestellt, ungeachtet des Umstandes, ob diese Kenntnisse befugter Weise erlangt wurden oder nicht. Allerdings bestehen erhebliche Rechtsunsicherheiten und Nachweisschwierigkeiten bei der Beurteilung, wann eine Weitergabe unbefugt erfolgt ist, und zwar insbesondere in dem Fall, in dem die Arbeitsvertragsparteien keine Verschwiegenheitsvereinbarung geschlossen haben, aus der sich der konkrete Geheimhaltungswille in Bezug auf ein oder mehrere konkrete/s Betriebs- oder Geschäftsgeheimnis/se ergibt. In diesem Fall ist der Arbeitgeber daher nur dann ausreichend geschützt, wenn eine Verschwiegenheitsvereinbarung besteht bzw. der Geheimhaltungswille anderweitig nach außen dokumentiert ist und die geheim zuhaltenden Betriebs- oder Geschäftsgeheimnisse explizit bezeichnet wurden. Andernfalls wird kein ausreichender strafrechtlicher Schutz erreicht.

Im Anschluss an die rechtliche Beendigung des Arbeitsverhältnisses besteht eine Strafbarkeit nur, wenn sich der Arbeitnehmer das Betriebs- oder Geschäftsgeheimnis – mit welchen Mitteln auch immer – unbefugt verschafft bzw. dieses gesichert hat (§ 17 Abs. 2 Nr. 1 UWG) oder dieses gegen den Willen des Arbeitgebers bei einem Dritten verwertet (§ 17 Abs. 2 Nr. 2 UWG). Befugter Weise erlangte Kenntnisse über Geschäfts- oder Betriebsgeheimnisse können jedoch im Anschluss an die rechtliche Beendigung des Arbeitsverhältnisses grundsätzlich verwertet werden. Vor diesem Hintergrund ist der Arbeitgeber im Hinblick auf den, dem Arbeitsverhältnis zugrunde liegenden Normalfall, in welchem dem Arbeitnehmer Betriebs- oder Geschäftsgeheimnisse anvertraut worden sind, da diese für die Erbringung der Arbeitsleistung erforderlich sind, nach den Regelungen des UWG nicht ausreichend geschützt.

412 BGH, Urteil vom 27.4.2006 – I ZR 126/03 = NJW 2006, 3424 (3425), Urteil vom 14.1.1999 – I ZR 2/97 = NJW-RR 1999, 1131 (1132).

c. *Gesetzlicher Schutz durch zivilrechtliche Ansprüche des Arbeitgebers*

Neben den vorstehend dargestellten Straftatbeständen nach UWG kommen in Anwendung dieses Gesetzes auch zivilrechtliche Ansprüche des Arbeitgebers in Betracht. Hierbei handelt es sich zum einen um die sog. strafrechtsakzessorischen zivilrechtlichen sowie weiteren wettbewerbsrechtlichen Ansprüche. Fraglich ist, ob diese mildere Maßnahmen darstellen.

aa. Strafrechtsakzessorische zivilrechtliche Ansprüche

Zunächst ist festzuhalten, dass - anders als in den meisten europäischen Rechtsordnungen - im deutschen Recht eine allgemeine zivilrechtliche Anspruchsgrundlage für den Fall der Verletzung von Geschäfts- oder Betriebsgeheimnissen fehlt.[413] Zwar stellen die §§ 17 und 18 UWG Schutzgesetze i. S. d. § 823 Abs. 2 BGB dar und können in analoger Anwendung des § 1004 Abs. 1 BGB Unterlassungsansprüche begründen.[414] Dem Arbeitgeber nützt diese zur Verfügung stehende Anspruchsgrundlage jedoch nichts, da die Haftung gemäß § 823 Abs. 2 BGB strafrechtsakzessorisch ist, d.h. sowohl der objektive als auch der subjektive Tatbestand der §§ 17, 18 UWG erfüllt sein muss.[415]

Im Ergebnis gilt somit, dass der Schutz des Arbeitgebers diesbezüglich genauso lückenhaft bleibt wie bei den strafrechtlichen Regelungen. Es bleiben insbesondere Lücken bestehen, wenn die objektiven Tatbestände bestimmte Angriffsformen, wie z.B. das Einprägen in das Gedächtnis (s. o.), nicht erfassen oder wenn es sich um bloß fahrlässige Verletzungen handelt.[416]

bb. Weitere wettbewerbsrechtliche Anspruchsgrundlagen

Weitere wettbewerbsrechtliche Anspruchsgrundlagen sind in § 8 Abs. 3 Nr. 1, § 3 und § 4 Nr. 9 c, 10 und 11 UWG enthalten.[417] Voraussetzung dieser Anspruchsgrundlagen ist das Bestehen eines Wettbewerbsverhältnisses und der ehemalige Arbeitnehmer bzw. der Dritte muss (jedenfalls auch) zu Zwecken des Wettbewerbs gehandelt haben.[418] Maßgeblich für das Bestehen eines Wettbewerbsverhältnisses ist das Vorliegen einer geschäftlichen Handlung i. S. d. § 2 Abs. 1 Nr. 1 UWG. Der Begriff der geschäftlichen Handlung ist – neben dem Begriff der Unlauterkeit – der Zentralbegriff des UWG und dient dazu, den Anwendungsbereich des Lauterkeitsrechts gegenüber dem allgemeinen Deliktsrecht (§§ 823 f. BGB) abzugrenzen.[419] Nur

---

413 Ohly, GRUR 2014, 1 (7), Köhler/Bornkamm, a. a. O., Rn. 51 ff. zu § 17 UWG, Piper/Ohly/Sosnitza, a. a. O., Rn. 35 f. zu § 17 UWG.

414 Ohly, GRUR 2014, 1 (7) unter Verweis auf BGH, Urteil vom 19.11.1982 – I ZR 99/80 = GRUR 1983, 179 (181).

415 Ohly, GRUR 2014, 1 (8).

416 Ohly, GRUR 2014, 1 (8).

417 Gaugenrieder/Unger-Hellmich, a. a. O. (Seite 1372).

418 Gaugenrieder/Unger-Hellmich, a. a. O. (Seite 1372) m. w. N.

419 Köhler/Bornkamm, a. a. O., Rn. 3 zu § 2 UWG.

bei Vorliegen einer geschäftlichen Handlung kann das Lauterkeitsrecht Anwendung finden.[420]

Mit der UWG-Novelle 2008 wurde der Begriff der *Wettbewerbshandlung* durch den Begriff der *geschäftlichen Handlung* ersetzt, wobei wesentlicher Unterschied zur früheren Regelung die Ersetzung des (ungeschriebenen) Tatbestandsmerkmals der Wettbewerbsförderungsabsicht durch das Erfordernis des objektiven Zusammenhangs und die Erstreckung auf Handlungen, die in objektivem Zusammenhang mit dem Abschluss oder der Durchführung eines Vertrages über Waren oder Dienstleistungen stehen.[421]

Ungeachtet der Frage, ob ein Arbeitnehmer, sei es im laufenden Arbeitsverhältnis, sei es im Anschluss an dessen Beendigung, eine geschäftliche Handlung begeht, wenn er seine Kenntnisse bei einem Konkurrenzarbeitgeber einsetzt, ist auch hier die Unzulässigkeit bzw. Unredlichkeit der geschäftlichen Handlung Voraussetzung für das Eingreifen etwaiger Unterlassungs-, Beseitigungs- oder Schadensersatzansprüche auf Grundlage der o. g. Anspruchsgrundlagen. Auch hier gilt also, dass der Arbeitgeber nicht umfassend und vor allem nicht im Hinblick auf die zulässige bzw. redliche Kenntniserlangung eines Betriebs- oder Geschäftsgeheimnisses geschützt ist.

cc. Zusammenfassung

Zusammenfassend ist damit festzuhalten, dass der Arbeitgeber auch durch zivilrechtliche Ansprüche nicht ausreichend geschützt wird. Dies gilt im Hinblick auf die strafrechtsakzessorischen Ansprüche bereits aufgrund des Umstandes, dass sowohl der objektive als auch der subjektive Tatbestand der §§ 17, 18 UWG erfüllt sein muss und sich somit die oben bereits erörterten Probleme stellen. Bzgl. der übrigen wettbewerbsrechtlichen Anspruchsgrundlagen folgt dies daraus, dass der Arbeitgeber nicht umfassend und vor allem nicht im Hinblick auf redliche Verhaltensweisen des Arbeitnehmers geschützt ist.

d. (Nach-) Vertraglicher Schutz durch bloße Verschwiegenheitspflichten

Ein weiteres milderes Mittel des Arbeitgebers für die Erreichung des Zwecks, das Abwandern von Betriebs- oder Geschäftsgeheimnissen zur Konkurrenz zu vermeiden, könnten die oben dargestellten bloßen Verschwiegenheitspflichten auf Grundlage der arbeitsvertraglichen Treue- und Rücksichtnahmepflicht bzw. den diese konkretisierenden Verschwiegenheitsvereinbarungen sein, d.h. solche, die nicht ähnlich wie Wettbewerbsverbote wirken.

---

420 Köhler/Bornkamm, a. a. O., Rn. 3 zu § 2 UWG.

421 BGH, Urteil vom 12.7.2012 – I ZR 54/11 = GRUR 2013, 301 (302), Köhler/Bornkamm, a. a. O., Rn. 6 zu § 2 UWG.

aa. Geringere Reichweite von Verschwiegenheitspflichten

Problematisch ist aber die Reichweite dieser Verschwiegenheitspflichten. Zwar werden dem Arbeitnehmer explizite Verschwiegenheitspflichten auferlegt, allerdings wird nicht die Tätigkeit bei einem Konkurrenzunternehmen verboten. Dem Arbeitnehmer ist es trotz auferlegter Verschwiegenheitspflichten weiterhin gestattet, entweder eine Tätigkeit in einem Konkurrenzunternehmen bzw. eine selbständige Tätigkeit in demselben Geschäftszweig aufzunehmen, es sei denn, die Verschwiegenheitsverpflichtung schlägt insbesondere im Falle der gesonderten Vereinbarung in ein Wettbewerbsverbot in den bereits erörterten Fällen um. Folge dessen ist einerseits, dass der Arbeitgeber rein faktisch keine Kenntnis darüber erlangen kann, ob der Arbeitnehmer eine zusätzliche Tätigkeit aufnimmt. Der Arbeitgeber besitzt somit faktisch keine Kontrolle darüber, welche geheim zu haltenden Informationen an welches Unternehmen weiter gegeben werden könnten. Der Arbeitgeber ist verpflichtet, zunächst Auskünfte darüber einzuholen, in welchem Unternehmen der Arbeitnehmer in welcher Position tätig ist und ob aufgrund dieser Gegebenheiten eine Weitergabe der geheimen Informationen droht.

Dasselbe Problem stellt sich indes beim Wettbewerbsverbot, weil der Arbeitnehmer in der Regel – es sei denn, es besteht während des laufenden Arbeitsverhältnisses eine wirksame ausdrückliche Regelung, wonach weitere (Neben-) Tätigkeiten anzuzeigen sind bzw. der Zustimmung des Arbeitgebers bedürfen – nicht verpflichtet ist, die Aufnahme einer weiteren Tätigkeit während des laufenden Arbeitsverhältnisses bzw. eine Tätigkeit im Anschluss an die Beendigung des Arbeitsverhältnisses gegenüber dem (ehemaligen) Arbeitgeber zu offenbaren. Allerdings erlangt der Arbeitgeber bei der Verletzung einer bloßen Verschwiegenheitspflicht erst in dem Zeitpunkt Kenntnis davon, wenn das Geheimnis bereits preisgegeben wurde.[422] Im Gegensatz dazu ist die Verletzung eines Wettbewerbsverbots noch nicht gleichbedeutend mit der erfolgten Weitergabe bzw. Verwertung von Betriebs- oder Geschäftsgeheimnissen, sodass der Arbeitgeber gegen die Verletzung des Wettbewerbsverbots noch rechtzeitig vorgehen und damit verhindern kann, dass es zu einer Weitergabe und Verwertung der Betriebs- oder Geschäftsgeheimnisse kommt.

bb. Geringere Effektivität wegen Transparenzanforderungen

Ein weiteres Argument gegen die Annahme, dass insbesondere die gesonderte Vereinbarung von bloßen Verschwiegenheitspflichten in der Lage ist, die Weitergabe von Betriebs- oder Geschäftsgeheimnissen effektiv zu verhindern, besteht in Folgendem:

Es ist zu bedenken, dass in beiden Fällen – also sowohl in dem Fall, indem der Arbeitgeber es bei der Wirkung der arbeitsvertraglichen Nebenpflicht belässt, als auch in dem Fall, in dem die Parteien zusätzlich eine gesonderte Verschwiegenheitsvereinbarung treffen – die praktikable Durchsetzung der Verschwiegenheitspflicht

---

422 Preis/*Rolfs*, a. a. O., II V 20, Rn. 72.

in der Praxis häufig an Transparenzgesichtspunkten scheitert. Dies folgt bzgl. der erstgenannten Alternative aus dem bereits oben erläuterten Umstand, dass eine Rechtsunsicherheit sowie Nachweisschwierigkeit besteht, solange die Arbeitsvertragsparteien keine ausdrückliche Klarstellung dahingehend vornehmen, welche Betriebs- oder Geschäftsgeheimnisse gewahrt werden sollen. In diesem Fall ist für den Arbeitgeber eine effektive Durchsetzung der jeweiligen Rechte erschwert, wobei insoweit zur Vermeidung von Wiederholungen auf die obigen Ausführungen verwiesen wird.

Eine einzelvertragliche Erweiterung der Schweigepflicht ist aber zudem nur innerhalb der allgemeinen Grenzen der §§ 134, 138, 242, 305 f. BGB möglich.[423] Insbesondere vorformulierte Regelungen müssen daher angemessen und damit auch transparent i. S. d. § 307 Abs. 1 S. 2 BGB sein, sodass eine klare und verständliche Formulierung der Verschwiegenheitsklausel, welche die konkreten Pflichten des Arbeitnehmers unmissverständlich festlegt, ebenso wichtig ist, wie die inhaltlich angemessene Berücksichtigung der konkreten Interessenlage.[424] Eine rechtssichere Durchsetzung solcher Vertragsklauseln besteht grundsätzlich nur dann, wenn die Parteien eine Verschwiegenheitspflicht bezogen auf Informationen vereinbaren, die als Geschäfts- oder Betriebsgeheimnisse eingeordnet werden können.[425] Bezieht sich die (nachvertragliche) Verschwiegenheitspflicht nicht auf ein oder mehrere konkret festgelegte Betriebsgeheimnisse, sondern unterschiedslos auf alle Geschäftsvorgänge, so ist die Klausel unwirksam, sofern diese – wie oben bereits dargestellt – nicht die Voraussetzungen eines nachvertraglichen Wettbewerbsverbots, insbesondere die Vereinbarung einer Karenzentschädigung – erfüllt.[426]

Die insbesondere auch gerichtliche Durchsetzbarkeit von Verschwiegenheitsregelungen ist nur dann unzweifelhaft, wenn sich die Verschwiegenheitsvereinbarung tatsächlich auf solche Informationen bezieht, die als Betriebs- oder Geschäftsgeheimnisse im Sinne der oben bereits erläuterten Definition zu qualifizieren sind, und die konkrete Vereinbarung überdies in ihrem Umfang angemessen ist, also im Zweifel die geheim zu haltenden Informationen so genau wie möglich benennt.[427] An der Einhaltung dieser Voraussetzungen scheitert in der Praxis häufig die Durchsetzung der Verschwiegenheitspflichten. Einerseits bestehen Unsicherheiten, ob die den Vereinbarungen zugrunde gelegten Informationen Betriebs- oder Geschäftsgeheimnisse darstellen. Des Weiteren bedarf es aufgrund des Umstandes, dass die

423 Gaugenrieder/Unger-Hellmich, a. a. O. (Seite 1367), vgl. auch Preis/*Rolfs*, a. a. O., II V 20, Rn. 57.

424 Preis/*Rolfs*, a. a. O., II V 20, Rn. 57.

425 Sander, a. a. O. (Seite 226).

426 BAG, Urteil vom 19.5.1998 – 9 AZR 394/97 a. a. O. (Seite 202), vgl. auch der Verweis dieser Entscheidung des BAG bei Preis/*Rolfs*, a. a. O., II V 20, Rn. 58.

427 Sander, a. a. O. (Seite 225) unter Verweis auf Lingemann/Groneberg, NJW 2011, 2028 (2030) sowie Salger/Breitfeld, BB 2005, 154 (158), Preis/Rolfs, a. a. O., II V 20, Rn. 70 unter Verweis auf BAG, Urteil v. 25.4.1989 – 3 AZR 35/88 = AP Nr. 7 zu § 611 BGB Betriebsgeheimnis.

jeweiligen Betriebs- oder Geschäftsgeheimnisse so konkret wie möglich bezeichnet werden müssen, einer durchgehenden Achtsamkeit des Arbeitgebers dahingehend, dass dieser die entsprechende Verschwiegenheitsklausel so konkret wie möglich formuliert und darüber hinaus stets den aktuellen Gegebenheiten anpasst, sobald neue Betriebs- oder Geschäftsgeheimnisse hinzukommen bzw. mangels anderweitiger Entwicklungen für den jeweiligen Arbeitgeber wegfallen.

Zwar stellt dieses Argument ein vorrangig praktisches Argument dar, was nicht darüber hinweg täuscht, dass es der Arbeitgeber in der Theorie durch ein sorgsames und stets auf aktuellen Daten basierendes Geheimnisschutzmanagement tatsächlich in der Hand hat, seine Interessen an der Wahrung von bestimmten Betriebs- oder Geschäftsgeheimnissen vertraglich abzusichern. Insbesondere ist für die Frage, ob Schutzmaßnahmen im Hinblick auf Betriebs- oder Geschäftsgeheimnisse im Grundsatz effektiv sind, nicht derjenige Arbeitgeber als Maßstab tauglich, der nicht zu einem derartigen Geheimnisschutzmanagement in der Lage ist. Allerdings ist dies, neben der oben erörterten geringeren Reichweite der Verschwiegenheitspflicht, die eben nicht die Aufnahme einer Tätigkeit bei einem Konkurrenzunternehmen untersagt, ein weiterer gewichtiger Aspekt, der einer effektiven Durchsetzung von Verschwiegenheitspflichten entgegensteht.

cc. Geringere Effektivität wegen prozessualer Aspekte

Ein weiterer Umstand, der verdeutlicht, dass Verschwiegenheitspflichten nicht effektiv durchsetzbar sind, ist der, dass der Arbeitgeber bei der Verfolgung von Verstößen gegen Verschwiegenheitspflichten vorrangig auf die Geltendmachung von Schadensersatzansprüchen beschränkt ist. Hier kommt neben einem Anspruch aus § 280 Abs. 1 BGB wegen Verletzung der arbeitsvertraglichen Verschwiegenheitspflicht sowie deliktischen Schadensersatzansprüchen bei Verletzung der gesetzlich geregelten Verschwiegenheitspflichten bei Abschluss einer ausdrücklichen Verschwiegenheitsvereinbarung auch ein Anspruch aus § 280 Abs. 1 BGB wegen der Verletzung der Verschwiegenheitsvereinbarung in Betracht.[428]

Ein Unterlassungsanspruch ist im Hinblick auf die Verletzung von Verschwiegenheitspflichten als solchen aber aus dem Grund nicht effektiv, dass die Pflichtverletzung bereits begangen wurde und bzgl. eines bestimmten Betriebs- oder Geschäftsgeheimnisses auch keine andauernde Pflichtverletzung zu befürchten ist, weil das Geheimnis bereits offenbart wurde und dadurch ggf. bereits ein Schaden für den Arbeitgeber eingetreten sein kann. Das Betriebs- oder Geschäftsgeheimnis ist in der Regel – wie bereits oben erörtert – bereits preisgegeben, wenn der Arbeitgeber von einem Verstoß gegen die Verschwiegenheitspflicht Kenntnis erlangt. Dies ist bei Wettbewerbsverboten – wie bereits dargestellt – anders, da dem Arbeitgeber Unterlassungsansprüche im Hinblick auf die Aufnahme einer Konkurrenztätigkeit zustehen, welche im Wege einer einstweiligen Verfügung durchgesetzt werden

428 Preis/*Rolfs*, a. a. O., II V 20, Rn. 72 unter Verweis auf BAG, Urteil v. 16.3.1982 – 3 AZR 83/79 = AP Nr. 1 zu § 611 BGB Betriebsgeheimnis.

können. Dadurch kann der Arbeitgeber die Konkurrenztätigkeit und damit die Weitergabe von Betriebs- oder Geschäftsgeheimnissen effektiver verhindern.

Ein weiteres Argument, das oftmals im Hinblick auf bestehende Durchsetzungsdefizite vorgebracht wird, dass im Rahmen eines geführten Prozesses, in dem sich der Arbeitgeber auf die Einhaltung von Verschwiegenheitspflichten beruft, die Preisgabe der Betriebs- oder Geschäftsgeheimnisse droht, geht indes fehl. Zwar muss der Arbeitgeber, will dieser gegen einen Arbeitnehmer (nachvertragliche) Ansprüche gerichtlich durchsetzen, das zu wahrende Betriebs- und Geschäftsgeheimnis hinreichend genau bezeichnen und er muss das zu schützende Geheimnis zwar nicht offenbaren, es aber doch so deutlich beschreiben, dass zu ersehen ist, was geschützt werden soll.[429] Kann der Arbeitgeber seiner Darlegungslast im Prozess nur durch Preisgabe von Geheimnissen genügen, so stehen dem Gericht aber ausreichend Mittel des Prozessrechts zur Verfügung, um dies zu vermeiden, wobei hier vor allem der zeitweise Ausschluss der Öffentlichkeit gemäß § 52 S. 2 ArbGG, § 172 Nr. 2 GVG sowie das Auferlegen strafbewehrter Schweigegebote nach § 174 Abs. 3 S. 1 GVG in Betracht kommt.[430]

dd. Bewertung/Zusammenfassung

Zusammenfassend kann somit festgehalten werden, dass bei Verschwiegenheitspflichten im Gegensatz zu Wettbewerbsverboten erhebliche Durchsetzungsdefizite bestehen. Dies folgt zum einen aus dem Umstand, dass bloße Verschwiegenheitspflichten, die keinem Wettbewerbsverbot gleich kommen, den Arbeitnehmern weiterhin die Möglichkeit gewähren, für ein Konkurrenzunternehmen tätig zu werden. Dagegen bewirken Wettbewerbsverbote ein Tätigkeitsverbot, sodass insbesondere die Gefahr vermieden wird, dass der (ehemalige) Arbeitnehmer Betriebs- oder Geschäftsgeheimnisse des Arbeitgebers im Rahmen einer Tätigkeit bei einem Konkurrenzunternehmen nutzt bzw. diesem zur Verfügung stellt. Dies stellt einen gewichtigen Unterschied dar. Folge dessen ist nämlich einerseits, dass der Arbeitgeber rein faktisch keine Kenntnis darüber erlangen kann, ob der Arbeitnehmer eine zusätzliche Tätigkeit aufnimmt.

Der Arbeitgeber besitzt zudem faktisch keine Kontrolle darüber, welche geheim zu haltenden Informationen an welches Unternehmen weiter gegeben werden könnten. Der Arbeitgeber ist gehalten, zunächst Auskünfte darüber einzuholen, in welchem Unternehmen der Arbeitnehmer in welcher Position tätig ist und ob aufgrund dieser Gegebenheiten eine Weitergabe der Betriebs- oder Geschäftsgeheimnisse droht. Zwar lässt sich diesbezüglich wiederum einwenden, dass der Arbeitgeber – soweit dieser keinen privaten Detektiven beauftragt – auch bei der Geltung eines

---

429 Sander, a. a. O. (Seite 225) unter Verweis auf Lingemann/Groneberg, a. a. O. (Seite 2030) sowie Salger/Breitfeld, a. a. O. (Seite 158), Preis/*Rolfs*, a. a. O., II V 20, Rn. 70 unter Verweis auf BAG, Urteil v. 25.4.1989 – 3 AZR 35/88 = AP Nr. 7 zu § 611 BGB Betriebsgeheimnis.

430 Preis/*Rolfs*, a. a. O., II V 20, Rn. 70.

Wettbewerbsverbots nicht sicher ausschließen kann, dass der Arbeitnehmer nicht doch bei einem Konkurrenzunternehmen bzw. selbständig in demselben Geschäftszweig tätig wird. Allerdings besteht ein weiterer gewichtiger Unterschied darin, dass der Arbeitgeber erst in dem Zeitpunkt Kenntnis von einem Verstoß gegen die explizit gesetzlich geregelten sowie dem Arbeitsverhältnis immanenten oder gesondert auferlegten Verschwiegenheitspflichten erhält, wenn das Geheimnis bereits preisgegeben wurde. Dies ist im Fall eines Wettbewerbsverbotes nicht der Fall, da der Arbeitgeber dort im Normalfall zunächst (nur) Kenntnis darüber erlangt, dass der Arbeitnehmer bei einem Konkurrenzunternehmen die Tätigkeit aufgenommen hat. Insbesondere ist der Verstoß gegen das Wettbewerbsverbot aber noch nicht gleich bedeutend mit der Weitergabe des Betriebs- oder Geschäftsgeheimnisses.

Zudem ist der Arbeitgeber auf die Geltendmachung von Schadensersatzansprüchen beschränkt, was sich insbesondere bei kleineren Unternehmen existenzbedrohend auswirken kann. Unterlassungsansprüche gehen dann ins Leere, wenn ein bestimmtes Betriebs- oder Geschäftsgeheimnis betroffen ist und durch dessen Preisgabe bereits ein Schaden für den Arbeitgeber eingetreten ist. Im Gegensatz dazu kann der Arbeitgeber bei der Feststellung der Verletzung des Wettbewerbsverbots ggf. im Wege einer einstweiligen Verfügung die Untersagung der Wettbewerbstätigkeit durchsetzen, um zu verhindern, dass Betriebs- oder Geschäftsgeheimnisse durch die Konkurrenz genutzt oder an diese weitergegeben werden.

Des Weiteren scheitert die Durchsetzung von vereinbarten Verschwiegenheitspflichten in der Praxis zwar nicht schon aus prozessualen Gründen. Insbesondere hält das Prozessrecht ausreichend Mittel zur Verfügung, um die Preisgabe von Betriebs- oder Geschäftsgeheimnissen an die Öffentlichkeit zu vermeiden.

Sie scheitert häufig aber aus Transparenzgründen. Aufgrund der Vielzahl in Betracht kommender Betriebs- oder Geschäftsgeheimnisse sowie der stetigen Entwicklung ist ein besonderes Geheimnisschutzmanagement erforderlich, das die Vereinbarungen stets auf Aktualität überprüft und ggf. eine Anpassung durchführt. Da die gerichtliche Durchsetzbarkeit nur auf konkret bestimmte Betriebs- oder Geschäftsgeheimnisse beschränkt ist, sind Vereinbarungen mit nur pauschalem Inhalt zum Scheitern verurteilt. Diese Transparenzanforderungen bestehen zwar auch im Hinblick auf eine Wettbewerbsverbotsvereinbarung. Allerdings betrifft dies nicht die Auferlegung einer Verschwiegenheit als solche, sondern das Tätigkeitsverbot muss den Transparenzanforderungen entsprechen. Ist ein Wettbewerbsverbot Gegenstand eines gerichtlichen Verfahrens, wird in inhaltlicher Hinsicht nur geprüft, ob ein berechtigtes Interesse des Arbeitgebers vorliegt, d.h. somit, dass das Vorliegen eines Betriebs- oder Geschäftsgeheimnisses, dessen Schutz erforderlich ist, „nur" inzident geprüft wird.

e. *Ergebnis*

Als Ergebnis ist nach alledem Folgendes festzuhalten:

Der Arbeitgeber wird durch das gesetzliche Konkurrenzschutzsystem, d.h. insbesondere durch das PatG, das UrhG, das GebrMG und das DesignG nur unzureichend vor der Weitergabe bzw. Verwertung von Betriebs- oder Geschäftsgeheimnissen an bzw. durch Dritte geschützt. Zwar verleihen diese Gesetze dem Arbeitgeber Ausschließlichkeitsrechte an Patenten, Werken persönlicher oder geistiger Schöpfung, Gebrauchsmustern und Designs. Ein Schutz wird durch diese Gesetze bei Patenten, Gebrauchsmustern und Designs aber nur vermittelt, wenn eine Eintragung erfolgt. Für Betriebs- oder Geschäftsgeheimnisse mit Bezug zu diesen gewerblichen Schutzrechten, die im Vorfeld der Eintragung entstehen bzw. verwertet werden, wird weder durch das PatG, noch durch das GebrMG bzw. DesignG ein Schutz für den Arbeitgeber bewirkt. Im Übrigen – und dies gilt auch für das UrhG – stellen Betriebs- oder Geschäftsgeheimnisse mit Bezug zu diesen gewerblichen Schutzrechten ohnehin nur einen Auszug schützenswerter Informationen dar, sodass das gesetzliche Konkurrenzschutzsystem zumindest keinen umfassenden Schutz der Betriebs- oder Geschäftsgeheimnisse des Arbeitgebers gewährleistet.

Die UWG-rechtlichen Vorschriften sowie die damit korrespondierenden strafrechtsakzessorischen bzw. zivilrechtlichen Ansprüche bieten für den im Arbeitsverhältnis bestehenden Normalfall, dass der Arbeitnehmer Betriebs- oder Geschäftsgeheimnisse vom Arbeitgeber anvertraut erhält, keinen ausreichenden Schutz. Zwar ist der Arbeitgeber hinsichtlich der unbefugten Weitergabe von Betriebs- oder Geschäftsgeheimnissen während des laufenden Arbeitsverhältnisses an sich geschützt. Problematisch ist jedoch die Feststellung einer unbefugten Weitergabe, soweit die Arbeitsvertragsparteien nicht eine gesonderte Verschwiegenheitsvereinbarung geschlossen haben. Dies führt zu Rechtsunsicherheiten in der Praxis, sodass der UWG-rechtliche Schutz in diesen Fällen nicht ausreichend ist. Für den Zeitraum nach Beendigung des Arbeitsverhältnisses ist der Arbeitgeber zudem nur gegen unredliche Handlungen des Arbeitnehmers geschützt. Außen vor bleibt die redliche Weitergabe von Betriebs- oder Geschäftsgeheimnissen.

Die Verhinderung der Weitergabe und Verwertung von Betriebs- oder Geschäftsgeheimnissen kann der Arbeitgeber zwar zusätzlich durch die Vereinbarung von Verschwiegenheitspflichten sowohl während als auch nach Beendigung des Arbeitsverhältnisses erreichen, welche die aufgrund der Treue- und Rücksichtnahmepflicht ohnehin bestehende Verschwiegenheitspflicht konkretisieren. Allerdings kann die Weitergabe von Betriebs- oder Geschäftsgeheimnissen nicht genauso effektiv erreicht werden wie mit Wettbewerbsverboten.

2. *Erforderlichkeit von Wettbewerbsverboten bzw. ähnlich wirkenden Verschwiegenheitspflichten mit dem Ziel, den unlauteren Einbruch in den Kunden- bzw. Lieferantenkreis zu verhindern*

Die Abwerbung von Mitarbeitern kann im Einzelfall nach § 3 UWG oder § 4 Nr. 10 UWG wettbewerbswidrig sein oder – außerhalb eines Wettbewerbsverhältnisses – gegen § 823 Abs. 1 BGB in Verbindung mit dem Recht am eingerichteten und ausgeübten Gewerbebetrieb bzw. gegen § 826 BGB verstoßen, wenn mit der Abwerbung wettbewerbswidrige Zwecke verfolgt oder bei der Abwerbung unlautere

Methoden und Mittel angewendet werden.[431] In den §§ 8–11 UWG sind insoweit, wie oben bereits dargestellt, umfassende wettbewerbsrechtliche Anspruchsgrundlagen, gerichtet auf Beseitigung, Unterlassung und Schadensersatz, geregelt. Hier ist zwar ebenfalls die Unredlichkeit des Arbeitnehmers bzw. die Unzulässigkeit der Wettbewerbshandlung Voraussetzung. Allerdings ist zu berücksichtigen, dass das mit einem Wettbewerbsverbot bzw. einer ähnlich wirkenden Verschwiegenheitspflicht verfolgte Ziel, den Einbruch in den Kunden- bzw. Lieferantenkreis zu verhindern, ohnehin nur im Falle der Unlauterkeit einen von der Union anerkannten und dem Allgemeininteresse dienenden Zweck darstellt.

Für diesen Fall der Unlauterkeit ist der Arbeitgeber durch § 4 Nr. 10 i. V. m. §§ 8–11 UWG aber ausreichend geschützt. Soweit lautere Verhaltensweisen des Arbeitnehmers in Rede stehen ist hingegen nochmals darauf hinzuweisen, dass nach der ständigen zivilgerichtlichen Rechtsprechung kein Wettbewerber Anspruch auf die Bewahrung seines Kundenkreises oder den Fortbestand eines einmal begründeten Vertragsverhältnisses mit einem Kunden hat.[432]

Der Kundenstamm als solcher stellt zwar zumeist einen erheblichen, oft den einzigen wirtschaftlichen Wert eines Unternehmens dar, er ist jedoch kein geschütztes Rechtsgut im Sinne eines subjektiven Rechts auf Bestandsschutz.[433] Das Abwerben von Kunden gehört zum Wesen des Wettbewerbs.[434] Es ist auch dann zulässig, wenn die Kunden vertraglich noch an den Mitbewerber gebunden sind oder wenn die Abwerbung systematisch und zielgerichtet erfolgt.[435]

3. *Ergebnis*

Als Ergebnis der Erforderlichkeitsprüfung ist somit Folgendes festzuhalten:

Wettbewerbsverbote, die den Zweck verfolgen, die Weitergabe bzw. die Verwertung von Betriebs- oder Geschäftsgeheimnissen an bzw. von Dritten zu verhindern, sind erforderlich. Der Arbeitgeber wird durch das gesetzliche Konkurrenzschutzsystem, d. h. insbesondere durch das PatG, das UrhG, das GebrMG und das DesignG nur unzureichend vor der Weitergabe bzw. Verwertung von Betriebs- oder

---

431 Harte-Bavendamm/Henning-Bodewig/*Omsels*, a. a. O., Rn. 26 zu § 4.

432 Harte-Bavendamm/Henning-Bodewig/*Omsels*, a. a. O., Rn. 90 zu § 4 unter Verweis auf die Rechtsprechung des BGH, u. a. Urteil v. 7.4.2005 – I ZR 140/02 = GRUR 2005, 603 (604), Urteil v. 22.4.2004 – I ZR 303/01 = GRUR 2004, 704 (705).

433 Harte-Bavendamm/Henning-Bodewig/*Omsels*, a. a. O., Rn. 90 zu § 4, Köhler/Bornkamm, a. a. O., Rn. 10.33 zu § 4 unter Verweis auf BGH, Urteil v. 8.11.2001 – I ZR 124/99 = GRUR 548 (549).

434 Harte-Bavendamm/Henning-Bodewig/*Omsels*, a. a. O., Rn. 90 zu § 4 unter Verweis auf die Rechtsprechung des BGH, u. a. Urteil v. 7.4.2005 – I ZR 140/02 = GRUR 2005, 603 (604), Urteil v. 22.4.2004 – I ZR 303/01 = GRUR 2004, 704 (705).

435 Harte-Bavendamm/Henning-Bodewig/*Omsels*, a. a. O., Rn. 90 zu § 4 unter Verweis auf die Rechtsprechung des BGH, u. a. Urteil v. 7.4.2005 – I ZR 140/02 = GRUR 2005, 603 (604), Urteil v. 22.4.2004 – I ZR 303/01 = GRUR 2004, 704 (705).

Geschäftsgeheimnissen an bzw. durch Dritte geschützt. Zwar verleihen diese Gesetze dem Arbeitgeber Ausschließlichkeitsrechte an Patenten, Werken persönlicher oder geistiger Schöpfung, Gebrauchsmustern und Designs. Ein Schutz wird durch diese Gesetze bei Patenten, Gebrauchsmustern und Designs aber nur vermittelt, wenn eine Eintragung erfolgt. Für Betriebs- oder Geschäftsgeheimnisse mit Bezug zu diesen gewerblichen Schutzrechten, die im Vorfeld der Eintragung entstehen bzw. verwertet werden, wird weder durch das PatG, noch durch das GebrMG bzw. DesignG ein ausreichender Schutz für den Arbeitgeber bewirkt. Im Übrigen – und dies gilt auch für das UrhG – stellen Betriebs- oder Geschäftsgeheimnisse mit Bezug zu diesen gewerblichen Schutzrechten ohnehin nur einen Auszug schützenswerter Informationen dar, sodass das gesetzliche Konkurrenzschutzsystem zumindest keinen umfassenden Schutz der Betriebs- oder Geschäftsgeheimnisse des Arbeitgebers gewährleistet.

Die UWG-rechtlichen Vorschriften zur Verschwiegenheit der Arbeitnehmer sowie die damit korrespondierenden zivilrechtlichen Ansprüche bieten für den im Arbeitsverhältnis gegebenen Normalfall, dass der Arbeitnehmer Betriebs- oder Geschäftsgeheimnisse vom Arbeitgeber im Rahmen seiner arbeitsvertraglich geschuldeten Tätigkeit anvertraut erhält, keinen ausreichenden Schutz. Zwar ist der Arbeitgeber hinsichtlich der unbefugten Weitergabe von Betriebs- oder Geschäftsgeheimnissen während des laufenden Arbeitsverhältnisses an sich geschützt. Problematisch ist jedoch, dass nur die unbefugte Weitergabe straf- bzw. zivilrechtlich zu sanktionieren ist, die Feststellung einer derartigen unbefugten Weitergabe aber Nachweisschwierigkeiten mit sich bringt, sofern die Arbeitsvertragsparteien nicht eine gesonderte Verschwiegenheitsvereinbarung geschlossen haben bzw. der Geheimhaltungswille nicht anderweitig nach außen dokumentiert ist.

Für den Zeitraum nach Beendigung des Arbeitsverhältnisses ist der Arbeitgeber nur gegen unredliche Handlungen des Arbeitnehmers geschützt. Außen vor bleibt die redliche Weitergabe von Betriebs- oder Geschäftsgeheimnissen, d.h. die Anwendung bzw. Zugänglichmachung der Betriebs- oder Geschäftsgeheimnisse beim neuen Arbeitgeber.

Die Verhinderung der Weitergabe von Betriebs- oder Geschäftsgeheimnissen kann der Arbeitgeber zwar zusätzlich durch die Vereinbarung von Verschwiegenheitspflichten sowohl während als auch nach Beendigung des Arbeitsverhältnisses erreichen, welche die aufgrund der Treue- und Rücksichtnahmepflicht ohnehin bestehende Verschwiegenheitspflicht konkretisieren. Allerdings kann die Verhinderung der Weitergabe von Betriebs- oder Geschäftsgeheimnissen nicht genauso effektiv erreicht werden wie mit Wettbewerbsverboten.

Wettbewerbsverbote bzw. ähnlich wirkende Verschwiegenheitspflichten mit dem Ziel, den unlauteren Einbruch in den Kunden- bzw. Lieferantenkreis zu verhindern, sind hingegen nicht erforderlich. Die im UWG geregelten Vorschriften der §§ 4 Nr. 10, 8–11 UWG erfassen konkret die Situation, dass der Arbeitnehmer Kunden des Arbeitgebers mit unlauteren Mitteln abwirbt und bezeichnet dies als wettbewerbswidrige Handlung, gegen die der Arbeitgeber im Wege von Beseitigungs-, Unterlassungs- und Schadensersatzansprüchen vorgehen kann. Der Arbeitgeber ist somit bzgl. dieser unlauteren Verhaltensweisen des Arbeitnehmers umfassend geschützt, sodass es eines Wettbewerbsverbots bzw. einer ähnlich wirkenden Verschwiegenheitspflicht nicht bedarf.

III. Angemessenheit

Wettbewerbsverbote bzw. ähnlich wirkende Verschwiegenheitspflichten mit dem Ziel, die Weitergabe bzw. Verwertung von Betriebs- oder Geschäftsgeheimnissen an bzw. durch Dritte zu verhindern, müssen darüber hinaus auch angemessen sein.

1. Prüfungsmaßstab

Fraglich ist, welcher Prüfungsmaßstab für die Beurteilung der Angemessenheit einer die Arbeitnehmerfreizügigkeit beschränkende Maßnahme anzulegen ist. Die Angemessenheit wird vom EuGH im Hinblick auf einen Verstoß gegen das Beschränkungsverbot regelmäßig selten untersucht[436], was augenscheinlich darauf zurückzuführen ist, dass die Prüfung der Angemessenheit in der Regel gemeinsam mit der Prüfung der Erforderlichkeit vorgenommen wird.[437] Auch die einschlägige Literatur ist hinsichtlich der Frage, wann eine Beschränkung der Arbeitnehmerfreizügigkeit noch angemessen oder schon unangemessen ist, unergiebig, da ebenfalls keine eigenständige Prüfung stattfindet - ganz im Gegensatz zur deutschen Rechtslage, wo die Angemessenheitsprüfung meist den Schwerpunkt der Verhältnismäßigkeitsprüfung bildet.[438]

Zu berücksichtigen ist aber, dass die bisher erarbeiteten Ergebnisse, dass Wettbewerbsverbote bzw. ähnlich wirkende Verschwiegenheitspflichten einerseits einen Zweck verfolgen, der dem Allgemeininteresse dient und von der Union anerkannt ist sowie andererseits zur Erreichung dieses Zwecks erforderlich sind, noch keine Aussage darüber enthalten, welchen Inhalt und Umfang dieser arbeitgeberseitigen Mittel der Arbeitnehmer nun mit Blick auf die damit verbundene Beschränkung der Arbeitnehmerfreizügigkeit hinzunehmen bzw. nicht hinzunehmen hat. Vor diesem Hintergrund ist eine Vermengung der Angemessenheits- mit der Erforderlichkeitsprüfung abzulehnen und es hat eine gesonderte Angemessenheitsprüfung zu erfolgen.

Mangels einer konkret das Beschränkungsverbot betreffenden Definition der Angemessenheit ist insoweit auf die allgemeine Definition der Angemessenheit einer Maßnahme im Kontext der Beeinträchtigung von Grundfreiheiten zurückzugreifen. Hiernach ist eine die Arbeitnehmerfreizügigkeit beeinträchtigende Maßnahme bzw. Regelung nur dann hinzunehmen, wenn diese nicht über das hinausgeht, was zur

---

436 Wienbracke, EuR 2012, 483 (509) mit dem Verweis auf die in den nachfolgenden beiden Fußnoten benannten Ausnahmen

437 Callies/Ruffert/*Kingreen*, a. a. O., Rn. 98 zu Art. 36 AEUV m. w. N.

438 Wienbracke a. a. O. (Seite 509).

Erreichung des mit ihr verfolgten Zwecks angemessen ist[439] bzw. wenn die durch die Maßnahme bzw. Regelung einhergehende Beeinträchtigung für den Arbeitnehmer in einem angemessenen Verhältnis zum verfolgten Zweck steht.[440]

Vorzunehmen ist damit eine Abwägung zwischen der Intensität der durch die jeweilige Maßnahme bzw. Regelung verursachten Beschränkung einerseits und dem mit der Maßnahme bzw. Regelung erreichten Schutzgewinn für das jeweils entgegenstehende Rechtsgut andererseits.[441] Sofern diese Abwägung das Ergebnis liefert, dass das mit der beschränkenden Maßnahme bzw. Regelung verfolgte Schutzinteresse des Arbeitgebers die jeweilige Beschränkung der Arbeitnehmerfreizügigkeit überwiegt, ist von der Angemessenheit der beschränkenden Maßnahme auszugehen.[442]

2. *Angemessenheit von während des laufenden Arbeitsverhältnisses geltenden Wettbewerbsverboten bzw. ähnlich wirkenden Verschwiegenheitspflichten*

Unter Berücksichtigung dieser Maßgaben ist fraglich, ob das während des laufenden Arbeitsverhältnisses geltende Wettbewerbsverbot bzw. die ähnlich wirkende Verschwiegenheitspflicht angemessen ist. Im Rahmen der vorzunehmenden Abwägung ist hierzu zunächst noch einmal in Erinnerung zu rufen, welche Auswirkungen bzw. welche Intensität die durch das während des laufenden Arbeitsverhältnisses geltende Wettbewerbsverbot bzw. ähnlich wirkende Verschwiegenheitspflicht verursachte Beschränkung haben kann. Dies ist zudem im Hinblick auf die Frage, ob diese Beschränkung angemessen ist, zu vertiefen. Im Einzelnen:

a. Intensität der Beeinträchtigung

Wie bereits im zweiten Teil dieser Bearbeitung aufgezeigt wurde, ist dem Arbeitnehmer jede Tätigkeit neben der Haupttätigkeit untersagt, wenn diese im Rahmen eines weiteren Arbeitsverhältnisses bei einem Arbeitgeber erfolgt, der in demselben Geschäftszweig tätig ist wie der Hauptarbeitgeber. Vor diesem Hintergrund

439 Siehe die allgemeine Definition der Angemessenheit im Urteil des EuGH v. 22.11.2005 – C-144/04 (*Rs. Mangold*) = NZA 2005, 1345 (1347) zu einem Sachverhalt, in dem eine Ungleichbehandlung nach Art. 6 I der Richtlinie 2000/78/EG Gegenstand war.

440 Vgl. die verwendeten Formulierungen im Urteil des EuGH v. 10.9.2009 – C-269/07 (*Rs. Kommission/Deutschland*) = EuR 2010, 811 (815) zu einem Sachverhalt, in dem eine Diskriminierung gem. § 39 EGV (heute Art. 45 AEUV) Gegenstand war sowie im Urteil des EuGH v. 12.6.2003 – C-112/00 (*Rs. Schmidberger*) = EuR 2003, 657 (667–668) bzgl. der Verhältnismäßigkeitsprüfung eines Eingriffs in ein Grundrecht; siehe auch Callies/Ruffert/*Kingreen*, a. a. O., Rn. 98 zu Art. 36 AEUV m. w. N.

441 Callies/Ruffert/*Kingreen*, a. a. O., Rn. 98 zu Art. 36 AEUV.

442 Frenz, EuR 2002, 603 (611).

ist fraglich, welche Auswirkungen sich daraus für den einzelnen Arbeitnehmer ergeben können. Hierbei kommen sowohl materielle Aspekte als auch konkrete Auswirkungen im Hinblick auf die berufliche Entwicklung in Betracht.

aa. Materielle Aspekte

Bezüglich der materiellen Aspekte ist zwischen der Situation von Arbeitnehmern zu unterscheiden, die einerseits gering qualifizierte Tätigkeiten mit geringer Vergütung ausüben und andererseits einer höher qualifizierten Tätigkeit mit entsprechend höherem Einkommen nachgehen. Im Einzelnen:

aaa. Existenzgefährdung bei gering qualifizierten und vergüteten Tätigkeiten

Gering qualifizierte und vergütete Tätigkeiten sind in der Regel u. a. im Handel, in der privaten Dienstleistungsbranche sowie im Gastgewerbe anzutreffen, da in diesen Bereichen seitens des Arbeitgebers gegenüber Kunden bzw. Auftraggebern regelmäßig die Erbringung einfacher, unqualifizierter Tätigkeiten geschuldet ist.

(1) Stetige Zunahme von atypischen Beschäftigungsverhältnissen bei gering qualifizierten Tätigkeiten

Sog. atypische Beschäftigungsverhältnisse, worunter insbesondere geringfügige- und Teilzeittätigkeiten zählen, sind in diesen Branchen für den Arbeitgeber besonders attraktiv, weil sie einerseits eine betriebsspezifisch qualifizierte Stammbelegschaft ergänzen und die notwendige Anpassungsfähigkeit herstellen können.[443] Des Weiteren bieten derartige atypische Beschäftigungsverhältnisse dem Arbeitgeber den strategischen Vorteil, den Kunden bzw. Auftraggebern die bestmögliche Flexibilität in der Erbringung von Dienstleistungen anbieten zu können.[444] Aus Sicht des Arbeitgebers erlauben es diese atypischen Beschäftigungsverhältnisse in Gestalt einer geringfügigen bzw. Teilzeittätigkeit, das insbesondere im Dienstleistungssektor - in dem kaum produziert wird - vorherrschende Problem hoher Arbeitskosten zu lösen, indem die Möglichkeit genutzt wird, die Bruttolöhne und damit die Arbeitskosten zu senken.[445]

Ein weiterer für den Arbeitgeber vorteilhafter Aspekt ist hierbei, dass dieser insbesondere bei der geringfügigen Beschäftigung sozialversicherungsrechtliche

---

443 Eichhorst/Marx/Thode, Atypische Beschäftigung und Niedriglohnarbeit - Bechmarking Deutschland: Befristete und geringfügige Tätigkeiten, Zeitarbeit und Niedriglohnbeschäftigung, Studie der Bertelsmann-Stiftung, 2010, abrufbar im Internet unter http://www.bertelsmann-stiftung.de/bst/de/media/xcms_bst_dms_31235_31236_2.pdf, S. 9 f.

444 Eichhorst/Marx/Thode, a. a. O., Seite 12 sowie zur Branche der Gebäudereinigung Riedel, WSI Mitteilungen 2012, abrufbar im Internet unter http://www.boeckler.de/wsimit_2012_01_riedel.pdf , S. 64 m. w. N.

445 Eichhorst/Marx/Thode, a. a. O., Seite 25.

Vorteile in Anspruch nehmen kann, was vor allem in der stark auftragsabhängigen und arbeitsintensiven privaten Dienstleistungsbranche zu einem überproportional hohen Anteil an geringfügigen Beschäftigungen mit niedrigen Bruttostundenlöhnen geführt hat bzw. führt.[446] Vor diesem Hintergrund nimmt der Niedriglohnanteil in Deutschland gerade in Berufen mit gering qualifizierten Tätigkeiten stetig zu. Besonders virulent ist dies z. B. in der Branche der Gebäudereinigung.[447] In der Gebäudereinigung, die das beschäftigungsstärkste Handwerk in Deutschland darstellt, ist fast die Hälfte der Beschäftigten in einem geringfügigen Beschäftigungsverhältnis tätig.[448] Die Zahl der geringfügigen Beschäftigungsverhältnisse ist in der Vergangenheit insbesondere in diesem Handwerk rasant und extrem angestiegen.[449]

Gleichzeitig erhöhen die stetige technologische Entwicklung und die steigende Standortkonkurrenz, die das Verlagern derartiger einfacher Tätigkeiten ins Ausland ermöglichen, den Lohndruck auf gering qualifizierte Beschäftigung.[450] Es ist somit auch zukünftig mit einem weiteren Anstieg derartiger atypischer Arbeitsverhältnisse zu rechnen.[451]

(2) Bedürfnis nach Aufnahme weiterer Tätigkeiten zur Existenzsicherung

Problematisch an diesem Befund ist, dass diese atypischen Beschäftigungsverhältnisse in Form einer geringfügigen- bzw. Teilzeittätigkeit aufgrund des geringen Arbeitszeit- und Verdienstumfangs prinzipiell nicht als Existenz sichernd angesehen werden können, sodass ein Bedürfnis besteht, diese geringen Arbeitseinkommen aus der geringfügigen- bzw. Teilzeittätigkeit mit anderen Einkommensarten zu kombinieren.[452] Diesbezüglich geht der Trend deutlich in Richtung der Aufnahme einer Zweit- bzw. Nebentätigkeit. Insbesondere seit der gesetzlichen Neuregelung der geringfügigen Beschäftigung im Jahr 2003, durch welche die Ausübung der ersten geringfügigen Beschäftigung neben der Hauptbeschäftigung für den Arbeitnehmer sozialversicherungsfrei ist und zudem die Verdienstgrenze von EUR 325,00 auf EUR 400,00 angehoben wurde, hat sich die Zahl der Personen, die neben ihrer Hauptbeschäftigung noch eine Zweit- bzw. Nebentätigkeit ausüben, mehr

446 Eichhorst/Marx/Thode, a. a. O., Seite 25.

447 Eichhorst/Marx/Thode, a. a. O., Seite 33 unter Hinweis darauf, dass es in diesen Bereichen bereits im Jahr 2009 einen Niedriglohnanteil in Höhe von 70 % gab.

448 Siehe hierzu Riedel, a. a. O., S. 64 unter Benennung konkreter Zahlen.

449 Riedel, a. a. O. mit dem Hinweis, dass die Zahl der geringfügigen Beschäftigungsverhältnisse im Zeitraum von 1999 bis 2009 um 55 % gewachsen ist, wohingegen die Anzahl der Gesamtbeschäftigten im nahezu vergleichbaren Zeitraum lediglich um 15 % gestiegen ist.

450 Eichhorst/Marx/Thode, a. a. O., S. 31.

451 Mit Wirkung ab dem 1.1.2015 ist nunmehr der gesetzliche Mindestlohn flächendeckend in Deutschland eingeführt worden. Es bleibt insoweit abzuwarten, ob dadurch ein gegenteiliger Trend erreicht werden kann.

452 Eichhorst/Marx/Thode, a. a. O., Seite 25.

als verdoppelt.[453] Heutzutage beträgt diese Verdienstgrenze gar EUR 450,00. Exemplarisch gilt für das Bundesland Baden-Württemberg, das seine Landesgrenzen mit zwei Mitgliedstaaten der europäischen Union (Österreich und Frankreich) teilt, dass hier die meisten Nebenbeschäftigungen in 2012 in Branchen mit gering qualifizierten Tätigkeiten, d.h. im Handel, im Bereich der Gebäudebetreuung oder Gebäudereinigung, in der Industrie und im Gastgewerbe gezählt wurden.[454] Ein wichtiger Aspekt dieser für das Bundesland Baden-Württemberg durchgeführten statistischen Erhebung besteht im Hinblick auf die Intensität der Beschränkung der Arbeitnehmerfreizügigkeit vor allem darin, dass Nebenbeschäftigungen zusätzlich zur Haupttätigkeit häufiger von jüngeren als von älteren Arbeitnehmern ausgeübt werden.[455] Das bedeutet, dass diejenigen Arbeitnehmer am intensivsten von dem während des laufenden Arbeitsverhältnisses geltenden Wettbewerbsverbot bzw. der ähnlich wirkenden Verschwiegenheitspflicht betroffen sind, die sich durch die höchste Mobilität auszeichnen und somit die Freizügigkeit am meisten in Anspruch nehmen können. Insbesondere ist zu berücksichtigen, dass die sprachlichen Anforderungen bei gering qualifizierten Tätigkeiten nicht hoch sind, da die Erbringung von einfachen Tätigkeiten geschuldet ist. Aufgrund dessen ist die Aufnahme einer zusätzlichen Tätigkeit in einem weiteren Mitgliedstaat der EU vor allem für grenznah tätige Arbeitnehmer attraktiv.

(3) Zwischenergebnis

Als Zwischenergebnis lässt sich daher festhalten, dass das während des laufenden Arbeitsverhältnisses geltende Wettbewerbsverbot bzw. die ähnlich wirkende Verschwiegenheitspflicht die Arbeitnehmerfreizügigkeit in materieller Hinsicht besonders intensiv beschränken kann. Grenznah tätige Arbeitnehmer, die in Berufen mit gering qualifizierten und vergüteten Tätigkeiten im Rahmen eines atypischen Beschäftigungsverhältnisses tätig sind, sind zur Sicherung des eigenen und/oder familiären Lebensunterhalt darauf angewiesen, zusätzlich zur Haupttätigkeit noch eine weitere Tätigkeit aufzunehmen. Der geringe Arbeitszeitumfang der Erstbeschäftigung lässt die hierfür erforderliche Mobilität ohne weiteres zu. Zudem machen die geringen sprachlichen Anforderungen bei gering qualifizierten Tätigkeiten eine grenzüberschreitende Tätigkeitsaufnahme attraktiv. Die Aufnahme einer weiteren, den Vorkenntnissen und Erfahrungen entsprechende Tätigkeit in demselben Geschäftszweig bzw. in derselben Branche wird jedoch durch das Wettbewerbsverbot bzw. die ähnlich wirkende Verschwiegenheitspflicht untersagt, sodass dies zu einer besonders intensiven Beschränkung führt. Insbesondere ist hiervon die mobilste Gruppe der Arbeitnehmer, nämlich jüngere Arbeitnehmer, betroffen.

---

453 Siehe die bei Walter, Statistisches Monatsheft Baden-Württemberg 3/2013, abrufbar im Internet unter http://www.statistik.baden-wuerttemberg.de/veroeffentl/Monatshefte/PDF/Beitrag13_03_05.pdf, S. 27 dargestellte Grafik S1.

454 Walter, a. a. O., Seite 27.

455 Walter, a. a. O., Seite 29 sowie die dies darstellende Grafik S3 auf Seite 30.

bbb. Geringere materielle Auswirkungen bei höher qualifizierten und vergüteten Tätigkeiten

Anders zu bewerten sind die Fälle, in denen der Arbeitnehmer eine höher qualifizierte Tätigkeit, z. B. in der entwickelnden oder produzierenden Industrie bzw. eine kaufmännische Tätigkeit ausübt. In diesen Branchen stellt bereits der Faktor Personal- bzw. Arbeitskosten den Arbeitgeber nicht vor so große betriebswirtschaftliche Herausforderungen, sodass der Arbeitgeber kein Bedürfnis hat, vermehrt atypische Beschäftigungsverhältnisse zu nutzen. Vielmehr kann bei Arbeitnehmern, die höher qualifizierte Tätigkeiten ausüben, regelmäßig davon ausgegangen werden, dass diese Arbeitnehmer durch ihre Haupttätigkeit bereits über ein monatliches Einkommen verfügen, das nicht zwangsläufig dazu führt, ein weiteres Arbeitsverhältnis zur Sicherung des eigenen oder familiären Lebensunterhalt eingehen zu müssen. Dies gilt im Grundsatz auch in den Fällen, in denen aus betrieblichen oder persönlichen Gründen nur eine Teilzeittätigkeit ausgeübt wird. Hintergrund ist schlicht, dass das Lohnniveau bei höher qualifizierten Tätigkeiten im Vergleich zu den gering qualifizierten Tätigkeiten wesentlich höher ist. Gleichwohl kann auch bei höher qualifizierten Tätigkeiten im Hinblick auf die jeweilige individuelle Situation des Arbeitnehmers ein Bedürfnis bestehen, zusätzlich zur Haupttätigkeit noch eine weitere Tätigkeit in demselben Geschäftszweig bzw. in derselben Branche aufnehmen zu müssen. Dies kann vielfältige Gründe haben, z. B. dass es die jeweilige Personalsituation bei dem Arbeitgeber nicht zulässt, den Arbeitnehmer eine Vollzeittätigkeit nachgehen zu lassen, sondern nur eine Tätigkeit mit einem geringeren zeitlichen Umfang. In diesem Fall mögen die materiellen Auswirkungen im Regelfall für den einzelnen Arbeitnehmer aufgrund des höheren Lohnniveaus nicht derart gravierend sein wie dies bei atypischen Beschäftigungsverhältnissen bzw. bei gering qualifizierten Tätigkeiten der Fall ist. Allerdings kann auch hier, abhängig vom zeitlichen Umfang der Haupttätigkeit sowie deren Vergütung, wiederum eine existenzbedrohende Situation eintreten, wobei es sich hierbei um Ausnahmefälle handeln dürfte und diesbezüglich obige Ausführungen entsprechend gelten.

bb. Keine nachteiligen Auswirkungen auf das berufliche Fortkommen

Neben den materiellen Aspekten ist im Hinblick auf die Intensität bzw. die Auswirkungen der Beschränkung der Arbeitnehmerfreizügigkeit auch zu berücksichtigen, ob der Arbeitnehmer aufgrund des geltenden Wettbewerbsverbots bzw. der ähnlich wirkenden Verschwiegenheitspflicht Nachteile im Hinblick auf sein berufliches Fortkommen erleidet. Dies ist nicht der Fall. Dem Arbeitnehmer wird lediglich untersagt, eine zusätzliche Tätigkeit bei einem Arbeitgeber in demselben Geschäftsfeld neben der bisher ausgeübten Tätigkeit aufzunehmen. Hieraus ergibt sich jedoch kein generelles Tätigkeitsverbot, da die Ausübung der bisherigen Tätigkeit weiterhin möglich bleibt. Im Rahmen dieser Tätigkeit kann der Arbeitnehmer somit die für das weitere berufliche Fortkommen erforderlichen Fähigkeiten und Erfahrungen weiterhin sammeln.

b. Schutzgewinn für den Arbeitgeber

Fraglich ist, ob für den Arbeitgeber in Anbetracht dieser differenzierten Betrachtung in jedem Fall ein Schutzgewinn entsteht, der die Beschränkung der Arbeitnehmerfreizügigkeit überwiegt. Hierfür ist zunächst zu beleuchten, unter welchen Voraussetzungen überhaupt ein Schutzgewinn für den Arbeitgeber entstehen kann.

aa. Voraussetzung für das Entstehen eines Schutzgewinns

Ein Schutzgewinn kann nach den vorstehenden Ergebnissen nur entstehen, wenn die Preisgabe oder Verwertung von Betriebs- und Geschäftsgeheimnissen droht und mithin eine Interessengefährdung gegeben ist.[456] Dies bedeutet, dass es in einem ersten Schritt zunächst einer Betrachtung der Tätigkeit des Arbeitnehmers beim Arbeitgeber bedarf. In Ausübung dieser Tätigkeit muss der Arbeitnehmer überhaupt Einblicke bzw. Kenntnisse über Geschäfts- oder Betriebsgeheimnisse des Arbeitgebers erlangen können. Insbesondere sind bloße im Zusammenhang mit der Tätigkeit erlernte Fähigkeiten und Kenntnisse abzugrenzen, die keine Betriebs- oder Geschäftsgeheimnisse darstellen, wobei diesbezüglich auf die obigen Ausführungen verwiesen sei. Der Arbeitgeber hat kein schutzwürdiges Interesse daran, dass deren Einsatz bei einem Konkurrenzunternehmen des Arbeitgebers zu unterbleiben hat.

Bestehen seitens des Arbeitnehmers im Rahmen seiner Tätigkeit keine Berührungspunkte mit Betriebs- oder Geschäftsgeheimnissen des Arbeitgebers, kann schon kein Schutzgewinn für den Arbeitgeber entstehen.[457] Ein Wettbewerbsverbot bzw. eine ähnliche Verschwiegenheitspflicht würde in diesem Fall – auch dies wurde oben bereits erörtert – darauf hinauslaufen, den Arbeitnehmer aufgrund seiner erworbenen Fertigkeiten und Kenntnisse für die Konkurrenz zu sperren, wobei dieses Anliegen jedoch nicht schutzwürdig ist[458]. Für den Fall, dass Berührungspunkte mit Betriebs- oder Geschäftsgeheimnissen, auf die der Arbeitnehmer ggf. auch außerhalb seiner originär zu erbringenden Tätigkeit Zugriff hatte, bestanden, ist sodann in einem zweiten Schritt zu prüfen, ob und inwieweit die Betriebs- oder Geschäftsgeheimnisse für einen weiteren Arbeitgeber überhaupt von Relevanz sein können.

Dies bedarf zunächst einer Betrachtung der jeweiligen Geschäftsgegenstände der Unternehmen.[459] Besteht diesbezüglich keine Kongruenz, d.h. deckt sich das Herstellungsprogramm bzw. Dienstleistungsangebot der Unternehmen nicht, ist das Wettbewerbsverbot ebenfalls schon nicht in der Lage, dem Arbeitgeber einen Schutzgewinn im Hinblick auf seine Betriebs- oder Geschäftsgeheimnisse bzw. seinen Kunden- und Lieferantenstamm zu verschaffen.[460] Ist eine entsprechende

---

456 Siehe wiederum Diller, Anmerkung zu BAG, Urteil v. 24.3.2010 - 10 AZR 66/09 = AP GG Art. 12 Nr. 14.

457 Siehe wiederum Bauer/Diller, a. a. O., S. 137, Rn. 322 m. w. N.

458 Siehe wiederum BAG, Urteil v. 1.8.1995 – 9 AZR 884/93 = NZA 1996, 310, Bauer/Diller, a. a. O., S. 130, Rn. 305 m. w. N.

459 BAG, Urteil v. 21.1.1997 – 9 AZR 778/95 = NZA 1997, 1284 (1285).

460 BAG, Urteil v. 21.1.1997 – 9 AZR 778/95 = NZA 1997, 1284 (1285).

Kongruenz gegeben, kann es sodann auf die vom Arbeitnehmer bekleidete Stellung im Unternehmen des Zweitarbeitgebers nicht ankommen.[461] Der argumentative Ansatz, in der konkret beim Wettbewerber ausgefüllten Position könnten sich die Gefahr der Weitergabe von Betriebs- oder Geschäftsgeheimnissen nicht realisieren, ist nur dann gerechtfertigt, wenn die Gefahren anhand der konkreten Ausgestaltung der Tätigkeit für den Vertragsarbeitgeber nachprüfbar ausgeschlossen sind.[462] Kann der Arbeitgeber dagegen nicht kontrollieren, welche konkrete Tätigkeit der Arbeitnehmer beim Wettbewerber erbringt, darf der Arbeitnehmer die Tätigkeit nicht ausüben.[463]

Unter Zugrundelegung dieser Maßgaben ist fraglich, ob beim Arbeitgeber unter Berücksichtigung der erforderlichen Differenzierung zwischen Arbeitnehmern, die gering qualifizierte und vergütete Tätigkeiten ausüben und solchen Arbeitnehmern, die höher qualifizierte und vergütete Tätigkeiten nachgehen, in jedem Fall ein Schutzgewinn entstehen kann.

bb. Regelmäßig kein bzw. nur geringer Schutzgewinn bei gering qualifizierten und vergüteten Tätigkeiten

Im Hinblick auf diejenigen Arbeitnehmer, die lediglich gering qualifizierte und vergütete Tätigkeiten ausführen, ist dies zweifelhaft.

Beispielsweise wird ein Arbeitnehmer, der in der Gebäudereinigung als bloße Reinigungskraft im operativen Bereich ohne jegliche Führungsaufgaben tätig wird, regelmäßig keinen Einblick in schützenswerte Betriebs- oder Geschäftsgeheimnisse des Arbeitgebers erlangen, deren Weitergabe an einen Arbeitgeber, der im selben Geschäftsfeld tätig ist, für diesen einen Nachteil im Wettbewerb begründen kann. Dies folgt bereits daraus, dass der betroffene Arbeitnehmer regelmäßig lediglich im operativen Geschäftsbereich die gegenüber dem einzelnen Kunden geschuldeten Aufgaben erfüllt. Von schützenswerten Tatsachen, die z. B. für das Auftragsverhältnis und ggf. für Ausschreibungsverfahren etc. relevant sein und deren Weitergabe für den Arbeitgeber einen Wettbewerbsnachteil begründen kann, erhält der Arbeitnehmer regelmäßig keine Kenntnis.

Vor diesem Hintergrund ist die Aufnahme einer ebenso erfolgenden bloßen Reinigungstätigkeit ohne jegliche Führungsaufgaben bei einem Zweitarbeitgeber in dessen operativen Geschäftsbereich unter Gesichtspunkten des Wettbewerbs an sich unproblematisch möglich. Der Arbeitgeber erfährt durch ein ausnahmslos geltendes Wettbewerbsverbot bzw. eine ähnlich wirkende Verschwiegenheitspflicht, das/die

---

461 Entgegen BGH, Urteil v. 21.12.1962 – I ZR 47/61 = NJW 1963, 856 (858) zutreffend Diller, Anmerkung zu BAG, Urteil v. 24.3.2010 - 10 AZR 66/09 = AP GG Art. 12 Nr. 14.

462 Siehe Diller, Anmerkung zu BAG, Urteil v. 24.3.2010 - 10 AZR 66/09 = AP GG Art. 12 Nr. 14.

463 Siehe Diller, Anmerkung zu BAG, Urteil v. 24.3.2010 - 10 AZR 66/09 = AP GG Art. 12 Nr. 14.

zusätzliche Tätigkeiten in demselben Geschäftsfeld untersagt, in Bezug auf diese Arbeitnehmer somit keinen Schutzgewinn.

Für die Fälle der Betriebsspionage, d.h. dem vorsätzlichen und unbefugten Erlangen von Betriebs- oder Geschäftsgeheimnissen ist der Arbeitgeber insoweit bereits durch das UWG ausreichend geschützt, wobei hierzu auf die obigen Ausführungen verwiesen sei.

cc. Schutzgewinn bei höher qualifizierten und vergüteten Tätigkeiten

Bei höher qualifizierten und vergüteten Tätigkeiten, z.B. in entwickelnden, produzierenden oder anderen technischen Branchen, in denen Spezialtechniken angewandt werden, sowie im kaufmännischen Bereich ist hingegen regelmäßig von einem Schutzgewinn für den Arbeitgeber auszugehen, sofern die o. g. Maßgaben erfüllt sind. Arbeitnehmer mit derartigen höher qualifizierten und vergüteten Tätigkeiten erlangen regelmäßig bereits im Rahmen ihrer arbeitsvertraglich geschuldeten Tätigkeit Einblicke und Kenntnisse, die als Betriebs- oder Geschäftsgeheimnis zu qualifizieren sein können. Dies wird bei Arbeitnehmern im kaufmännischen Bereich z.B. der Fall sein, wenn diese Kenntnisse bzw. Einblicke in Unterlagen erhalten, aus denen in einem Unternehmen der Reinigungsbranche z.B. Angebotskalkulationen für Kunden des Arbeitgebers bzgl. der zu reinigenden Reviere hervorgehen o. Ä. Geraten derartige Kenntnisse an einen Arbeitgeber in demselben Geschäftsfeld, können diese Kenntnisse dafür verwendet werden, die Angebotskalkulation gegenüber demselben Kunden zu unterbieten, um Aufträge zu generieren, was wiederum zwangsläufig zu einem Verlust des Auftrages für den Hauptarbeitgeber und damit zu einem wirtschaftlichen Schaden führen kann. Dies gilt auch für die angesprochenen höher qualifizierten und vergüteten Tätigkeiten in den entwickelnden, produzierenden oder anderen technischen Branchen. Hier geraten die Arbeitnehmer zwangsläufig im Rahmen ihrer arbeitsvertraglich geschuldeten Tätigkeit in Kontakt mit produktspezifischen Herstellungs- und Fertigungsverfahren etc. Die Weitergabe von diesen, bestimmte Herstellungs- und Fertigungsverfahren betreffenden Informationen an einen Arbeitgeber in demselben Geschäftsfeld kann negative Folgen für das jeweilige Unternehmen haben.

Werden infolge dieser Informationsweitergabe entsprechende Verfahren kopiert, kann dies zu einer Schwächung im Wettbewerb führen. Ein Schutzgewinn entsteht aber z.B. dann nicht, wenn der Arbeitnehmer zwar Einblick in Betriebs- oder Geschäftsgeheimnisse hat, dies jedoch dem Zweitarbeitgeber keinen Nutzen bringt. Dies ist u.a. der Fall, wenn Produkte zweier Unternehmen nicht an denselben Kundenkreis vertrieben werden, d.h. einerseits an den Handel und andererseits an den Endverbraucher.[464] Hier sind zwar die Geschäftsgegenstände identisch, es fehlt aber an der Kongruenz des Absatzmarktes, sodass dem Arbeitgeber, der mit seinen Produkten lediglich den Handel zu erreichen beabsichtigt, kein Wettbewerb gemacht wird.

---

464 BAG, Urteil v. 21.4. 2010 – 10 AZR 288/09 = NZA 2010, 1175 (1176/1177).

dd. Zwischenergebnis

Als Zwischenergebnis ist damit festzuhalten, dass bei gering qualifizierten und vergüteten Tätigkeiten, die lediglich im operativen Bereich des jeweiligen Arbeitgebers ohne jegliche Führungsaufgaben ausgeführt werden, kein bzw. nur ein geringer Schutzgewinn für den Arbeitgeber entsteht. Demgegenüber besteht bei höher qualifizierten und vergüteten Tätigkeiten, bei denen die Arbeitnehmer regelmäßig Kenntnisse und Einblicke in Informationen erhalten, die als Betriebs- oder Geschäftsgeheimnis zu qualifizieren sein können, in der Regel ein Schutzbedürfnis für den Arbeitgeber, das durch das Wettbewerbsverbot bzw. die ähnlich wirkende Verschwiegenheitspflicht während des laufenden Arbeitsverhältnisses erfüllt wird.

c. Abwägungsergebnis – Unangemessenheit der §§ 241 Abs. 2 BGB, 60, 61 HGB insgesamt

Unter Berücksichtigung der vorstehenden Erwägungen ist fraglich, in welchen Fällen der Schutzgewinn für den Arbeitgeber die Intensität der Beschränkung überwiegt.

Der Schutzgewinn für den Arbeitgeber überwiegt nur bei höher qualifizierten und vergüteten Tätigkeiten, bei denen die Möglichkeit besteht, dass Arbeitnehmer auch Kenntnisse bzw. Informationen erlangen, die als Betriebs- oder Geschäftsgeheimnisse qualifiziert werden können und an deren Verhinderung der Weitergabe an die Konkurrenz daher seitens des Arbeitgebers ein Schutzbedürfnis entsteht. Da insbesondere bei diesen Arbeitnehmern durch die mit dem während des laufenden Arbeitsverhältnisses geltenden Wettbewerbsverbot bzw. der ähnlich wirkenden Verschwiegenheitspflicht verursachten Beschränkung keine gravierenden negativen materiellen Folgen und auch keine Nachteile im Hinblick auf das berufliche Fortkommen eintreten, ist das Wettbewerbsverbot bzw. die ähnlich wirkende Verschwiegenheitspflicht angemessen, da der Schutzgewinn die Intensität der Beschränkung überwiegt.

Bei Arbeitnehmern, die lediglich gering qualifizierte und vergütete Tätigkeiten im operativen Bereich ausüben und daher bereits aufgrund dessen nicht in Kontakt mit derartigen schützenswerten Informationen gelangen, besteht hingegen kaum bzw. nur ein geringer Schutzgewinn für den Arbeitgeber. Da aber gerade in diesen Fällen die Intensität der durch das während des laufenden Arbeitsverhältnisses geltenden Wettbewerbsverbot bzw. der ähnlich wirkenden Verschwiegenheitspflicht verursachten Beschränkung am höchsten ist, nämlich bis hin zur Existenzgefährdung, ist die Beschränkung unangemessen. Im Hinblick auf die gesetzlichen Vorschriften der §§ 241 Abs. 2 BGB, 60, 61 HGB, die während des laufenden Arbeitsverhältnisses angewandt werden, gilt somit, dass diese insgesamt über das hinausgehen, was mit der Maßnahme bzw. Regelung erreicht werden soll.

d. Kein anderes Ergebnis aufgrund Einschätzungsprärogative des Gesetzgebers

Fraglich ist, ob dieser Befund vom Arbeitnehmer dennoch hinzunehmen ist, weil die Unangemessenheit durch den Gesetzgeber zum Zeitpunkt des In-Kraft-Tretens der hier für die Konkretisierung des aus § 241 Abs. 2 BGB folgenden Treue- bzw. Rücksichtnahmegebots herangezogenen Vorschriften der §§ 60, 61 HGB bereits erkannt wurde, es aber dennoch ein Bedürfnis für diese Regelung bestand.

aa. Inhalt der Einschätzungsprärogative

Dem Gesetzgeber kommt sowohl bei der Beurteilung der Eignung als auch Erforderlichkeit des eingesetzten Mittels, also bei der Frage, ob das alternative Mittel gleich geeignet und milder ist, im Allgemeinen eine Einschätzungsprärogative zu, nach der der Gesetzgeber über das Recht verfügt, von mehreren unsicheren empirischen Sätzen einen auszuwählen und als eine Prämisse festzusetzen, die für den Rechtsanwender verbindlich ist.[465] Die Mitgliedstaaten verfügen damit grundsätzlich über eine gewisse Einschätzungsprärogative, ob die Verfolgung bestimmter Anliegen erforderlich ist und auf welchem Wege dies zu geschehen hat.[466] Hintergrund ist schlicht, dass der Rechtsanwender bei der Prüfung der Verhältnismäßigkeit eines Gesetzes in einer ungleich günstigeren Lage als der Gesetzgeber ist, der seine Regelung in eine offene Zukunft entlässt, der Rechtsanwender dagegen zu einem Zeitpunkt über dieses Gesetz befindet, in dem regelmäßig schon Erfahrungen über dessen Auswirkungen vorliegen.[467]

Angesichts dessen darf nicht jedes Gesetz an der Verhältnismäßigkeitsprüfung scheitern, wenn der Rechtsanwender die ihm zur Verfügung stehenden Informationen seiner Entscheidung zu Grunde legen dürfte, weshalb als Korrektiv die sog. ex-ante-Betrachtung sowie die Einschätzungsprärogative des Gesetzgebers zu berücksichtigen ist.[468] Dies hat auch für die Frage Geltung zu beanspruchen, ob die durch die Maßnahme bzw. Regelung verursachte Beschränkung über das hinausgeht, was mit der Maßnahme bzw. Regelung erreicht werden soll. Unter Berücksichtigung dieser Maßgaben sind zunächst die zum Zeitpunkt des In-Kraft-Tretens des Gesetzes geltenden Bedingungen und Zielsetzungen zu beleuchten.

bb. Gegebenheiten zum Zeitpunkt des In-Kraft-Tretens des HGB

Die Regelung des § 60 HGB wurde – wie bereits ausgeführt – in ihrer heutigen Fassung mit dem Inkrafttreten des HGB vom 10.5.1897 zum 1.1.1900 als Nachfolgeregelung zu Artikel 59 Abs. 1 des Allgemeinen Deutschen Handelsgesetzbuches in der

---

465 Neumann, RdA 2007, 71 (73/74) m. w. N zur deutschen Rechtslage.

466 U. a. Grabitz/Hilf/Nettesheim/*Forsthoff*, a. a. O., Rn. 393 zu Art. 45.

467 Neumann, RdA 2007, 71 (74) zur deutschen Rechtslage mit der zutreffenden Bemerkung „Nachher ist man immer klüger."

468 Neumann, RdA 2007, 71 (74) zur deutschen Rechtslage zu den einzelnen Begründungsansätzen.

Fassung vom 5.6.1869, der ganz allgemein die Berechtigung des Handlungsgehilfen zur Vornahme von Handelsgeschäften ohne Einwilligung des Prinzipals untersagte, eingeführt. Seiner Zielsetzung nach – auch dies wurde oben bereits erwähnt – war § 60 Abs. 1 HGB darauf ausgerichtet, Interessenkollisionen zwischen den Parteien des Arbeitsvertrages zu vermeiden, die insbesondere dann entstehen können, wenn die wirtschaftlichen bzw. geschäftlichen Interessen des Arbeitgebers durch seine eigenen Arbeitnehmer im Wege einer konkurrierenden Nebentätigkeit in derselben Branche beeinträchtigt werden.

Als Handlungsgehilfe gilt, wer in einem Handelsgewerbe zur Leistung kaufmännischer Dienste gegen Entgelt angestellt ist (§ 59 Abs. 1 HGB).[469] Der Begriff der kaufmännischen Dienste ist gesetzlich nicht weiter festgelegt worden.[470] Nach der Rechtsprechung sind als kaufmännische Tätigkeiten solche Tätigkeiten, die sich unmittelbar mit dem Warenumsatz befassen, wie auch Tätigkeiten, die notwendig und üblich sind, um den Warenumsatz erfolgreich und sachgerecht zu gestalten[471], wobei die Tätigkeit eine gedankliche, geistige Arbeit sein muss und sich nicht in einer bloß mechanischen, mit der Hand geleisteten Tätigkeit erschöpfen darf.[472] Folglich wurden zwei Anforderungen an die Leistung kaufmännischer Dienste gestellt, nämlich zum einen, dass der Inhalt der Dienstleistung seiner Art nach von kaufmännischer Qualität war und zum anderen, dass es sich um eine Angestelltentätigkeit handelte, womit eine Abgrenzung zur Tätigkeit gewerblicher Arbeitnehmer bzw. Arbeiter erforderlich war, die anhand des Kriteriums der gedanklichen, geistigen Tätigkeit anstelle einer bloß mechanischen, mit der Hand erbrachten Arbeitsleitung vorgenommen wurde.[473]

Vor diesem Hintergrund wird bereits deutlich, dass der Gesetzgeber zum Zeitpunkt des Erlasses der gesetzlichen Regelung bereits gar nicht die einfachen, gering qualifizierten Tätigkeiten im Sinn hatte, sondern vielmehr nur diejenigen höher qualifizierten Tätigkeiten, bei denen für den Arbeitgeber im Hinblick auf seine geschäftlichen Interessen ein Schutzbedürfnis entstand. Auch die in der Rechtsprechung entschiedenen Fälle, die auf der entsprechenden Anwendung des in § 60 Abs. 1 HGB geregelten Wettbewerbsverbots basierten, betrafen nicht Arbeitnehmer mit gering qualifizierten Tätigkeiten. Seit der Entscheidung des BAG vom 24.3.2010[474] zeichnet sich zudem ab, dass gerade bei gering qualifizierten Tätigkeiten

469 MünchKommHGB/*von Hoyningen-Huene*, a. a. O., Rn. 7 zu § 60.

470 Ebenroth/Boujong/Joost/Strohn/*Boecken*, a. a. O, Rn. 27 zu § 59.

471 Oetker, a. a. O., Rn. 15 zu § 59 und Ebenroth/Boujong/Joost/Strohn/*Boecken*, a. a. O, Rn. 28 zu § 59, beide unter Verweis auf BAG, Urteil v. 6.12.1972 – 4 AZR 56/72 = AP HGB § 59 Nr. 23.

472 Ebenroth/Boujong/Joost/Strohn/*Boecken*, a. a. O, Rn. 28 zu § 59 u. a. unter Verweis auf BAG, Urteil v. 30.9.1954 – 2 AZR 65/53 = AP HGB § 59 Nr. 1 (Leitsatz) bzw. nachgewiesen bei Juris (Leitsätze und Gründe).

473 Ebenroth/Boujong/Joost/Strohn/*Boecken*, a. a. O, Rn. 28 zu § 59, Baumbach/Hopt, a. a. O., Rn. 28 zu § 59.

474 10 AZR 66/09 = NZA 2010, 693 f. – hierzu sogleich noch näher.

die schablonenartige Heranziehung der §§ 60, 61 HGB im Regelfall unangemessen ist, sofern keine besonderen Umstände gegeben sind, die eine Gefährdung der Arbeitgeberinteressen begründen können.[475]

Ein weiteres Argument für diese Sichtweise ist, dass zum Zeitpunkt des Inkrafttretens des Gesetzes nicht die heute vorherrschende Mobilität absehbar war. Die heutige Gesellschaft ist von wachsender Irrelevanz territorialer Grenzen geprägt.[476] Ferner waren die heutzutage in erheblicher Anzahl anzutreffenden atypischen Arbeitsverhältnisse nicht so verbreitet. In der Vergangenheit war vielmehr eine langfristige oder sogar lebenslange Beschäftigung eines Arbeitnehmers in einem Betrieb bzw. bei einem Arbeitgeber nahezu alltäglich[477], weshalb einerseits die Konfliktlage von betrieblicher Informationspolitik und Arbeitnehmermobilität nicht im Fokus[478], sondern vielmehr ein Loyalitätsgedanke im Vordergrund stand. Dies wird bereits dadurch deutlich, dass die Pflicht zur Wettbewerbsenthaltung aus der Treuepflicht des Arbeitnehmers, die durch die Maßgaben der §§ 60, 61 HGB konkretisiert wird, abgeleitet wird. Ein derartiges Treueverhältnis kann jedoch in der heutigen Zeit allenfalls noch darin bestehen, dass man als Arbeitnehmer dazu verpflichtet ist, die Interessen des Vertragspartners zu wahren bzw. diesem keinen Schaden zuzufügen. Angesichts der sich heute immer mehr vergrößernden Mobilität der Arbeitnehmer sowie Schnelllebigkeit des wirtschaftlichen Lebens kann dies jedoch nicht mehr bedeuten, das bloße Tätigwerden für einen im selben Geschäftszweig tätigen Arbeitgeber zu untersagen, wenn hierdurch keine Gefährdung dessen Interessen zu befürchten ist.

cc. Zwischenergebnis

Zusammenfassend kann als Zwischenergebnis somit festgehalten werden, dass die bei In-Kraft-Treten der §§ 60, 61 HGB geltenden Rahmenbedingungen so gelagert waren, dass der Gesetzgeber zum einen keine gering qualifizierten „mechanischen" Tätigkeiten im Sinn hatte und überdies zum damaligen Zeitpunkt noch keine derart hohe Mobilität der Arbeitnehmer vorherrschte wie heutzutage. Auch die Rechtsprechung hat erst im Jahre 2010[479] erkannt, dass bei bestimmten Tätigkeiten eine differenziertere Betrachtung erforderlich ist. Daher führt auch die Berücksichtigung der gesetzgeberischen Erwägungen i. V. m. der Rechtsprechung nicht zu einer Angemessenheit der beschränkenden Maßnahmen.

---

475 Siehe hierzu auch die im Anschluss an die Entscheidung des BAG v. 24.3.2010 ergangene Entscheidung des LAG München v. 29.7.2010 – 3 Sa 731/09 = BeckRS 2010, 74590, auch hierzu sogleich.

476 Sander, a. a. O. (Seite 219) m. w. N.

477 Sander, a. a. O. (Seite 219).

478 Sander, a. a. O. (Seite 219).

479 Hierzu sogleich.

e. *Vermeidung unangemessener Ergebnisse als Aufgabe der Rechtsprechung*

Letztlich ist es Aufgabe der deutschen Rechtsprechung, die Vorschriften verfassungs- bzw. unionsrechtskonform dahin auszulegen, dass einfache, gering qualifizierte Tätigkeiten, bei denen keine konkrete Gefährdung der Arbeitgeberinteressen und damit kein die Beschränkung der Arbeitnehmerfreizügigkeit überwiegender Schutzgewinn des Arbeitgebers erkennbar ist, von der Anwendung eines während des laufenden Arbeitsverhältnisses geltenden Wettbewerbsverbots bzw. einer ähnlich wirkenden Verschwiegenheitspflicht auszuschließen sind.

Eine entsprechende Tendenz zeichnet sich in der deutschen Rechtsprechung auch ab. Im Hinblick auf die konkret verbotene Tätigkeit des Arbeitnehmers hat es die ältere Rechtsprechung stets ausreichen lassen, dass der Arbeitnehmer sich nebenbei bei im selben Geschäftsfeld tätigen Arbeitgebern betätigt und diese unterstützt hat. Hierbei wurde im Einzelnen jedoch nicht geprüft, ob sich aus dem Inhalt und Umfang der zusätzlichen Tätigkeit bzw. der Stellung des Arbeitnehmers beim Zweitarbeitgeber eine konkrete Gefährdungssituation für den Hauptarbeitgeber ergeben konnte.[480] Im Rahmen der Entscheidung vom 6.10.1988[481] wurde insoweit festgestellt, dass ein Arbeitnehmer Dienste oder Leistungen im Marktbereich des Arbeitgebers nicht Dritten erbringen oder anbieten darf, und zwar auch dann nicht, wenn er sicher sei, dass der Arbeitgeber den vom Arbeitnehmer (im Rahmen der Zweitbeschäftigung) betreuten Sektor oder Kunden nicht erreichen würde. Begründet wurde dies seitens des BAG zwar damit, dass dem Hauptarbeitgeber der Marktbereich voll und ohne die Gefahr der nachteiligen, zweifelhaften oder zwielichtigen Beeinflussung durch den Arbeitnehmer offenstehen solle.[482] Dies war angesichts des, der Entscheidung zugrundeliegenden Sachverhalts jedoch widersprüchlich, da eine Gefährdung des dortigen Arbeitgebers bzw. dessen Gewerbes nicht festgestellt werden konnte; ausreichend war nach dem BAG vielmehr die rein unterstützende Tätigkeit bei einem Dritten in dem Handelszweig des Hauptarbeitgebers.[483]

Fortan blieb das Vorliegen einer solchen reinen Unterstützungshandlung für den Zweitarbeitgeber im Handelszweig des Hauptarbeitgebers das entscheidende Kriterium für die Beurteilung, ob der Arbeitnehmer gegen das in der zweiten Alternative des § 60 Abs. 1 HGB geregelte gesetzliche Wettbewerbsverbot verstieß.[484] Soweit der Tätigkeit beim Zweitarbeitgeber nicht von vornherein jegliche unterstützende Wirkung abgesprochen werden konnte, bejahte die höchstrichterliche Rechtsprechung im Grundsatz stets einen Verstoß gegen den Verbotstatbestand des § 60 Abs. 1 (2. Alt.) HGB.[485]

480 Siehe nur BAG, Urteil v. 25.5.1970 – 3 AZR 384/69, a. a. O.
481 BAG, Urteil v. 6.10.1988 – 2 AZR 150/88 – nachgewiesen bei Juris.
482 BAG, Urteil v. 6.10.1988 – 2 AZR 150/88 (Rn. 29 bei Juris).
483 BAG, Urteil v. 6.10.1988 – 2 AZR 150/88 (Rn. 32 bei Juris).
484 U. a. BAG, Urteil v. 16.8.1990 – 2 AZR 113/90 = NZA 1991, 141 f., BAG, Urteil v. 24.6.1999 – 6 AZR 605/97 = AP Nr. 5 zu § 611 BGB Nebentätigkeit.
485 BAG, Urteil v. 24.6.1999 – 6 AZR 605/97, a. a. O.

Aus dieser Rechtsprechung des BAG folgte somit, dass „jedwede" unterstützende Dienstleistung für einen Zweitarbeitgeber im Handelszweig des Hauptarbeitgebers verboten war und es weder auf die Funktion des Arbeitnehmers beim Zweitarbeitgeber ankam[486] noch darauf, auf welche Art und Weise der Arbeitnehmer den Zweitarbeitgeber unterstützt hat[487].

In der bereits benannten Entscheidung vom 24.3.2010[488] hat das BAG erstmals im Rahmen eines Sachverhalts, in dem eine tarifvertragliche Regelung vorlag, die eine Nebentätigkeitsuntersagung zum Gegenstand hatte, für eine bei einem Zweitarbeitgeber im Handelszweig des Hauptarbeitgebers ausgeübte einfache Tätigkeit Bedenken geäußert, ob an der vorstehend dargestellten Rechtsprechung noch festgehalten werden könne. Dies gelte insbesondere im Hinblick auf einfache Tätigkeiten, die allenfalls zu einer untergeordneten wirtschaftlichen Unterstützung des Konkurrenzunternehmens führen könnten und im Übrigen schutzwürdige Interessen des Arbeitgebers nicht berührten.[489] Nach Auffassung des BAG müsse bei der Bestimmung der Reichweite des Wettbewerbsverbots die durch Artikel 12 Abs. 1 GG geschützte Berufsfreiheit in jedem Fall Berücksichtigung finden, weshalb im Rahmen einer Gesamtwürdigung aller Umstände des Einzelfalls festzustellen sei, ob nach Art der Haupt- und Nebentätigkeit und der beteiligten Unternehmen überhaupt eine Gefährdung oder Beeinträchtigung der Interessen des Arbeitgebers vorliege.[490] Zwar ließ das BAG diese zur Auslegung des § 60 Abs. 1 (2. Alt.) HGB angestellten Erwägungen im Ergebnis offen, da die streitentscheidende Tarifvertragsklausel in dem der Entscheidung zugrunde liegenden Sachverhalt ausdrücklich die Gründe des unmittelbaren Wettbewerbs benannte, die der Nebentätigkeit entgegenstehen mussten und die nicht erfüllt waren. Allerdings sind die im Zusammenhang mit der Bestimmung eines derartigen Wettbewerbs aufgestellten grundsätzlichen Ausführungen des BAG auf das gesetzliche Wettbewerbsverbot aus § 60 Abs. 1 (2. Alt.) HGB übertragbar, weil das BAG insoweit auf die Urteile des BAG vom 16.8.1990 sowie 24.6.1999 ausdrücklich Bezug nahm.

Die dort hinsichtlich eines Verstoßes gegen das gesetzliche Wettbewerbsverbot aus § 60 Abs. 1 (2. Alt.) HGB geknüpften Voraussetzungen konkretisierte das BAG nunmehr, in dem es zumindest die Möglichkeit einer konkreten Gefährdung der Arbeitgeberinteressen forderte und insbesondere bloße Hilfstätigkeiten ohne Wettbewerbsbezug hiervon ausklammerte. Damit zeichnet sich im Hinblick auf die zweite Alternative des § 60 Abs. 1 HGB eine Änderung der Rechtsprechung dahingehend ab, dass nicht mehr jedwede unterstützende Tätigkeit bei einem Zweitarbeitgeber, der in dem Handelszweig des Hauptarbeitgebers tätig ist, verboten ist. Es wird

486 BAG, Urteil v. 16.8.1990 – 2 AZR 113/90, a. a. O. (Seite 142).
487 BAG v. 24.6.1999 – 6 AZR 605/97, a. a. O. unter I. 1. b. bb. der Gründe.
488 BAG, Urteil v. 24.3.2010 – 10 AZR 66/09 = NZA 2010, 693 f.
489 BAG, Urteil v. 24.3.2010 – 10 AZR 66/09, a. a. O. (Seite 694).
490 BAG, Urteil v. 24.3.2010 – 10 AZR 66/09, a. a. O. (Seite 694).

vielmehr in jedem Einzelfall mit Blick auf die jeweilige Tätigkeit zu prüfen sein, ob diese geeignet ist, die Interessen des Hauptarbeitgebers konkret zu gefährden.

Vor dem Hintergrund der oben dargestellten Maßgaben im Rahmen der Angemessenheitsprüfung ist diese Tendenz richtig und fortzusetzen. Es wird daher auch zukünftig insbesondere eine Rolle spielen müssen, ob die beiden oder mehreren Tätigkeiten erhebliche Überschneidungen aufwiesen bzw. eine Verwechselungsgefahr für Kunden der betroffenen Arbeitgeber dahingehend entstehen könnte, für wen die jeweiligen Arbeitnehmer gerade tätig seien.[491] Es wird zukünftig auch relevant sein müssen, ob die jeweiligen Arbeitnehmer bei dem Hauptarbeitgeber erworbene firmenspezifische Fähigkeiten, Kenntnisse oder Erfahrungen zur Förderung des Wettbewerbers einsetzen können und, ob dieselbe Tätigkeit nicht auch von Arbeitnehmern ausgeübt werden könnten, die nicht über die Qualifikationen der jeweils betroffenen Arbeitnehmer verfügen.[492] Übt der Arbeitnehmer hingegen bereits eine andere Tätigkeit in einer anderen Abteilung beim Zweitarbeitgeber aus, in der er die beim Hauptarbeitgeber erworbenen Kenntnisse nicht einsetzen kann, kann schon keine Gefährdungssituation für den Hauptarbeitgeber eintreten.[493]

Sind die betroffenen Unternehmen zwar in ein und derselben Branche tätig, haben sich diese jedoch jeweils auf verschiedene Bereiche in dieser Branche spezialisiert, die abgrenzbare Bereiche darstellen, fehlt es an dem erforderlichen Wettbewerbsbezug und damit an der konkreten Gefährdung der Interessen des Hauptarbeitgebers.

Auch bei Tätigkeiten, die nicht nur einfach bzw. gering qualifiziert sind, ist zur Vermeidung unangemessener Ergebnisse die Rechtsprechung in jedem konkreten Einzelfall gefragt.

f. Ergebnis

Zusammenfassend ist als Ergebnis festzuhalten, dass das während des laufenden Arbeitsverhältnisses gemäß §§ 241 Abs. 2 BGB, 60, 61 HGB geltende Wettbewerbsverbot, wie es bislang von der Rechtsprechung angewandt wurde, im Hinblick auf einfache, gering qualifizierte Tätigkeiten unangemessen ist. Bei diesen Tätigkeiten überwiegt die mit der Beschränkung der Arbeitnehmerfreizügigkeit verbundene Intensität den für den Arbeitgeber entstehenden Schutzgewinn regelmäßig. Bei einfachen, gering qualifizierten Tätigkeit sind regelmäßig schutzwürdige Interessen des

491 BAG, Urteil v. 24.3.2010 – 10 AZR 66/09, a. a. O. (Seite 695).

492 BAG, Urteil v. 24.3.2010 – 10 AZR 66/09, a. a. O. (Seite 695).

493 Siehe die vom LAG München im Urteil v. 29.7.2010 – 3 Sa 731/09 = BeckRS 2010, 74590 entschiedene Konstellation, in der eine Postzustellerin im Hauptarbeitsverhältnis zusätzlich noch als Zeitungszustellerin bei einem Konkurrenzunternehmen tätig war. Das LAG München gelangte hier nach einer Gesamtwürdigung des Inhalts und Umfangs der beiden Tätigkeiten zu dem Ergebnis, dass die beiden Tätigkeiten nur sehr geringe Überschneidungen aufwiesen und daher schutzwürdige Interessen des Hauptarbeitgebers nicht berührt waren.

Arbeitgebers nicht berührt, da kein Einblick in Betriebs- oder Geschäftsgeheimnisse stattfindet. Von dem Wettbewerbsverbot sind jedoch gerade diejenigen Arbeitnehmer mit der höchsten Mobilität betroffen, die zudem zur Existenzsicherung darauf angewiesen sind, eine zusätzliche Tätigkeit aufzunehmen. Diese einfachen, gering qualifizierten Tätigkeiten sind daher von der – abgesehen für den Fall einer fehlenden Unterstützungshandlung – ausnahmslosen Geltung des Wettbewerbsverbots auszunehmen. Maßgeblich ist, ob unter Berücksichtigung sämtlicher Umstände des Einzelfalls eine konkrete Interessengefährdung besteht. Dies wird seitens der neueren Rechtsprechung berücksichtigt. Diese Tendenz ist fortzusetzen.

Bei höher qualifizierten Tätigkeiten überwiegt hingegen regelmäßig das Schutzinteresse des Arbeitgebers die Intensität der Beeinträchtigung, sodass das Wettbewerbsverbot im Grundsatz angemessen ist, wenn eine konkrete Gefährdung der Arbeitgeberinteressen gegeben ist. Auch hier ist jedoch in jedem Einzelfall zu prüfen, ob dies der Fall ist.

3. *Angemessenheit von nachvertraglichen Wettbewerbsverboten bzw. ähnlich wirkenden Verschwiegenheitspflichten*

Fraglich ist, ob ein nachvertragliches Wettbewerbsverbot bzw. eine ähnlich wirkende Verschwiegenheitspflicht angemessen ist. Dies ist auch hier der Fall, wenn der Schutzgewinn für den Arbeitgeber die Intensität der Beschränkung überwiegt. Diesbezüglich ist zu berücksichtigen, dass im Gegensatz zum Wettbewerbsverbot während des laufenden Arbeitsverhältnisses primär eine zwischen den Parteien geregelte vertragliche Vereinbarung Gegenstand der Angemessenheitsprüfung ist. Folglich ist grundsätzlich jede vertragliche Vereinbarung im Einzelfall darauf hin zu überprüfen, ob diese zur Erreichung des mit der Vereinbarung verfolgten Zwecks angemessen ist.

a. Allgemeingültige Maßgaben

Dies vorausgeschickt, sind in Anknüpfung an die Ausführungen zur während des laufenden Arbeitsverhältnisses bestehenden Rechtslage aber vorab folgende allgemeingültigen Maßgaben zu berücksichtigen:

aa. Intensität der Beschränkung

Hinsichtlich der Intensität der Beschränkung gilt, dass bei nachvertraglichen Wettbewerbsverboten bzw. ähnlich wirkenden Verschwiegenheitspflichten nicht in Rede steht, ob der Arbeitnehmer neben einer (Haupt-) Tätigkeit bei einem Arbeitgeber noch eine zusätzliche Tätigkeit aufnehmen darf. Vielmehr wird dem Arbeitnehmer untersagt, für einen gewissen Zeitraum überhaupt eine Tätigkeit im Anschluss an die Beendigung des Arbeitsverhältnisses aufzunehmen. Daraus folgt, dass die Auswirkungen für den Arbeitnehmer grundsätzlich einschneidender sind als in der Situation während des laufenden Arbeitsverhältnisses. Er unterliegt für einen gewissen Zeitraum einem Tätigkeitsverbot, das die gesamte Verwertung seiner

Arbeitskraft in dem von ihm gewählten Beruf und Geschäftszweig betrifft und ihn an der Ausübung der Arbeitnehmerfreizügigkeit hindert. Dieses Tätigkeitsverbot kann für den Arbeitnehmer folgende Auswirkungen haben:

aaa. Materielle Aspekte während des Verbotszeitraumes

In materieller Hinsicht gilt, dass der Arbeitnehmer aufgrund des Tätigkeitsverbots für einen gewissen Zeitraum kein Entgelt durch die Verwertung seiner Arbeitskraft in seinem ausgewählten Berufs- und Geschäftsfeld erzielen kann. Dies hat der Gesetzgeber erkannt und im Hinblick auf diese temporären finanziellen Einbußen eine Ausgleichspflicht des ehemaligen Arbeitgebers geregelt. Gemäß §§ 110 S. 2 GewO, 74 Abs. 2 HGB ist das nachvertragliche Wettbewerbsverbot bzw. die ähnlich wirkende Verschwiegenheitspflicht nur verbindlich, wenn sich der Arbeitgeber verpflichtet, für die Dauer des Wettbewerbsverbots eine Entschädigung zu zahlen, die für jedes Jahr des Verbots mindestens die Hälfte der vom Arbeitnehmer zuletzt bezogenen vertragsmäßigen Leistungen erreicht, sog. Karenzentschädigung. Fehlt eine derartige Zusage einer Entschädigung völlig, so ist das Wettbewerbsverbot nichtig und muss vom Arbeitnehmer nicht eingehalten werden.[494] Die gesetzlich geregelte Untergrenze gilt unabhängig von der Reichweite des Verbots, also auch bei ganz geringfügigen Beeinträchtigungen, wobei gemäß § 74a Abs. 1 S. 2 HGB bei im jeweiligen Einzelfall sehr weit reichenden Verboten eine höhere Karenzentschädigung erforderlich sein kann.[495] Enthält die Entschädigungszusage nicht den Mindestbetrag, ist das Wettbewerbsverbot unverbindlich. Der Arbeitnehmer kann in diesem Fall wählen, ob er die geringere Entschädigung annimmt mit der Folge, dass er das Wettbewerbsverbot einhalten muss, oder ob er das Wettbewerbsverbot nicht einhält, dafür dann aber auch keinen Anspruch auf eine Entschädigung geltend machen kann.[496]

Zu den zuletzt bezogenen vertragsmäßigen Leistungen zählen neben dem eigentlichen Entgelt alle Vergütungsbestandteile, die der Arbeitnehmer für seine Tätigkeit erhalten hat, d. h. auch Gratifikationen, Sonderzuwendungen, Provisionen, Tantiemen, Gewinn- und Umsatzbeteiligungen, Naturalleistungen, Überlassung eines Firmenwagens o. Ä.[497]

Vor diesem Hintergrund kann die einschneidende Rechtsfolge in Gestalt eines Tätigkeitsverbots, das die Verwertung der Arbeitskraft des Arbeitnehmers in dem gewählten Beruf und Geschäftszweig unmöglich macht und dem Arbeitnehmer dort Verdienstmöglichkeiten nimmt, in einem gewissen Umfang materiell kompensiert werden.

---

494 ErfK/*Oetker*, a. a. O., Rn. 18 zu § 74 HGB m. w. N.

495 Rolfs/Giesen/Kreikebohm/Udsching/*Hagen*, Beck'scher Online-Kommentar Arbeitsrecht, Stand 01.03.2014, Edition 31, Rn. 18 zu § 74 HGB.

496 ErfK/*Oetker*, a. a. O., Rn. 19 zu § 74 HGB.

497 ErfK/*Oetker*, a. a. O., Rn. 15 zu § 74 HGB unter Verweis auf BAG, Urteil v.22.10.2008 - 10 AZR 360/08 = NJW 2009, 2395 (2396).

Die Kompensation hat jedoch nicht zwingend auf dem Niveau wie während der Tätigkeitsausübung zu erfolgen und übersteigt dieses auch nicht. §§ 110 S. 2 GewO, 74 c Abs. 1 HGB begrenzen insoweit die Entschädigungspflicht des Arbeitgebers, da die Entschädigung bei Wettbewerbsverboten nach ihrem Zweck nur solche Nachteile ausgleichen soll, die der Arbeitnehmer infolge des Verbots erleidet.[498] Neben dem Zweck, dem Arbeitnehmer den Lebensstandard zu sichern, den er sich auf Grund der vorausgegangenen Tätigkeit erarbeitet hatte[499], kommt der Zahlung der Karenzentschädigung die Funktion zu, den Nachteil auszugleichen, den der Arbeitnehmer durch die Beschränkung in der Verwertung seiner Arbeitskraft erleidet.[500] Der Arbeitnehmer soll daher auch nicht besser gestellt werden und muss sich auf die Karenzentschädigung anrechnen lassen, was er durch anderweitige Verwertung seiner Arbeitskraft in Ausübung einer berufsfremden Tätigkeit in einem anderen Geschäftsfeld erwirbt.[501] Damit sind alle Einnahmen aus selbständiger und unselbständiger Tätigkeit anrechenbar.[502] Anrechenbar ist nach einer älteren Entscheidung des BAG[503] in entsprechender Anwendung des § 74 c Abs. 1 HGB zudem erhaltenes Arbeitslosengeld, da es eine Lohnersatzfunktion hat. Diese Rechtsprechung hatte der Gesetzgeber durch § 148 SGB III (zuvor § 128 a Abs. 1 S. 3 AFG) bestätigt.[504] Nach der Aufhebung dieser Vorschrift durch Gesetz vom 23.12.2003[505] hat das BAG diese Entscheidung nicht revidiert.[506] Folglich ist weiterhin davon auszugehen, dass sich durch die Aufhebung der Vorschrift im Hinblick auf die Anrechnung nichts geändert hat[507] und das Arbeitslosengeld in Höhe des „Netto"-Auszahlungsbetrages der Anrechnung unterliegt.[508]

---

498 ErfK/*Oetker*, a. a. O., Rn. 1 zu § 74 c HGB.
499 Ebenroth/Boujong/Joost/Strohn/*Boecken*, a. a. O, Rn. 41 zu § 74 m. w. N.
500 Ebenroth/Boujong/Joost/Strohn/*Boecken*, a. a. O, Rn. 41 zu § 74 m. w. N.
501 ErfK/*Oetker*, a. a. O., Rn. 2 zu § 74 c HGB.
502 ErfK/*Oetker*, a. a. O., Rn. 3 zu § 74 c HGB unter Verweis auf BAG, Urteil v. 16. 11. 2005 - 10 AZR 152/05 = NJW 2006, 3227 (3228).
503 BAG, Urteil v. 25.06.1985 - 3 AZR 305/83 = NZA 1986, 194 (195) unter Verweis auf den kontroversen Meinungsstreit bezüglich der Anrechenbarkeit von Arbeitslosengeld auf die Karenzentschädigung.
504 ErfK/*Oetker*, a. a. O., Rn. 4 zu § 74 c HGB.
505 BGBl. I S. 2848.
506 Offengelassen in BAG, Urteil v. 16. 11. 2005 - 10 AZR 152/05, a. a. O. (Seite 3229).
507 ErfK/*Oetker*, a. a. O., Rn. 4 zu § 74 c HGB mit der Begründung, dass der Arbeitnehmer andernfalls begünstigt würde; LAG München, Urteil v. 14.8.2007 – 4 Sa 189/07 = nachgewiesen bei Juris, mit der Begründung, dass nur so eine wertungswidersprüchliche Besserstellung des arbeitslosen, Arbeitslosengeld beziehenden und sich gleichzeitig des Wettbewerbs enthaltenden (ehemaligen) Arbeitnehmers gegenüber demjenigen vergleichbaren Arbeitnehmer, der während der Karenzzeit einer erlaubten anderweitigen Erwerbstätigkeit nachgeht, vermieden werden kann (Rn. 21).
508 LAG München, Urteil v. 14.8.2007 – 4 Sa 189/07 = nachgewiesen bei Juris (Rn. 22).

(1) Folgen bei Wettbewerbsverbot

Als Zwischenergebnis kann somit festgehalten werden, dass der Arbeitnehmer infolge des Wettbewerbsverbots an sich keine gravierenden materiellen Nachteile erleidet. Vielmehr kann er, je nach Reichweite des Wettbewerbsverbots, das finanzielle Niveau erhalten, das er während des Arbeitsverhältnisses beim ehemaligen Arbeitgeber erworben hat. Zwar wird dem Arbeitgeber seitens des Gesetzgebers keine Verpflichtung auferlegt, dem Arbeitnehmer den Lebensstandard während der Verbotsdauer zu sichern. Allerdings läuft der Arbeitgeber in dem Fall, in dem er lediglich die gesetzliche Untergrenze vereinbart und dies angesichts der Reichweite des Verbots nicht ausreichend ist, Gefahr, dass das Verbot unverbindlich ist und der Arbeitnehmer von seinem Wahlrecht dahingehend Gebrauch macht, dass er sich gegen die Einhaltung des Verbots entscheidet.

(2) Folgen bei ähnlich wirkender Verschwiegenheitspflicht

Bei der ähnlich wirkenden Verschwiegenheitspflicht ist indes zu berücksichtigen, dass – sofern keine zusätzliche Wettbewerbsverbotsabrede besteht, die den Anforderungen der §§ 110 GewO, 74 f. HGB gerecht wird – der Arbeitnehmer regelmäßig gar keine finanzielle Kompensation erhält. In diesen Fällen ist die ähnlich wirkende Verschwiegenheitspflicht bereits unwirksam.

bbb. Erschwerung des beruflichen Fortkommens/materielle Aspekte nach Ablauf der Verbotsdauer

Ein weiterer Aspekt neben den vorstehend benannten materiellen Aspekten ist bei nachvertraglichen Wettbewerbsverboten bzw. ähnlich wirkenden Verschwiegenheitspflichten, dass das berufliche Fortkommen des Arbeitnehmers durch das Verbot erschwert wird. Dies kommt bereits in §§ 110 S. 2 GewO, 74 a Abs. 1 S. 2 HGB zum Ausdruck, wonach das nachvertragliche Wettbewerbsverbot unverbindlich ist, wenn es unter Berücksichtigung der gewährten Karenzentschädigung nach Ort, Zeit oder Gegenstand eine unbillige Erschwerung des Fortkommens des Arbeitnehmers enthält. Diesbezüglich ist zu berücksichtigen, dass der Arbeitnehmer ein gesteigertes Interesse daran hat, im Anschluss an die Beendigung seines Arbeitsverhältnisses eine Tätigkeit in einem Berufs- bzw. Geschäftsfeld aufzunehmen, bzgl. dessen er zum einen über die einschlägige Qualifikation und zum anderen über entsprechende Berufserfahrung verfügt, die er meist beim ehemaligen Arbeitgeber erworben hat.[509] Spiegelbildlich hat auch ein Unternehmen ein gesteigertes Interesse daran, dass bei einem Bewerber, der sich auf eine vakante Stelle bewirbt, bereits einschlägige Qualifikationen sowie Erfahrungen in dem jeweiligen Berufsfeld und bestenfalls auch in der Branche bzw. dem Geschäftsfeld vorhanden sind, in dem das Unternehmen tätig ist. Das Verfügen hierüber wird regelmäßig sogar im Vorfeld einer Auswahlentscheidung im Rahmen eines Anforderungsprofils als wesentliche fachliche Anforderung

---

509 Kocher, a. a. O. (Seite 137).

für die Ausführung einer Stelle festgesetzt. Der Marktwert des Arbeitnehmers bemisst sich somit wesentlich danach, ob der Arbeitnehmer diese Anforderung erfüllt. Geht nunmehr aus den Bewerbungsunterlagen bzw. Bewerbungsgesprächen mit dem Arbeitnehmer hervor, dass dieser einen gewissen Zeitraum nach Beendigung des Arbeitsverhältnisses mit dem ehemaligen Arbeitgeber in seinem Berufsfeld bzw. in der entsprechenden Branche nicht tätig war, vermindert dies die Chancen auf den Erhalt einer neuen Stelle erheblich, da das Unternehmen grundsätzlich kein Interesse an einer längeren Einarbeitungszeit bzw. an der Schulung des Arbeitnehmers vor Aufnahme der Tätigkeit hat. Insbesondere in Branchen bzw. Geschäftsfeldern, in denen schnelllebige Entwicklungen stattfinden, die für die Ausführung der geschuldeten Tätigkeit von Bedeutung sind, kann bereits ein relativ kurzer Zeitraum, in dem der Arbeitnehmer aufgrund des Tätigkeitsverbots an der Ausübung der Tätigkeit gehindert war, einen gravierenden Nachteil im Hinblick auf das berufliche Fortkommen darstellen.

Die Situation stellt sich bei nachvertraglichen Wettbewerbsverboten bzw. ähnlich wirkenden Verschwiegenheitspflichten folglich so dar, dass das für einen gewissen Zeitraum geltende Tätigkeitsverbot eine erhebliche, wenn nicht sogar die höchste denkbare Intensität der Beeinträchtigung aufweist und sich auf das weitere berufliche Fortkommen zum Nachteil des Arbeitnehmers auswirken kann.

In materieller Hinsicht ist zudem im Hinblick auf nachvertragliche Wettbewerbsverbote bzw. ähnlich wirkende Verschwiegenheitspflichten zu berücksichtigen, dass nach Ablauf des vereinbarten Verbotszeitraumes auch keine Verpflichtung des ehemaligen Arbeitgebers zur Zahlung der Karenzentschädigung mehr besteht. Dies führt dazu, dass mit der Erschwerung des beruflichen Fortkommens naturgemäß auch bei nachvertraglichen Wettbewerbsverboten bzw. nachvertraglichen Verschwiegenheitspflichten wiederum eine existenzbedrohliche Situation für den Arbeitnehmer verbunden sein kann.

bb. Schutzgewinn für den Arbeitgeber

Im Gegensatz zur Situation während des laufenden Arbeitsverhältnisses muss bzgl. des Schutzgewinns für den Arbeitgeber bei nachvertraglichen Wettbewerbsverboten bzw. ähnlich wirkenden Verschwiegenheitspflichten mangels praktischer Relevanz regelmäßig keine Unterscheidung zwischen gering und höher qualifizierten Tätigkeiten vorgenommen werden. Hintergrund ist, dass das nachvertragliche Wettbewerbsverbot bzw. die ähnlich wirkende Verschwiegenheitspflicht mangels gesetzlicher bzw. analoger Geltung nicht in sämtlichen Arbeitsverhältnissen zur Anwendung gelangt. Voraussetzung ist vielmehr eine gesonderte vertragliche Vereinbarung der Arbeitsvertragsparteien, sodass der Arbeitgeber in der Praxis regelmäßig bereits im Vorfeld des Arbeitsverhältnisses, ggf. im Rahmen der Entwicklung und Erarbeitung einer Unternehmensstrategie, prüft, ob und ggf. für welchen

Arbeitnehmerkreis bzw. Tätigkeiten eine derartige Vereinbarung im Hinblick auf den Schutz der Arbeitgeberinteressen erforderlich ist.[510]

Ein nachvertragliches Wettbewerbsverbot ist schlicht in vielen Fällen überflüssig, insbesondere wenn zu erwarten ist, dass von dem Arbeitnehmer keine wettbewerbsrelevante Gefahr nach Beendigung des Arbeitsverhältnisses ausgehen wird.[511]

Dasselbe gilt hinsichtlich Verschwiegenheitspflichten.

Bezüglich der Frage, ob überhaupt ein Schutzgewinn für den Arbeitgeber entsteht, sei auf die obigen Ausführungen zur Situation während des laufenden Arbeitsverhältnisses verwiesen. Auch hier ist somit in einem ersten Schritt zu prüfen, ob der Arbeitnehmer im Rahmen seiner Tätigkeit oder anderweitig mit Betriebs- oder Geschäftsgeheimnissen in Berührung gekommen ist oder ob er lediglich Fähigkeiten und Kenntnisse erworben hat, bzgl. deren Verwendung bei einem Konkurrenzarbeitgeber der Arbeitgeber keinen schützenswerten Einwand geltend machen kann. Sodann ist zu fragen, ob diese konkreten Betriebs- oder Geschäftsgeheimnisse für die Konkurrenz überhaupt von Relevanz sind, d. h. ob eine konkrete Interessengefährdung des ehemaligen Arbeitgebers besteht. Ist dies der Fall, entsteht ein Schutzgewinn für den Arbeitgeber durch das nachvertragliche Wettbewerbsverbot bzw. die nachvertragliche Verschwiegenheitspflicht.

Bei der nachvertraglichen Situation kommen für diese Beurteilung verschiedene Zeitpunkte in Betracht, nämlich zum einen der Zeitpunkt des Vertragsschlusses, der Ausscheidenszeitpunkt[512], der Zeitpunkt, in dem der Arbeitnehmer die Konkurrenztätigkeit aufnehmen will[513] sowie der Zeitpunkt, in dem sich der ehemalige Arbeitgeber auf das Wettbewerbsverbot bzw. auf die ähnlich wirkende Verschwiegenheitspflicht beruft.[514] Fraglich ist, welcher Zeitpunkt maßgeblich ist.

Hinsichtlich des Zeitpunkts des Vertragsschlusses gilt, dass zu diesem Zeitpunkt keine verlässliche Beurteilung möglich ist. Dies ist darauf zurückzuführen, dass der Inhalt eines nachvertraglichen Wettbewerbsverbots bzw. einer nachvertraglichen Verschwiegenheitspflicht insoweit dynamisch ist. Die Vertragsparteien können zum Zeitpunkt des Abschlusses der Vereinbarung - meist zu Beginn des Arbeitsverhältnisses - noch nicht vorhersehen, wie sich im Verlauf des Arbeitsverhältnisses die der Vereinbarung zugrunde liegenden Verhältnisse, d. h. zum Beispiel die Tätigkeit des Arbeitnehmers, die Produktpalette des Arbeitgebers oder die Gegebenheiten im

---

510 S. hierzu die ausführliche Auseinandersetzung mit dem praktischen Know-how-Schutz als Teil des Compliance Managements bei Wurzer, CCZ 2009, 49 f.

511 Kittner, a. a. O. (Seite 1015).

512 Bauer/Diller, a. a. O., S. 139, Rn. 328 unter Verweis auf eine Vielzahl in der Rechtsprechung ergangener Urteile, insbesondere BAG, Urteil v. 21.04.2010 - 10 AZR 809/11 = NZA 2010, 1175(1176), Urban, ArbRAktuell 2012, 241 (242).

513 Staub/*Weber*, HGB, 5. Aufl. 2008, § 74 a Rn. 14.

514 ErfK/*Oetker*, a. a. O., Rn. 2 zu § 74 a HGB unter Verweis auf BAG, Urteil v. 28.01.1966 - 3 AZR 374/65 – nachgewiesen bei Juris sowie LAG Baden-Württemberg, Urteil v.30. 1. 2008 - 10 Sa 60/07 = NZA-RR 2008, 508 (509).

Geschäftsfeld, verändern werden.[515] Für den Ausscheidenszeitpunkt als maßgeblichen Zeitpunkt spricht, dass dies der Zeitpunkt ist, in dem das nachvertragliche Wettbewerbsverbot bzw. die nachvertragliche Verschwiegenheitspflicht greift und der Arbeitgeber sich somit auf die Einhaltung dieser nachvertraglichen Pflichten berufen kann.[516] Ferner kann erst in diesem Zeitpunkt abschließend entschieden werden, ob berechtigte geschäftliche Interessen das Verbot einer Tätigkeit rechtfertigen, d.h. ob der Arbeitnehmer mit Betriebs- oder Geschäftsgeheimnissen in Berührung gekommen ist.[517] Allerdings lässt diese Auffassung unberücksichtigt, dass der Ausscheidenszeitpunkt und der Zeitpunkt, in dem der Arbeitgeber aufgrund der Aufnahme einer Tätigkeit bei einem Konkurrenzunternehmen seine Rechte aus der geschlossenen Vereinbarung durchsetzen will, nicht identisch sein muss. Dies führt dazu, dass sich auch nach dem Ausscheidenszeitpunkt bis zur Aufnahme der Konkurrenztätigkeit die der Vereinbarung zugrunde liegenden Verhältnisse, insbesondere die Gegebenheiten im Geschäftsfeld, verändern können.[518] Maßgeblich ist daher der Zeitpunkt, in dem der Arbeitgeber sich auf die Einhaltung der Vereinbarung beruft. Nur dann kommt es auch „zum Schwur" und es muss dezidiert geprüft werden, ob die jeweilige Wettbewerbsabrede einem schützenswerten Interesse des Arbeitgebers dient.

b. Erforderlichkeit einer Interessenabwägung

Fraglich ist, wie unter Berücksichtigung der vorstehenden allgemeingültigen Erwägungen in jedem Einzelfall verlässlich bewertet werden kann, ob das nachvertragliche Wettbewerbsverbot bzw. die nachvertragliche Verschwiegenheitspflicht angemessen ist.

Einleuchtend ist, dass in dem Fall, in dem ein Wettbewerbsverbot keinen Schutzgewinn für den Arbeitgeber bringt, regelmäßig auch eine unbillige Erschwerung des beruflichen Fortkommens vorliegt, sodass das Wettbewerbsverbot insoweit bereits nach § 74 a Abs. 1 S. 1 HGB unverbindlich ist.[519] Kann jedoch ein Schutzgewinn für den ehemaligen Arbeitgeber im Hinblick auf die Wahrung seiner Betriebs- oder Geschäftsgeheimnisse angenommen werden, sind im Rahmen der widerstreitenden Interessen sehr starke Positionen der Vertragsparteien betroffen. Auf der einen Seite steht das schützenswerte Interesse des Arbeitgebers an der Verhinderung der Weitergabe von Betriebs- oder Geschäftsgeheimnissen, die den Bestand des Unternehmens gefährden bzw. die wirtschaftliche Situation beeinträchtigen können. Auf

---

515 Bauer/Diller, a. a. O., Seite 139, Rn. 328, Urban, ArbRAktuell 2012, 241 (242).

516 Urban, ArbRAktuell 2012, 241 (242), so auch ErfK/*Oetker*, a. a. O., Rn. 2 zu § 74 a HGB unter Verweis auf BAG, Urteil v. 28.01.1966 - 3 AZR 374/65 – nachgewiesen bei Juris sowie LAG Baden-Württemberg, Urteil v. 30. 1. 2008 - 10 Sa 60/07 = NZA-RR 2008, 508.

517 Bauer/Diller, a. a. O., Seite 139, Rn. 328, Urban, ArbRAktuell 2012, 241 (242).

518 So an sich auch Bauer/Diller, a. a. O., Seite 139, Rn. 330.

519 BAG, Urteil v. 21.4.2010 - 10 AZR 288/09 = NZA 2010, 1175 (1176).

der anderen Seite ist das Interesse des Arbeitnehmers zu berücksichtigen, ungestört beruflich fortzukommen und seine Existenz sichern zu können.

Pauschal kann keinem der Interessen der Vorzug eingeräumt werden. Insgesamt lässt sich die komplexe Frage nach dem Umfang der Rechte und Pflichten ehemaliger Beschäftigter auch nicht mit holzschnittartigen Formeln lösen, sodass es in einem weiteren Schritt einer umfassenden Abwägung der widerstreitenden im Einzelfall bedarf.[520] Zu prüfen ist, ob das nachvertragliche Wettbewerbsverbot bzw. die ähnlich wirkende Verschwiegenheitspflicht, soweit es von einem schützenswerten Interesse des Arbeitgebers gedeckt ist, den Arbeitnehmer unangemessen in seinem beruflichen Fortkommen behindert.[521]

c. *Zu berücksichtigende Kriterien*

Fraglich ist, welche Kriterien im Rahmen dieser Interessenabwägung hilfreich sein können, um diese Frage ausgewogen und unter Berücksichtigung der widerstreitenden Interessen zu beurteilen.

Hierzu gilt vorab, dass eine „schablonenartige" Prüfung des jeweiligen Einzelfalles anhand eines festgelegten Kriterienkatalogs aufgrund des Umstandes, dass jeder Einzelfall seine Besonderheiten aufweisen kann, nicht zielführend ist. Allerdings können bestimmte Kriterien eine Struktur und damit einen „Leitfaden" an die Hand geben, der sodann um die Besonderheiten des jeweiligen Einzelfalls zu ergänzen ist. Als derartige Kriterien kommen z. B. in Betracht:

aa. Bedeutung der Betriebs- oder Geschäftsgeheimnisse für den Arbeitnehmer / Dauer des Arbeitsverhältnisses/ Stellung des Arbeitnehmers

Im Rahmen der Interessenabwägung ist insbesondere zu berücksichtigen, ob der Marktwert des betreffenden Arbeitnehmers durch die Beschäftigung mit einem oder mehreren Betriebs- oder Geschäftsgeheimnissen und eine dadurch ggf. eingetretene Spezialisierung auf bestimmte Kenntnisse und Fähigkeiten derart geprägt worden ist, dass das berufliche Fortkommen und damit die weitere Existenzmöglichkeit bei Untersagung der Anwendung der Betriebs- oder Geschäftsgeheimnisse entscheidend beengt sein kann.[522] Soweit sich daher der Marktwert des Arbeitnehmers ausschließlich auf die im Zusammenhang mit den Betriebs- oder Geschäftsgeheimnissen erworbenen Kenntnisse und Fähigkeiten beschränkt, kann dies ein zugunsten

---

520 Ohly, a. a. O. (S. 10) sowie ErfK/*Oetker*, a. a. O., Rn. 3 zu § 74 a HGB, jeweils zur deutschen Rechtslage, die hier übertragbar ist.

521 Bauer/Diller, a. a. O., Seite 146, Rn. 348 unter Verweis auf die Rechtsprechung des BAG, u. a. Urteil v. 21.4.2010 - 10 AZR 288/09 = NZA 2010, 1175 (1176).

522 Siehe die Erwägungen des BGH, Urteil v. 21.12.1962 – I ZR 47/61 = NJW 1963, 856 (858) im Rahmen eines Sachverhalts, der nach §§ 1, 17 UWG rechtlich zu bewerten war, die hier übertragbar sind.

des Arbeitnehmers einzustellendes Kriterium sein. Für die Beurteilung des Vorliegens dieses Kriteriums kann u. U. auch die Dauer des Arbeitsverhältnisses eine Rolle spielen.[523] Aus dieser kann beispielsweise im Zusammenhang mit der jeweils ausgeübten Tätigkeit abgeleitet werden, dass sich die Kenntnisse und Erfahrungen des Arbeitnehmers auf ein oder mehrere bestimmte Betriebs- oder Geschäftsgeheimnisse über die Dauer der Zeit konkretisiert haben.

Hat sich die Tätigkeit des Arbeitnehmers über mehrere Jahre hinweg ausschließlich auf die Anwendung eines oder mehrerer Betriebs- oder Geschäftsgeheimnisse beschränkt und hat der Arbeitnehmer überdies keine weiteren Kenntnisse und Erfahrungen gesammelt, kann dies dazu führen, dass Aussichten auf eine Anschlussbeschäftigung eben nur bei einem Unternehmen bestehen, bei denen Kenntnisse und Erfahrungen bzgl. eben dieser Betriebs- oder Geschäftsgeheimnisse eine Rolle spielen. Wird dem Arbeitnehmer diese Anschlussbeschäftigung aufgrund eines Wettbewerbsverbots bzw. einer Verschwiegenheitspflicht verwehrt, kann dies für den Arbeitnehmer bedeuten, dass er die Entwicklungen im Hinblick auf die Betriebs- oder Geschäftsgeheimnisse verpasst, bzgl. derer er sich spezialisiert hat. Dies schmälert naturgemäß die Chancen, nach Ablauf des Verbotszeitraumes eine entsprechende Arbeitsstelle in einem Unternehmen zu erhalten, das diese Betriebs- oder Geschäftsgeheimnisse im Rahmen der geschäftlichen Betätigung verwertet bzw. anwendet.

Zwingend ist die Berücksichtigung der Dauer des Arbeitsverhältnisses aber nicht. Eine nur kurze Dauer des Arbeitsverhältnisses kann sich nur dann zugunsten des Arbeitgebers auswirken, wenn der Arbeitnehmer kaum Gelegenheit hatte, im bisherigen Betrieb Erfahrungen zu sammeln, oder wenn der Anschein besteht, der Arbeitnehmer sei „eingeschleust“ worden, um Informationen zu erlangen.[524]

Denn an sich ist eine Spezialisierung auch in einem verhältnismäßig kurzen und nicht erst in einem längeren Zeitraum möglich. Zudem kann bereits im Rahmen einer Vorbeschäftigung bzw. Ausbildung eine Konkretisierung auf Kenntnisse und Erfahrungen im Hinblick auf ein oder mehrerer Betriebs- oder Geschäftsgeheimnisse eingetreten sein. Maßgebend sind hier die Umstände des jeweiligen Einzelfalls.

Neben der Dauer des Arbeitsverhältnisses ist auch die Stellung des Arbeitnehmers im Betrieb zu berücksichtigen.[525] Insoweit gilt, dass insbesondere Arbeitnehmer in gehobener Stellung, die Leitungsfunktionen oder strategische Funktionen ausüben, naturgemäß auch Einblick in gewisse Informationen des Arbeitgebers erhalten, die Betriebs- oder Geschäftsgeheimnisse darstellen können. Soweit es sich hierbei um branchenspezifische Informationen handelt, erwerben diese Arbeitnehmer ein Know-how in Bezug auf die jeweilige Branche, die für Unternehmen, die im

523 Ohly, a. a. O. (Seite 10) zur deutschen Rechtslage des Geheimnisschutzes, die hier übertragbar ist.

524 Ohly, a. a. O. (Seite 10) zur deutschen Rechtslage des Geheimnisschutzes, die hier übertragbar ist.

525 BAG, Urteil v. 21.4.2010 – 10 AZR 288/09 = NZA 2010, 1175–1177.

selben Geschäftsfeld tätig sind, von Vorteil sein können. In diesem Fall können derartige Informationen funktionsbezogen den Marktwert des Arbeitnehmers steigern mit der Folge, dass für den Arbeitnehmer bei den jeweiligen Konkurrenzunternehmen nur ein Einsatz in diesen Leitungsfunktionen bzw. strategischen Funktionen in Betracht kommt.

Ein Wettbewerbsverbot bzw. eine ähnlich wirkende Verschwiegenheitspflicht würde dazu führen, dass der Arbeitnehmer ausschließlich aufgrund der bekleideten Stellung und dem damit verbunden Know-how nicht mehr in der bisherigen Funktion eingesetzt werden kann, sondern – dann fehlt es an einer konkreten Gefährdungssituation – nur in einer niedriger bewerteten Position, bei der er sein Know-how nicht anwendet. Die Arbeitsmarktsituation hat sich bei diesen Arbeitnehmern daher auf entsprechende Leitungsfunktionen bzw. strategische Funktionen konkretisiert, was im Hinblick auf das berufliche Fortkommen des Arbeitnehmers zu berücksichtigen ist.

bb. Bedeutung der Betriebs- oder Geschäftsgeheimnisse für den Arbeitgeber

Wird unter Zugrundelegung vorstehender Maßgaben festgestellt, dass ein nachvertragliches Wettbewerbsverbot bzw. eine ähnlich wirkende Verschwiegenheitspflicht das berufliche Fortkommen des Arbeitnehmers erheblich beschränkt, ist damit nicht gesagt, dass diese/s unangemessen ist. Vielmehr ist in die Abwägung neben der Bedeutung der Betriebs- oder Geschäftsgeheimnisse für den jeweiligen Arbeitnehmer des Weiteren auch die Bedeutung der Betriebs- oder Geschäftsgeheimnisse für den ehemaligen Arbeitgeber einzubeziehen.[526]

Hier ist vorab wiederum der einleuchtende Fall zu nennen, in dem die Betriebs- oder Geschäftsgeheimnisse schlicht ihren Bedeutungsgehalt bereits verloren haben. Dies ist z. B. der Fall, wenn es dem Arbeitgeber um die Geheimhaltung von Know-How bezüglich eines bestimmten Produktionsverfahrens oder einer bestimmten Erfindung geht, dieser das Produktionsverfahren bzw. die Erfindung aber nicht mehr nutzt, sodass sie für seine geschäftlichen Aktivitäten bedeutungslos geworden sind.[527] In diesen Fällen wird das nachvertragliche Wettbewerbsverbot bzw. die nachvertragliche Verschwiegenheitspflicht mangels berechtigten Interesses schon unverbindlich sein. Sind Betriebs- oder Geschäftsgeheimnisse aber auch während der Dauer des Verbots von Bedeutung, ist sodann die Frage erörterungsbedürftig, inwieweit die geschäftliche Betätigung des ehemaligen Arbeitgebers von dem ausschließlichen Verbleib und der exklusiven Verwertung der Betriebs- oder Geschäftsgeheimnisse abhängt.

Gelangt man im Rahmen dieser Prüfung zu dem Ergebnis, dass die Bedeutung der Betriebs- oder Geschäftsgeheimnisse für das berufliche Fortkommen des

---

526 Ohly, a. a. O. (Seite 10) zur deutschen Rechtslage des Geheimnisschutzes, die hier übertragbar ist; siehe auch zur Definition des Betriebs- oder Geschäftsgeheimnis im COM (2013) 813 final bzw. TRIPS-Abkommen die obigen Ausführungen.

527 Bauer/Diller, a. a. O., Seite 138, Rn. 323 m. w. N.

Arbeitnehmers essentiell ist, für die geschäftliche Betätigung des ehemaligen Arbeitgebers hingegen eher von untergeordneter Bedeutung, ist dies ein gewichtiges Indiz dafür, dem Interesse des Arbeitnehmers an seinem ungestörten beruflichen Fortkommen den Vorrang einzuräumen. Andererseits wird man zur Angemessenheit des nachvertraglichen Wettbewerbsverbots bzw. der nachvertraglichen Verschwiegenheitspflicht gelangen, wenn die Betriebs- oder Geschäftsgeheimnisse für die geschäftliche Betätigung und den Bestand des Unternehmens bzw. Teile von diesem von zentraler Bedeutung ist und dessen Weitergabe an die Konkurrenz so weitreichende Folgen für das Unternehmen haben kann, dass u. U. weitere Arbeitsplätze gefährdet sein können. Allerdings kann hier nicht auf eine Existenzbedrohung für das gesamte Unternehmen abgestellt werden. Dies würde die Anforderungen an ein angemessenes Wettbewerbsverbot bzw. eine angemessene Verschwiegenheitspflicht über Gebühr verschärfen. Vielmehr müssen die wirtschaftlichen Folgen bezogen auf den Bereich bzw. die Bereiche betrachtet werden, in denen die Betriebs- oder Geschäftsgeheimnisse für die wirtschaftliche Betätigung des Unternehmens relevant sind. Dies kann mit der Betrachtung der wirtschaftlichen Folgen für das gesamte Unternehmen zusammentreffen, was insbesondere bei kleinen und mittelständischen Unternehmen, die zumeist lediglich einen Geschäftszweck verfolgen, der Fall sein kann. In Bezug auf Unternehmen, die mehrere Geschäftszwecke verfolgen, d.h. insbesondere bei größeren Unternehmen und Konzernen, wird regelmäßig jedoch nur ein Geschäftsbereich und dort ggf. nur ein Teilbereich betroffen sein.

Sofern es in diesen Geschäfts- bzw. Teilbereichen infolge der Weitergabe von Betriebs- oder Geschäftsgeheimnissen z.B. zu einer Gefährdung von Arbeitsplätzen kommt, sind auch nur diese Auswirkungen auf diesen Teilbereich für die Bewertung relevant.

Dies ist z.B. in stark auftragsabhängigen Branchen in dem Fall denkbar, in dem ein Konkurrenzunternehmen durch die Weitergabe der Betriebs- oder Geschäftsgeheimnisse in Gestalt von Preis- bzw. Angebotskalkulationen o. Ä. einen Wettbewerbsvorteil in einer Auftragsausschreibung erlangt. Verliert der ehemalige Arbeitgeber aufgrund der Weitergabe der Betriebs- oder Geschäftsgeheimnisse einen Auftrag infolge gezielter Unterbietung durch das Konkurrenzunternehmen in Kenntnis der Geheimnisse, führt dies automatisch zum Entfallen von Weiterbeschäftigungsmöglichkeiten für eine gewisse Anzahl an Arbeitnehmern. Diese Situation kann auch in der produzierenden Branche eintreten, wenn ein Unternehmen aufgrund der Nutzung der neu erlangten Betriebs- oder Geschäftsgeheimnisse durch ein Konkurrenzunternehmen Marktanteile verliert und dies zu einem Umsatzverlust bzw. einer Reduzierung der zu produzierenden Stückzahlen führt. Auch hier können Umstrukturierungen in Gestalt der Neufestsetzung des Arbeitskraftvolumens zur Sicherung der Wettbewerbsfähigkeit erforderlich werden, welche ebenfalls mit dem Wegfall von Weiterbeschäftigungsmöglichkeiten für eine gewisse Anzahl von Arbeitnehmern einhergehen. In diesen Fällen spricht einiges dafür, dass das Interesse des Arbeitgebers an der Verhinderung der Weitergabe der Betriebs- oder Geschäftsgeheimnisse und die Vermeidung von infolge der Umstrukturierungsmaßnahmen erforderlichen betriebsbedingten Kündigungen das Schicksal des einzelnen, mit einem nachvertraglichen Wettbewerbsverbot bzw. einer nachvertraglichen Verschwiegenheitspflicht belegten Arbeitnehmer überwiegt.

Der Arbeitgeber wird indes verpflichtet sein, insbesondere die Kausalität zwischen der Weitergabe der Betriebs- oder Geschäftsgeheimnisse und den daraus resultierenden nachteiligen Rechtsfolgen für das Unternehmen konkret darzulegen. Dies bedarf eines sehr umfangreichen Vortrages und insbesondere auch eines detaillierten Einblicks in unternehmensrelevante Daten.

cc. Branchenspezifika

Weiterhin ist zu berücksichtigen, inwieweit es bestimmte branchentypische Besonderheiten gibt, die dem nachvertraglichen Wettbewerbsverbot bzw. der ähnlich wirkenden Verschwiegenheitspflicht Grenzen setzen. Z. B. kann es in zeitlicher Hinsicht in einer Branche, in der schnelllebige Entwicklungen bzw. kurzlebige Produkte[528] dazu führen, dass die jeweiligen Betriebs- oder Geschäftsgeheimnisse, mit denen der Arbeitnehmer betraut war, bereits in wenigen Wochen bzw. Monaten für die Konkurrenz nicht mehr von Relevanz sind, nicht angemessen sein, das nachvertragliche Wettbewerbsverbot bzw. die nachvertragliche Verschwiegenheitspflicht auf ein Jahr oder mehr zu bemessen. Zwar sieht das Gesetz insoweit in §§ 110 s. 2 GewO, 74 a Abs. 1 S. 3 HGB vor, dass das nachvertragliche Wettbewerbsverbot bzw. die nachvertragliche Verschwiegenheitspflicht bis zu 2 Jahren vereinbart werden kann. Diese gesetzliche Höchstlaufzeit wird den Verhältnissen in bestimmten innovativen Industriezweigen indes nicht mehr gerecht, weil Spezialkräfte in dieser Zeit den Anschluss an die Entwicklung verpassen können.[529] Ist das Wettbewerbsverbot für länger als 2 Jahre vereinbart worden, so ist es nicht insgesamt unverbindlich, sondern nur insoweit, als es die zulässige Höchstgrenze überschreitet.[530]

Des Weiteren ist in zeitlicher Hinsicht zu berücksichtigen, dass das schützenswerte Interesse des Arbeitgebers an der Wahrung der Betriebs- oder Geschäftsgeheimnisse dann entfällt, wenn und sobald die Betriebs- oder Geschäftsgeheimnisse bekannt geworden sind.[531]

In örtlicher Hinsicht ist von Relevanz, in welchem Gebiet der Arbeitgeber tätig ist und wo ihm insbesondere Konkurrenz droht.[532] Da die Berufung auf die Arbeitnehmerfreizügigkeit einen grenzüberschreitenden Sachverhalt erfordert, ist im Hinblick auf dieses Kriterium daher zu prüfen, ob es gerechtfertigt ist, das Wettbewerbsverbot bzw. die ähnlich wirkende Verschwiegenheitspflicht auf das Ausland zu erstrecken. Dies wird aufgrund der zunehmenden Internationalisierung immer häufiger der Fall

528 Bauer/Diller, a. a. O., S. 139, Rn. 327.
529 ErfK/*Oetker*, a. a. O., Rn. 4 zu § 74 a HGB.
530 Bauer/Diller, a. a. O., Seite 150, Rn. 359 m. w. N.
531 Bauer/Diller, a. a. O., Seite 138, Rn. 323 m. w. N.
532 Bauer/Diller, a. a. O., Seite 138, Rn. 326.

sein. Von Interesse kann hier insbesondere auch sein, ob sich eine Berufsgruppe durch eine besonders hohe oder eben eine nur geringe Mobilität auszeichnet.[533]

dd. Weitere „soziale" Kriterien

Auch weitere Sozialkriterien spielen bei der Prüfung, ob das Wettbewerbsverbot bzw. ähnlich wirkende Verschwiegenheitspflicht nach Intensität und vor allem räumlicher Reichweite eine unangemessene Bindung enthält, eine Rolle. Dies gilt z.B. für das Kriterium des Alters.[534] Es ist zu berücksichtigen, ob der betroffene Arbeitnehmer ein Alter aufweist, das es zulässt, ggf. auf die mit einem nachvertraglichen Wettbewerbsverbot – insbesondere in räumlicher Hinsicht – verbundenen Beeinträchtigungen reagieren zu können oder, ob dies aus Altersgründen und des damit verbundenen Verlustes an Mobilität nicht mehr möglich ist. Des Weiteren ist die Frage von Relevanz, ob mit einem nachvertraglichen Wettbewerbsverbot faktisch ein frühzeitiger Renteneintritt verbunden ist, da der Arbeitnehmer aus Altersgründen ohnehin schon nicht mehr in der Lage ist, überhaupt jemals wieder ein Beschäftigungsverhältnis aufzunehmen.

ee. Karenzentschädigung

Die gewährte Karenzentschädigung ist als Kriterium für die Interessenabwägung hingegen ungeeignet.[535] Angesichts der oben dargestellten Auswirkungen eines nachvertraglichen Wettbewerbsverbots bzw. einer ähnlich wirkenden Verschwiegenheitspflicht, nämlich die Erschwerung des beruflichen Fortkommens, ist nicht ersichtlich, weshalb eine Wechselwirkung zwischen der Karenzentschädigung und dem Umfang des Wettbewerbsverbots anzunehmen sein soll.[536] Eine finanzielle Kompensation des Nachteils, dass der Arbeitnehmer für einen gewissen Zeitraum keine Tätigkeit, d.h. regelmäßig die erlernte Tätigkeit, auf die sich der Arbeitnehmer spezialisiert hat, ausüben darf, kann die Einbußen in der beruflichen Entwicklung

---

533 BAG, Urteil v. 21.4.2010 – 10 AZR 288/09 = NZA 2010, 1175–1177, das auf die Mobilität der jeweiligen Berufsgruppe als ein Kriterium für die Beurteilung der unbilligen Fortkommenserschwerung abstellt, Bauer/Diller, a. a. O., Seite 144, Rn. 343.

534 BAG, Urteil v. 21.4.2010 – 10 AZR 288/09 = NZA 2010, 1175–1177, das auf das Alter als ein Kriterium für die Beurteilung der unbilligen Fortkommenserschwerung abstellt, Bauer/Diller, a. a. O., Seite 144, Rn. 343.

535 Entgegen BAG, Urteil v. 21.4.2010 – 10 AZR 288/09 = NZA 2010, 1175–1177, wo es heißt: „Es besteht eine Wechselwirkung mit der vereinbarten Entschädigung. Eine großzügige Entschädigung wird eine weitergehende örtliche, zeitliche und gegenständliche Einschränkung der Handlungsfreiheit des Arbeitnehmers rechtfertigen können." unter Verweis auf BAG, Urteil v. 16.2.1967 – 3 AZR 290/66, nachgewiesen bei Juris.

536 So aber das BAG im Urteil v. 21.4.2010 – 10 AZR 288/09 = NZA 2010, 1175–1177 unter Verweis auf BAG, Urteil v. 16.2.1967 – 3 AZR 290/66, nachgewiesen bei Juris.

nicht kompensieren. Dies wird dadurch deutlich, dass die Pflicht zur Karenzentschädigung nur für die Dauer des Zeitraumes besteht, in dem sich der Arbeitnehmer beruflich nicht wie gewünscht betätigen darf. Sie endet jedoch mit Ablauf dieses Zeitraumes. Zu diesem Zeitpunkt steht aber noch lange nicht fest, ob der Arbeitnehmer nahtlos, d. h. mit Beendigung der Geltung des Wettbewerbsverbots, wiederum ein Arbeitsverhältnis aufnehmen kann, was der Tätigkeit und ggf. auch den finanziellen Konditionen des Arbeitsverhältnisses beim ehemaligen Arbeitgeber entspricht. Zu berücksichtigen ist nämlich, dass regelmäßig aktuelle Berufserfahrungen im Rahmen eines Einstellungsverfahrens Kriterien für die Einstellung des Bewerbers sind. Stellt ein Arbeitgeber fest, dass ein Arbeitnehmer für einen gewissen Zeitraum in der ausgeschriebenen Stelle/Funktion nicht tätig war, führt dies zu einem Marktwertverlust, der für den Arbeitnehmer im Hinblick auf den Erhalt einer Anschlussbeschäftigung im gewählten Geschäftsfeld und in der gewünschten Funktion sehr problematisch sein kann.

Daher ist die Behauptung, eine großzügige Entschädigung könne eine weitergehende örtliche, zeitliche und gegenständliche Einschränkung der Handlungsfreiheit des Arbeitnehmers rechtfertigen[537], geradezu paradox, zumindest aber undifferenziert und kann in sein Gegenteil verkehrt werden. Gerade durch die weitergehende örtliche, zeitliche und gegenständliche Untersagung der beruflichen Tätigkeit manifestiert sich der Marktwertverlust des Arbeitnehmers. Der Zeitraum, in dem der Arbeitnehmer keine wertvollen Berufserfahrungen sammeln kann, verlängert sich vielmehr, was gerade in schnelllebigen Branchen dazu führen kann, dass der Arbeitnehmer aktuelle und für die Berufsausübung notwendige Entwicklungen verpassen kann. Dies kann aber nicht durch eine – wie gesagt nur für den Zeitraum der Untersagung der beruflichen Tätigkeit geltende – höhere Entschädigungszahlung aufgefangen werden.

Gleichwohl ist die Karenzentschädigung als solche nicht generell in Frage zu stellen, da der Arbeitnehmer für den Verlust der Möglichkeit, sich für eine gewisse Dauer beruflich zu betätigen, eine finanzielle Kompensation erhält, was richtig ist, da dem Arbeitnehmer die essentielle Einkommensquelle genommen wird. Wenn dem Arbeitnehmer, der durch eine ähnlich wirkende Verschwiegenheitspflicht an seinem beruflichen Fortkommen gehindert wird, keine Entschädigungszahlung gewährt wird, ist diese per se unwirksam (s. o.). Die Funktion der Karenzentschädigung hat aber ausschließlich einen Kompensationseffekt im Hinblick auf den der Geltung des Wettbewerbsverbots zugrunde liegenden Zeitraum, sodass insbesondere die Höhe dieser Karenzentschädigung nicht als Kriterium für die Bewertung geeignet ist, ob das Wettbewerbsverbot im Hinblick auf die Fortkommenserschwerung angemessen ist.

537 BAG, Urteil v. 21.4.2010 – 10 AZR 288/09 = NZA 2010, 1175–1177 unter Verweis auf BAG, Urteil v. 16.2.1967 – 3 AZR 290/66, nachgewiesen bei Juris.

d. *Flexibler gesetzlicher Rahmen in Deutschland*

Unter Berücksichtigung der vorstehenden Kriterien ist zu konstatieren, dass in Deutschland mit dem Regelwerk der §§ 110 GewO, 74 f. HGB ein flexibles System besteht, das die Bewertung der Angemessenheit eines nachvertraglichen Wettbewerbsverbot ermöglicht, da es – und dies ist, wie gesagt, auch nicht sinnvoll – kein starres Regelungssystem beinhaltet, sondern die Ausfüllung unbestimmter Rechtsbegriffe (berechtigtes Interesse vs. unbillige Erschwerung des beruflichen Fortkommens) der Rechtsprechung überlässt. Auch bestehen hinsichtlich der zeitlichen Dauer Maximal- und hinsichtlich des finanziellen Ausgleichs Mindeststandards, die auf den ersten, vom jeweiligen Einzelfall losgelösten Blick, bzgl. der hier betroffenen Rechtsgüter ausreichend sind. Auch hier ist aber der jeweilige Einzelfall maßgeblich. Diese Flexibilität erschwert es indes den Arbeitsvertragsparteien, konkret absehen zu können, ob sie sich rechtmäßig verhalten. Allerdings würde ein starres System, das eine flexible Beurteilung des Einzelfalls unmöglich macht, den Interessen der Vertragspartner auch nicht gerecht.

e. *Ergebnis*

Im Ergebnis kann somit festgehalten werden, dass die Frage, ob ein nachvertragliches Wettbewerbsverbot bzw. eine nachvertragliche Verschwiegenheitspflicht den Arbeitnehmer unangemessen in der Ausübung der Arbeitnehmerfreizügigkeit beschränken, im Rahmen einer Interessenabwägung und unter Berücksichtigung des jeweiligen Einzelfalls zu beantworten ist. Hintergrund ist schlicht, dass beim nachvertraglichen Wettbewerbsverbot bzw. bei der nachvertraglichen Verschwiegenheitspflicht Gegenstand der Prüfung primär eine individuelle Vereinbarung der Parteien ist, die gesondert den Inhalt, Ort und vor allem die Dauer der Beschränkung enthält.

Diese Inhalte der Vereinbarung sind sodann im Einzelfall mit Blick auf die betroffenen gegensätzlichen Standpunkte der Arbeitsvertragsparteien gegeneinander abzuwägen. Als Richtwerte sind in diese Abwägung die Bedeutung des jeweiligen Betriebs- oder Geschäftsgeheimnisse für das Unternehmen sowie für den Arbeitnehmer unter Berücksichtigung von Branchenspezifika sowie sonstige soziale Kriterien einzustellen, wobei diese Richtwerte nicht abschließend sind. Sie bieten jedoch einen Leitfaden zur Durchführung der Interessenabwägung und sind damit geeignet, erste Anhaltspunkte zu liefern, ob das die Arbeitnehmerfreizügigkeit beschränkende nachvertragliche Wettbewerbsverbot bzw. nachvertragliche Verschwiegenheitspflicht über das hinausgeht, was zur Erreichung des mit ihm/ihr verfolgten Zwecks angemessen ist.

4. *Ergebnis*

Als Ergebnis der Angemessenheitsprüfung bleibt somit Folgendes festzuhalten:

Das während des laufenden Arbeitsverhältnisses gemäß §§ 241 Abs. 2 BGB, 60, 61 HGB geltende Wettbewerbsverbot ist im Hinblick auf einfache, gering qualifizierte

Tätigkeiten unangemessen, da bei diesen Tätigkeiten die mit der Beschränkung der Arbeitnehmerfreizügigkeit verbundene Intensität den für den Arbeitgeber entstehenden Schutzgewinn deutlich überwiegt. Diese einfachen, gering qualifizierten Tätigkeiten sind daher von der – abgesehen für den Fall einer fehlenden Unterstützungshandlung – ausnahmslosen Geltung des gesetzlichen Wettbewerbsverbots auszunehmen. Dies wird seitens der neueren Rechtsprechung in Deutschland berücksichtigt. Diese Tendenz ist fortzusetzen.

Bei höher qualifizierten Tätigkeiten überwiegt hingegen in der Regel das Schutzinteresse des Arbeitgebers die Intensität der Beeinträchtigung, sodass das Wettbewerbsverbot im Grundsatz angemessen ist, wenn eine konkrete Gefährdung der Arbeitgeberinteressen besteht. Dies ist in jedem Einzelfall zu prüfen.

Die Frage, ob ein nachvertragliches Wettbewerbsverbot bzw. eine nachvertragliche Verschwiegenheitspflicht den Arbeitnehmer unangemessen in der Ausübung der Arbeitnehmerfreizügigkeit beschränken, ist im Rahmen einer Interessenabwägung und unter Berücksichtigung der konkreten individualvertraglichen Vereinbarung im jeweiligen Einzelfall zu beantworten. Als Richtwerte sind in diese Abwägung die Bedeutung des Betriebs- oder Geschäftsgeheimnisses für das Unternehmen sowie für den Arbeitnehmer unter Berücksichtigung von Branchenspezifika sowie sonstiger sozialer Kriterien einzustellen, wobei diese Richtwerte nicht abschließend sind. Sie bieten jedoch einen Leitfaden zur Durchführung der Interessenabwägung und sind damit geeignet, erste Anhaltspunkte zu liefern, ob das/die die Arbeitnehmerfreizügigkeit beschränkende nachvertragliche Wettbewerbsverbot bzw. nachvertragliche Verschwiegenheitspflicht über das hinausgeht, was zur Erreichung des mit ihm/ihr verfolgten Zwecks angemessen ist.

Der in Deutschland in §§ 110 GewO, 74 f. HGB bestehende gesetzliche Rahmen ist geeignet, die Einzelfallbetrachtung durchzuführen und ermöglich eine flexible Handhabung.

E. Gesamtergebnis 3. Teil

Als Gesamtergebnis des 3. Teils ist nach alledem Folgendes festzuhalten:

Die Beschränkung durch Wettbewerbsverbote bzw. ähnlich wirkende Verschwiegenheitspflichten ist an dem vom EuGH entwickelten „ungeschriebenen“ Rechtfertigungsgrund, wonach die Maßnahmen einen Zweck verfolgen müssen, der dem Allgemeininteresse dient und von der Union anerkannt ist, und zudem den Verhältnismäßigkeitsgrundsatz zu wahren haben, zu bewerten.

Als Fallgruppen für diese Bewertung kann zum einen der bezweckte Schutz vor der Weitergabe und Verwertung von Betriebs- oder Geschäftsgeheimnissen an bzw. durch Dritte und des Weiteren das verfolgte Ziel, den unlauteren Einbruch in den Kunden- bzw. Lieferantenkreis zu verhindern, herangezogen werden.

Die vorgenannten Zwecke schützen zwar vorrangig rein private Arbeitgeberinteressen. Allerdings steht hinter dem privaten Arbeitgeberinteresse jeweils ein von der Union anerkannter und dem Allgemeininteresse dienender Zweck.

Der Schutz von Betriebs- oder Geschäftsgeheimnissen des Arbeitgebers als privater Wirtschaftsteilnehmer ist zwar nicht ausdrücklich im AEUV, d. h. weder in den die Arbeitnehmerfreizügigkeit regelnden noch in anderen Vorschriften, kodifiziert. Allerdings findet ein entsprechender Schutz in Artikel 36 AEUV Anklang. Dort ist ausdrücklich der Schutz von gewerblichen Schutzrechten des Arbeitgebers als Rechtfertigungsgrund im Hinblick auf einen Eingriff in die Warenverkehrsfreiheit verankert, sodass davon auch der Schutz von Betriebs- oder Geschäftsgeheimnissen erfasst sein muss, soweit diese einen Bezug zu den dort geregelten gewerblichen Schutzrechten aufweisen.

Der in Artikel 36 AEUV geregelte Rechtfertigungsgrund dient auch dem Allgemeininteresse, da er aus volkswirtschaftlichen Gründen zwingend ist. Dies verdeutlichen die Schutzzwecke der Gesetze in der deutschen Rechtsordnung, die dem Arbeitgeber Ausschließlichkeitsrechte an den in Artikel 36 AEUV genannten gewerblichen Schutzrechten einräumen. Zusammenfassend lauten diese dahingehend, dass der unternehmensseitige Schutz von Patenten, Gebrauchs- und Geschmacksmustern, Urheberrechten etc. zwar primär den Schutz des einzelnen Unternehmens bezweckt, dieser jedoch auch von volkswirtschaftlich sehr hoher Bedeutung ist, da nur ein umfassender Schutz zu Investitionen und Erfindungen der Unternehmen führen kann. Dies muss auch für Betriebs- oder Geschäftsgeheimnisse gelten, die einen Bezug zu diesen Schutzrechten aufweisen.

Zwar ist der Rechtfertigungsgrund des Artikels 36 AEUV nicht direkt auf eine Rechtfertigung einer Beschränkung der Arbeitnehmerfreizügigkeit anwendbar, da ein entsprechender Rechtfertigungsgrund eben nicht bei den Regelungen zur Arbeitnehmerfreizügigkeit verankert wurde. Allerdings kann für die Rechtfertigung auf Grund zwingender Erfordernisse des Allgemeininteresses nichts anderes gelten als für die AEU-vertraglich ausdrücklich festgelegten Rechtfertigungsgründe. Folglich besteht auch im Kontext der Arbeitnehmerfreizügigkeit ein im Allgemeininteresse liegendes Schutzinteresse in Bezug auf Betriebs- oder Geschäftsgeheimnisse, sofern ein Bezug zu gewerblichen Schutzrechten des Arbeitgebers vorliegt.

Des Weiteren erfolgt der Schutz von Betriebs- oder Geschäftsgeheimnissen mit spezifisch eigentumsrechtlichen Bezug auch auf Grundlage des in Artikel 17 EU-GRCh geregelten Grundrechts der Eigentumsfreiheit. Artikel 16 EU-GRCh schützt darüber hinaus das Recht, diesen Schutz durch vertragliche Vereinbarungen wie Wettbewerbsverbote bzw. ähnlich wirkende Verschwiegenheitspflichten zu verfolgen. Auch dieser grundrechtlich gewährleistete Schutz liegt im Allgemeininteresse, zumindest stellt dieser aber einen sachlichen Grund für eine Grundfreiheitsbeschränkung dar.

Schließlich ergibt sich sowohl aus dem TRIPS-Abkommen als auch aus der Richtlinie Geschäftsgeheimnisschutz – bzgl. Letzterem insbesondere im Hinblick auf Artikel 4 Abs. 3 – dass die Union den Schutz von Betriebs- oder Geschäftsgeheimnissen auch durch Wettbewerbsverbote bzw. ähnlich wirkende Verschwiegenheitspflichten anerkennt. Zudem wird insbesondere durch die Ausführungen in der **Studie 2**, auf der der Vorschlag zur Richtlinie Geschäftsgeheimnisschutz basiert und deren Ausführungen sich in den Erwägungsgründen der Richtlinie Geschäftsgeheimnisschutz wieder finden, belegt, dass der Schutz von Betriebs- oder Geschäftsgeheimnissen einem Allgemeininteresse dient. Zusammenfassend besteht ein öffentliches Interesse daran, Betriebs- oder Geschäftsgeheimnisse von privaten Wirtschaftsteilnehmern zu schützen, weil diese wertvolle Betriebsvermögen sowohl für forschende als auch für nicht forschende Unternehmen darstellen und eine bedeutende Rolle für das Wirtschaftswachstum und die Förderung von Innovationen spielen. Erst wenn der Schutz von Betriebs- oder Geschäftsgeheimnissen sichergestellt ist, entstehen Anreize für Unternehmen, in Entwicklung und Forschung zu investieren.

Ferner machen die Regelungen aus der UGP-Richtlinie deutlich, dass es der Union auch ein Anliegen ist, dafür Sorge zu tragen, dass ein unlauteres Eindringen in den Kunden- bzw. Lieferantenkreis unterbleibt, was dem Allgemeininteresse dient, die Märkte funktionsfähig zu erhalten und die Funktionsfähigkeit nicht durch unlautere Verhaltensweisen zu stören. Zugleich ist dieses Anliegen ein von Artikel 16 EU-GRCh geschütztes Anliegen, das ebenfalls dem Allgemeininteresse dienen kann, zumindest aber einen sachlichen Grund für eine Grundfreiheitsbeschränkung bildet.

Wettbewerbsverbote, die den Zweck verfolgen, die Weitergabe bzw. die Verwertung von Betriebs- oder Geschäftsgeheimnissen an bzw. von Dritten zu verhindern, sind erforderlich. Der Arbeitgeber wird durch das gesetzliche Konkurrenzschutzsystem, d. h. insbesondere durch das PatG, das UrhG, das GebrMG und das DesignG nur unzureichend vor der Weitergabe bzw. Verwertung von Betriebs- oder Geschäftsgeheimnissen an bzw. durch Dritte geschützt. Zwar verleihen diese Gesetze dem Arbeitgeber Ausschließlichkeitsrechte an Patenten, Werken persönlicher oder geistiger Schöpfung, Gebrauchsmustern und Designs. Ein Schutz wird durch diese Gesetze bei Patenten, Gebrauchsmustern und Designs aber nur vermittelt, wenn eine Eintragung erfolgt. Für Betriebs- oder Geschäftsgeheimnisse mit Bezug zu diesen gewerblichen Schutzrechten, die im Vorfeld der Eintragung entstehen bzw. verwertet werden, wird weder durch das PatG, noch durch das GebrMG bzw. DesignG ein Schutz für den Arbeitgeber bewirkt. Im Übrigen – und dies gilt auch für das UrhG – stellen Betriebs- oder Geschäftsgeheimnisse mit Bezug zu diesen gewerblichen Schutzrechten ohnehin nur einen Auszug schützenswerter Informationen dar, sodass das gesetzliche Konkurrenzschutzsystem zumindest keinen umfassenden Schutz der Betriebs- oder Geschäftsgeheimnisse des Arbeitgebers gewährleistet.

Die UWG-rechtlichen Vorschriften zur Verschwiegenheit der Arbeitnehmer sowie die damit korrespondierenden zivilrechtlichen Ansprüche bieten für den im Arbeitsverhältnis gegebenen Normalfall, dass der Arbeitnehmer Betriebs- oder Geschäftsgeheimnisse vom Arbeitgeber im Rahmen seiner arbeitsvertraglich geschuldeten Tätigkeit anvertraut erhält, keinen ausreichenden Schutz. Zwar ist der Arbeitgeber hinsichtlich der unbefugten Weitergabe von Betriebs- oder Geschäftsgeheimnissen während des laufenden Arbeitsverhältnisses an sich geschützt. Problematisch ist jedoch, dass nur die unbefugte Weitergabe straf- bzw. zivilrechtlich zu sanktionieren ist, die Feststellung einer derartigen unbefugten Weitergabe aber Nachweisschwierigkeiten mit sich bringt, sofern die

Arbeitsvertragsparteien nicht eine gesonderte Verschwiegenheitsvereinbarung geschlossen haben bzw. der Geheimhaltungswille nicht anderweitig nach außen dokumentiert ist. Für den Zeitraum nach Beendigung des Arbeitsverhältnisses ist der Arbeitgeber nur gegen unredliche Handlungen des Arbeitnehmers geschützt. Außen vor bleibt die redliche Weitergabe von Betriebs- oder Geschäftsgeheimnissen, d. h. die Anwendung bzw. Zugänglichmachung der Betriebs- oder Geschäftsgeheimnisse beim neuen Arbeitgeber.

Die Verhinderung der Weitergabe von Betriebs- oder Geschäftsgeheimnissen kann der Arbeitgeber zwar zusätzlich durch die Vereinbarung von Verschwiegenheitspflichten sowohl während als auch nach Beendigung des Arbeitsverhältnisses erreichen, welche die aufgrund der Treue- und Rücksichtnahmepflicht ohnehin bestehende Verschwiegenheitspflicht konkretisieren. Allerdings kann die Verhinderung der Weitergabe von Betriebs- oder Geschäftsgeheimnissen nicht genauso effektiv erreicht werden wie mit Wettbewerbsverboten.

Wettbewerbsverbote bzw. ähnlich wirkende Verschwiegenheitspflichten mit dem Ziel, den unlauteren Einbruch in den Kunden- bzw. Lieferantenkreis zu verhindern, sind hingegen nicht erforderlich. Die im UWG geregelten Vorschriften der §§ 4 Nr. 10, 8–11 UWG erfassen konkret die Situation, dass der Arbeitnehmer Kunden des Arbeitgebers mit unlauteren Mitteln abwirbt und bezeichnet dies als wettbewerbswidrige Handlung, gegen die der Arbeitgeber im Wege von Beseitigungs-, Unterlassungs- und Schadensersatzansprüchen vorgehen kann. Der Arbeitgeber ist somit bzgl. dieser unlauteren Verhaltensweisen des Arbeitnehmers umfassend geschützt, sodass es eines Wettbewerbsverbots bzw. einer ähnlich wirkenden Verschwiegenheitspflicht nicht bedarf.

Das während des laufenden Arbeitsverhältnisses gemäß §§ 241 Abs. 2 BGB, 60, 61 HGB geltende Wettbewerbsverbot ist im Hinblick auf einfache, gering qualifizierte Tätigkeiten unangemessen, da bei

diesen Tätigkeiten die mit der Beschränkung der Arbeitnehmerfreizügigkeit verbundene Intensität den für den Arbeitgeber entstehenden Schutzgewinn deutlich überwiegt. Diese einfachen, gering qualifizierten Tätigkeiten sind daher von der – abgesehen für den Fall einer fehlenden Unterstützungshandlung – ausnahmslosen analogen Geltung des gesetzlichen Wettbewerbsverbots auszunehmen. Dies wird seitens der neueren Rechtsprechung berücksichtigt. Diese Tendenz ist fortzusetzen.

Bei höher qualifizierten Tätigkeiten überwiegt hingegen in der Regel das Schutzinteresse des Arbeitgebers die Intensität der Beeinträchtigung, sodass das Wettbewerbsverbot im Grundsatz angemessen ist, wenn eine konkrete Gefährdung der Arbeitgeberinteressen besteht. Dies ist in jedem Einzelfall zu prüfen.

Die Frage, ob ein nachvertragliches Wettbewerbsverbot bzw. eine nachvertragliche Verschwiegenheitspflicht den Arbeitnehmer unangemessen in der Ausübung der Arbeitnehmerfreizügigkeit beschränken, ist im Rahmen einer Interessenabwägung und unter Berücksichtigung der konkreten individualvertraglichen Vereinbarung im jeweiligen Einzelfall zu beantworten. Als Richtwerte sind in diese Abwägung die Bedeutung des Betriebs- oder Geschäftsgeheimnisses für das Unternehmen sowie für den Arbeitnehmer unter Berücksichtigung von Branchenspezifika sowie sonstigen sozialen Kriterien einzustellen, wobei diese Richtwerte nicht abschließend sind. Sie bieten jedoch einen Leitfaden zur Durchführung der Interessenabwägung und sind damit geeignet, erste Anhaltspunkte zu liefern, ob das/die die Arbeitnehmerfreizügigkeit beschränkende nachvertragliche Wettbewerbsverbot bzw. nachvertragliche Verschwiegenheitspflicht über das hinausgeht, was zur Erreichung des mit ihm/ihr verfolgten Zwecks angemessen ist.

Der in Deutschland in §§ 110 GewO, 74 f. HGB bestehende gesetzliche Rahmen ist geeignet, die Einzelfallbetrachtung durchzuführen und ermöglich eine flexible Handhabung.

4. Teil: Gesamtergebnis/Thesen/Ausblick

Als Gesamtergebnis/Thesen/Ausblick ist Folgendes festzuhalten:

A. Gesamtergebnis/Thesen zu Artikel 45 Abs. 2 AEUV

Zum Beschränkungsverbot aus Artikel 45 Abs. 2 AEUV ist/sind folgende/s Gesamtergebnis/se/folgende Thesen festzuhalten:

I. Beschränkung i. S. d. Artikels 45 Abs. 2 AEUV

- Zur Reichweite des Beschränkungsverbots

Es unterfallen lediglich solche Regelungen bzw. Maßnahmen dem Beschränkungsverbot des Artikels 45 Abs. 2 AEUV, die den Arbeitnehmern spezifisch den Zugang zum Arbeitsmarkt der jeweiligen Mitgliedstaaten verwehren. Entscheidend ist folglich, dass die fragliche Regelung bzw. Maßnahme einen Zusammenhang zur grenzüberschreitenden Aufnahme und Ausübung der unselbständigen Erwerbstätigkeit, also dem Zugang zur Beschäftigung, aufweist. Regelungen, die nur irgendwie Auswirkungen auf die Entscheidung des Arbeitnehmers haben, Zugang zu dem Markt eines Mitgliedstaates zu suchen, sind hiervon abzugrenzen.

- Zur Beschränkung durch ein während des laufenden Arbeitsverhältnisses geltendes Wettbewerbsverbot

Gegenstand für die Prüfung des Vorliegens einer Beschränkung i. S. d. Artikels 45 Abs. 2 AEUV durch ein während des laufenden Arbeitsverhältnisses geltendes Wettbewerbsverbot sind nicht die §§ 60, 61 HGB in analoger Anwendung. Mangels bestehender planwidriger Regelungslücke sind diese dogmatisch nicht auf Arbeitsverhältnisse analog anwendbar. Die §§ 60, 61 HGB dienen jedoch als Konkretisierung des aus § 241 Abs. 2 BGB folgenden allgemeinen Rechtsgedankens, wonach der Arbeitnehmer aufgrund seiner Rücksichtnahmepflicht jede „Konkurrenztätigkeit" zum Nachteil des Arbeitgebers zu unterlassen hat. Dies ist aufgrund des Umstandes erforderlich, dass durch ein im bestehenden Arbeitsverhältnis geltendes Wettbewerbsverbot in die grundrechtlich geschützte Berufsfreiheit der jeweils betroffenen Arbeitnehmer eingegriffen wird.

Sowohl in objektiver als auch subjektiver Hinsicht stellt das während des laufenden Arbeitsverhältnisses geltende Wettbewerbsverbot eine spezifische Behinderung des (Arbeits-) Marktzugangs und damit eine Beschränkung i. S. d. Artikels 45 Abs. 2 AEUV dar. Im Hinblick auf eine Tätigkeit, die von dem sich aus §§ 241 Abs. 2 BGB, 60 Abs. 1 (2. Alt.) HGB ergebenden Wettbewerbsverbot während des laufenden Arbeitsverhältnisses erfasst wird, besteht ein objektives absolutes Zugangshindernis. Dies stellt bereits eine Beschränkung i. S. d. Artikels 45 Abs. 2 AEUV dar.

Das Gegenargument, eine Beschränkung liege nicht vor, da dem Arbeitnehmer ein Zugang zum (Arbeits-) Markt in Bezug auf Tätigkeiten möglich bleibe, die nicht vom Wettbewerbsverbot erfasst sind, greift zu kurz. Dadurch, dass ein Aspekt der Grundfreiheit der Arbeitnehmerfreizügigkeit das Recht der Arbeitsplatzwahlfreiheit ist, ist der Arbeitnehmer nicht darauf zu verweisen, eine Tätigkeit aufzunehmen, die nicht vom Wettbewerbsverbot erfasst wird. Dieser ist nicht verpflichtet, sich einen Vertragspartner auszusuchen, den er nicht frei wählen kann.

Zudem hat die gemäß §§ 241 Abs. 2 BGB, 60 Abs. 1 (2. Alt.) HGB erfolgende Anordnung des Tätigkeitsverbots, verbunden mit der gemäß §§ 241 Abs. 2 BGB, § 61 HGB erfolgenden Anordnung von Sanktionen unmittelbare Auswirkungen auf die autonome Entscheidung der Arbeitnehmer, neben einer Haupttätigkeit noch eine weitere Tätigkeit bei einem oder mehreren Zweitarbeitgebern aufzunehmen.

– Zur Beschränkung durch ein nachvertragliches Wettbewerbsverbot

Aufgrund der gesetzgeberischen Konzeption, primär den Arbeitsvertragsparteien die Vereinbarung nachvertraglicher Wettbewerbsverbote zu überlassen und diesbezüglich „nur" einen Zulässigkeitsrahmen zum Schutz der Arbeitnehmer vorzugeben, ist bei einem nachvertraglichen Wettbewerbsverbot als potentiell beschränkende Maßnahme i. S. d. Artikels 45 Abs. 2 AEUV zunächst die vertragliche Abrede zwischen den Arbeitsvertragsparteien anzusehen. Diese legt dem Arbeitnehmer explizite Pflichten bzgl. der Unterlassung von wettbewerbswidrigen Tätigkeiten auf und verknüpft diese meist mit Sanktionsanordnungen noch in der Vereinbarung selbst. Diese Wettbewerbsverbotsabrede enthält damit bereits objektiv ein (Arbeitsmarkt-) Zugangshindernis in Bezug auf die Tätigkeiten in einem anderen Mitgliedstaat, die von der Wettbewerbsverbotsabrede erfasst werden.

Ferner ist diese Wettbewerbsverbotsabrede in subjektiver Hinsicht geeignet, auf die Entscheidung des Arbeitnehmers, sein Arbeitsverhältnis zu beenden und zu einem Arbeitgeber zu wechseln, der in einem anderen Mitgliedstaat seinen Sitz hat, maßgeblich und unmittelbar Einfluss zu nehmen und den Arbeitnehmer davon abzuhalten, eine derartige Entscheidung zu treffen und von dem Recht auf Freizügigkeit Gebrauch zu machen.

Diese vertragliche Vereinbarung unterliegt auch dem Anwendungsbereich des Beschränkungsverbots, da dieses unmittelbare Drittwirkung entfaltet. Gleichfalls ist die Beeinträchtigung nicht zu ungewiss bzw. zu hypothetisch, weil der Arbeitnehmer bereits zu Beginn bzw. während des Arbeitsverhältnisses, aber noch vor dem Treffen der Entscheidung, den Arbeitgeber wechseln zu wollen, Gewissheit über die sich hieraus ergebenden Konsequenzen erhält.

Die gesetzlichen Regelungen in §§ 110 GewO i. V. m. 74 f. HGB sind im Verhältnis zu den einzelnen Arbeitnehmern hingegen nicht geeignet, diese davon abzuhalten, von der Arbeitnehmerfreizügigkeit Gebrauch zu machen, da diese lediglich einen Zulässigkeitsrahmen im Hinblick auf die zwischen den Arbeitsvertragsparteien getroffene Wettbewerbsverbotsabrede vorgeben und insoweit keinen Einfluss auf die Entscheidung der Arbeitnehmer haben, ihren Arbeitgeber zu wechseln. Allerdings können die Regelungen in §§ 110 GewO i. V. m. 74 f. HGB unter dem Aspekt, dass der deutsche Zivilgesetzgeber an die Grundfreiheiten gebunden ist und daher alle erforderlichen und geeigneten Maßnahmen zu ergreifen hat, um im Gebiet der Bundesrepublik Deutschland die Beachtung dieser Grundfreiheiten sicherzustellen, ebenfalls eine Beschränkung darstellen, soweit diese Verpflichtung nicht ausreichend erfüllt wird.

- Zur Beschränkung durch Verschwiegenheitspflichten

Auch während und nach Beendigung des Arbeitsverhältnisses geltende Verschwiegenheitspflichten können Beschränkungen i. S. d. Artikels 45 Abs. 2 AEUV darstellen.

Gegenstände der Prüfung des Vorliegens einer Beschränkung i. S. d. Artikels 45 Abs. 2 AEUV während des laufenden Arbeitsverhältnisses sind zum einen die spezialgesetzlichen Verschwiegenheitspflichten, insbesondere § 17 Abs. 1 UWG, § 241 Abs. 2 BGB sowie eine § 241 Abs. 2 BGB konkretisierende Verschwiegenheitsvereinbarung.

Gegenstände für die Prüfung des Vorliegens einer Beschränkung i. S. d. Artikels 45 Abs. 2 AEUV nach Beendigung des Arbeitsverhältnisses sind zum einen die spezialgesetzlichen Verschwiegenheitspflichten, insbesondere § 17 Abs. 2 UWG, eine nachwirkende Pflicht aus § 241 Abs. 2 BGB sowie eine die nachwirkende Pflicht aus § 241 Abs. 2 BGB konkretisierende Verschwiegenheitsvereinbarung.

Zwar bleibt die Aufnahme einer Tätigkeit bei einem zusätzlichen Arbeitgeber während des laufenden Arbeitsverhältnisses bzw. bei einem anderen Arbeitgeber nach Beendigung des Arbeitsverhältnisses möglich, da die Arbeitnehmer nur verpflichtet sind, über Betriebs- oder Geschäftsgeheimnisse Stillschweigen zu bewahren. Verschwiegenheitspflichten können aber eine Beschränkung i. S. d. Artikels 45 Abs. 2 AEUV darstellen, wenn dem Arbeitnehmer während oder im Anschluss an die Beendigung des Arbeitsverhältnisses untersagt wird, bestimmte Betriebs- oder Geschäftsgeheimnisse oder sogar sämtliche im Geschäftsfeld des Arbeitgebers erworbenen Kenntnisse bei einem anderen Arbeitgeber einzusetzen bzw. zu verwerten und damit – ebenso wie bei einem Wettbewerbsverbot – faktisch ein Tätigkeitsverbot verbunden ist. In diesem Fall gelten für Verschwiegenheitspflichten dieselben Anforderungen wie bei Wettbewerbsverboten. Ferner kann die Aussicht auf die Inanspruchnahme durch den Arbeitgeber auf Unterlassung und Schadensersatz Auswirkungen auf die autonome Entscheidung des Arbeitnehmers haben, eine Tätigkeit bei einem anderen Arbeitgeber aufzunehmen.

II. Rechtfertigung der Beschränkung

- Zum Maßstab der Rechtfertigungsprüfung

Eine Rechtfertigung der Beschränkung der Arbeitnehmerfreizügigkeit durch Wettbewerbsverbote bzw. ähnlich wirkende Verschwiegenheitspflichten kann nicht auf Grundlage des Rechtfertigungsgrundes in Artikel 45 Abs. 3 AEUV und auch nicht auf Grundlage des Artikels 52 Abs. 1 i. V. m. Artikel 15 Abs. 2 EU-GRCh erfolgen. Die durch Wettbewerbsverbote bzw. ähnlich wirkende Verschwiegenheitspflichten verursachte Beschränkung der Arbeitnehmerfreizügigkeit ist daher nur gerechtfertigt, wenn mit Wettbewerbsverboten bzw. ähnlich wirkenden Verschwiegenheitspflichten ein Zweck verfolgt wird, der von der Union anerkannt ist, dem Allgemeininteresse dient und die Maßnahmen bzw. Regelungen zudem verhältnismäßig sind.

- Vorliegen eines von der Union anerkannten und dem Allgemeininteresse dienenden Zwecks

Die Rechtfertigungsprüfung ist auf folgende Fallgruppen der Arbeitgeberinteressen zu beschränken:

- Schutz vor der Weitergabe und Verwertung von Betriebs- oder Geschäftsgeheimnissen an bzw. durch Dritte
- Schutz vor dem Einbruch in den Kunden- bzw. Lieferantenkreis

Bei diesen Fallgruppen liegt nach der deutschen Rechtsordnung ein berechtigtes Interesse für Wettbewerbsverbote/ähnlich wirkende Verschwiegenheitspflichten vor.

Die in den vorgenannten Fallgruppen verfolgten Zwecke schützen zwar vorrangig rein private Arbeitgeberinteressen. Allerdings steht hinter dem privaten Arbeitgeberinteresse ein von der Union anerkannter und dem Allgemeininteresse dienender Zweck.

Der Schutz von Betriebs- oder Geschäftsgeheimnissen des Arbeitgebers als privater Wirtschaftsteilnehmer ist zwar nicht ausdrücklich im AEUV, d.h. weder in den die Arbeitnehmerfreizügigkeit regelnden noch in anderen Vorschriften, kodifiziert. Allerdings findet ein entsprechender Schutz in Artikel 36 AEUV Anklang. Dort ist ausdrücklich der Schutz von gewerblichen Schutzrechten des Arbeitgebers als Rechtfertigungsgrund im Hinblick auf einen Eingriff in die Warenverkehrsfreiheit verankert, sodass davon auch der Schutz von Betriebs- oder Geschäftsgeheimnissen erfasst sein muss, soweit diese einen Bezug zu den dort geregelten gewerblichen Schutzrechten aufweisen.

Der in Artikel 36 AEUV geregelte Rechtfertigungsgrund dient auch dem Allgemeininteresse, da er aus volkswirtschaftlichen Gründen zwingend ist. Dies verdeutlichen die Schutzzwecke der Gesetze in der deutschen Rechtsordnung, die dem Arbeitgeber Ausschließlichkeitsrechte an den in Artikel 36 AEUV genannten gewerblichen Schutzrechten einräumen. Zusammenfassend lauten diese dahingehend, dass der unternehmensseitige Schutz von Patenten, Gebrauchs- und Geschmacksmustern, Urheberrechten etc. zwar primär den Schutz des einzelnen Unternehmens bezweckt, dieser jedoch auch von volkswirtschaftlich sehr hoher Bedeutung ist, da nur ein umfassender Schutz zu Investitionen und Erfindungen der Unternehmen führen kann. Dies muss auch für Betriebs- oder Geschäftsgeheimnisse gelten, die einen Bezug zu diesen Schutzrechten aufweisen.

Zwar ist der Rechtfertigungsgrund des Artikels 36 AEUV nicht direkt auf eine Rechtfertigung einer Beschränkung der Arbeitnehmerfreizügigkeit anwendbar, da ein entsprechender Rechtfertigungsgrund eben nicht bei den Regelungen zur Arbeitnehmerfreizügigkeit verankert wurde. Allerdings kann für die Rechtfertigung auf Grund zwingender Erfordernisse des Allgemeininteresses nichts anderes gelten als für die AEU-vertraglich ausdrücklich festgelegten Rechtfertigungsgründe. Folglich besteht auch im Kontext der Arbeitnehmerfreizügigkeit ein im Allgemeininteresse liegendes Schutzinteresse in Bezug auf Betriebs- oder Geschäftsgeheimnisse, sofern ein Bezug zu gewerblichen Schutzrechten des Arbeitgebers vorliegt.

Des Weiteren erfolgt der Schutz von Betriebs- oder Geschäftsgeheimnissen mit spezifisch eigentumsrechtlichen Bezug auch auf Grundlage des in Artikel 17 EU-GRCh geregelten Grundrechts der Eigentumsfreiheit. Artikel 16 EU-GRCh schützt darüber hinaus das Recht, diesen Schutz durch vertragliche Vereinbarungen wie Wettbewerbsverbote bzw. ähnlich wirkende Verschwiegenheitspflichten zu verfolgen.

Auch dieser grundrechtlich gewährleistete Schutz liegt im Allgemeininteresse, zumindest stellt dieser aber einen sachlichen Grund für eine Grundfreiheitsbeschränkung dar.

Schließlich ergibt sich sowohl aus dem TRIPS-Abkommen als auch aus der Richtlinie Geschäftsgeheimnisschutz – bzgl. Letzterem insbesondere im Hinblick auf Artikel 4 Abs. 3 – dass die Union den Schutz von Betriebs- oder Geschäftsgeheimnissen auch durch Wettbewerbsverbote bzw. ähnlich wirkende Verschwiegenheitspflichten anerkennt. Zudem wird insbesondere durch die Ausführungen in der **Studie 2**, auf der der Vorschlag zur Richtlinie Geschäftsgeheimnisschutz basiert und deren Ausführungen sich in den Erwägungsgründen der Richtlinie Geschäftsgeheimnisschutz wieder finden, belegt, dass der Schutz von Betriebs- oder Geschäftsgeheimnissen einem Allgemeininteresse dient. Zusammenfassend besteht ein öffentliches Interesse daran, Betriebs- oder Geschäftsgeheimnisse von privaten Wirtschaftsteilnehmern zu schützen, weil diese wertvolle Betriebsvermögen sowohl für forschende als auch für nicht forschende Unternehmen darstellen und eine bedeutende Rolle für das Wirtschaftswachstum und die Förderung von Innovationen spielen. Erst wenn der Schutz von Betriebs- oder Geschäftsgeheimnissen sichergestellt ist, entstehen Anreize für Unternehmen, in Entwicklung und Forschung zu investieren.

Ferner machen die Regelungen aus der UGP-Richtlinie deutlich, dass es der Union auch ein Anliegen ist, dafür Sorge zu tragen, dass ein unlauteres Eindringen in den Kunden- bzw. Lieferantenkreis unterbleibt, was dem Allgemeininteresse dient, die Märkte funktionsfähig zu erhalten und die Funktionsfähigkeit nicht durch unlautere Verhaltensweisen zu stören. Zugleich ist dieses Anliegen ein von Artikel 16 EU-GRCh geschütztes Anliegen, das ebenfalls dem Allgemeininteresse dienen kann, zumindest aber einen sachlichen Grund für eine Grundfreiheitsbeschränkung bildet.

– Zur Verhältnismäßigkeit von Wettbewerbsverboten bzw. ähnlich wirkenden Verschwiegenheitspflichten

- Geeignetheit

Wettbewerbsverbote bzw. ähnlich wirkende Verschwiegenheitspflichten sind geeignet, die o. g. Zwecke zu erreichen.

- Erforderlichkeit

Wettbewerbsverbote, die den Zweck verfolgen, die Weitergabe bzw. die Verwertung von Betriebs- oder Geschäftsgeheimnissen an bzw. von Dritten zu verhindern, sind erforderlich. Der Arbeitgeber wird durch das gesetzliche Konkurrenzschutzsystem, d.h. insbesondere durch das PatG, das UrhG, das GebrMG und das DesignG nur unzureichend vor der Weitergabe bzw. Verwertung von Betriebs- oder Geschäftsgeheimnissen an bzw. durch Dritte geschützt. Zwar verleihen diese Gesetze dem Arbeitgeber Ausschließlichkeitsrechte an Patenten, Werken persönlicher oder geistiger Schöpfung, Gebrauchsmustern und Designs. Ein Schutz wird durch diese Gesetze bei Patenten, Gebrauchsmustern und Designs aber nur vermittelt, wenn eine Eintragung erfolgt. Für Betriebs- oder Geschäftsgeheimnisse mit Bezug zu diesen gewerblichen Schutzrechten, die im Vorfeld der Eintragung entstehen bzw. verwertet werden, wird weder durch das PatG, noch durch das GebrMG bzw. DesignG ein ausreichender Schutz für den Arbeitgeber bewirkt. Im Übrigen – und dies gilt auch für das UrhG – stellen Betriebs- oder Geschäftsgeheimnisse mit Bezug zu diesen gewerblichen Schutzrechten ohnehin nur einen Auszug schützenswerter Informationen dar, sodass das gesetzliche Konkurrenzschutzsystem zumindest keinen umfassenden Schutz der Betriebs- oder Geschäftsgeheimnisse des Arbeitgebers gewährleistet.

Die UWG-rechtlichen Vorschriften zur Verschwiegenheit der Arbeitnehmer sowie die damit korrespondierenden zivilrechtlichen Ansprüche bieten für den im Arbeitsverhältnis gegebenen Normalfall, dass der Arbeitnehmer Betriebs- oder Geschäftsgeheimnisse vom Arbeitgeber im Rahmen seiner arbeitsvertraglich geschuldeten Tätigkeit anvertraut erhält, keinen ausreichenden Schutz. Zwar ist der Arbeitgeber hinsichtlich der unbefugten Weitergabe von Betriebs- oder Geschäftsgeheimnissen während des laufenden Arbeitsverhältnisses an sich geschützt. Problematisch ist jedoch, dass nur die unbefugte Weitergabe straf- bzw. zivilrechtlich zu sanktionieren ist, die Feststellung einer derartigen unbefugten Weitergabe aber Nachweisschwierigkeiten mit sich bringt, sofern die Arbeitsvertragsparteien nicht eine gesonderte Verschwiegenheitsvereinbarung geschlossen haben bzw. der Geheimhaltungswille nicht anderweitig nach außen dokumentiert ist. Für den Zeitraum nach Beendigung des Arbeitsverhältnisses ist der Arbeitgeber nur gegen unredliche Handlungen des Arbeitnehmers geschützt. Außen vor bleibt die redliche Weitergabe von Betriebs- oder Geschäftsgeheimnissen, d.h. die Anwendung bzw. Zugänglichmachung der Betriebs- oder Geschäftsgeheimnisse beim neuen Arbeitgeber.

Die Verhinderung der Weitergabe von Betriebs- oder Geschäftsgeheimnissen kann der Arbeitgeber zwar zusätzlich durch die Vereinbarung von Verschwiegenheitspflichten sowohl während als auch nach Beendigung des Arbeitsverhältnisses erreichen, welche die aufgrund der Treue- und Rücksichtnahmepflicht ohnehin bestehende Verschwiegenheitspflicht konkretisieren. Allerdings kann die Verhinderung der Weitergabe von Betriebs- oder Geschäftsgeheimnissen nicht genauso effektiv erreicht werden wie mit Wettbewerbsverboten.

Wettbewerbsverbote bzw. ähnlich wirkende Verschwiegenheitspflichten mit dem Ziel, den unlauteren Einbruch in den Kunden- bzw. Lieferantenkreis zu verhindern, sind hingegen nicht erforderlich. Die im UWG geregelten Vorschriften der §§ 4 Nr. 10, 8–11 UWG erfassen konkret die Situation, dass der Arbeitnehmer Kunden des Arbeitgebers mit unlauteren Mitteln abwirbt und bezeichnet dies als wettbewerbswidrige Handlung, gegen die der Arbeitgeber im Wege von Beseitigungs-, Unterlassungs- und Schadensersatzansprüchen vorgehen kann. Der Arbeitgeber ist somit bzgl. dieser unlauteren Verhaltensweisen des Arbeitnehmers umfassend geschützt, sodass es eines Wettbewerbsverbots bzw. einer ähnlich wirkenden Verschwiegenheitspflicht nicht bedarf.

- Angemessenheit

Das während des laufenden Arbeitsverhältnisses gemäß §§ 241 Abs. 2 BGB, 60, 61 HGB geltende Wettbewerbsverbot ist im Hinblick auf einfache, gering qualifizierte Tätigkeiten unangemessen, da bei diesen Tätigkeiten die mit der Beschränkung der Arbeitnehmerfreizügigkeit verbundene Intensität den für den Arbeitgeber entstehenden Schutzgewinn deutlich überwiegt. Diese einfachen, gering qualifizierten Tätigkeiten sind daher von der – abgesehen für den Fall einer fehlenden Unterstützungshandlung – ausnahmslosen Geltung des gesetzlichen Wettbewerbsverbots auszunehmen.

Bei höher qualifizierten Tätigkeiten überwiegt hingegen in der Regel das Schutzinteresse des Arbeitgebers die Intensität der Beeinträchtigung, sodass das Wettbewerbsverbot im Grundsatz angemessen ist, wenn eine konkrete Gefährdung der Arbeitgeberinteressen besteht. Dies ist in jedem Einzelfall zu prüfen.

Die Frage, ob ein nachvertragliches Wettbewerbsverbot bzw. eine nachvertragliche Verschwiegenheitspflicht den Arbeitnehmer unangemessen in der Ausübung der Arbeitnehmerfreizügigkeit beschränken, ist im Rahmen einer Interessenabwägung und unter Berücksichtigung der konkreten individualvertraglichen Vereinbarung im jeweiligen Einzelfall zu beantworten. Als Richtwerte sind in diese Abwägung die Bedeutung des Betriebs- oder Geschäftsgeheimnisses für das Unternehmen sowie für den Arbeitnehmer unter Berücksichtigung von Branchenspezifika sowie sonstige soziale Kriterien einzustellen, wobei diese Richtwerte nicht abschließend sind. Sie bieten jedoch einen Leitfaden zur Durchführung der Interessenabwägung und sind damit geeignet, erste Anhaltspunkte zu liefern, ob das/die die Arbeitnehmerfreizügigkeit beschränkende nachvertragliche Wettbewerbsverbot bzw. nachvertragliche Verschwiegenheitspflicht über das hinausgeht, was zur Erreichung des mit ihm/ihr verfolgten Zwecks angemessen ist.

B. Ausblick: Notwendigkeit der Modifizierung deutscher Regelungen bzw. Rechtsprechung?

I. Wettbewerbsverbote bzw. ähnlich wirkende Verschwiegenheitspflichten während des laufenden Arbeitsverhältnisses

In Bezug auf Wettbewerbsverbote bzw. ähnlich wirkende Verschwiegenheitspflichten während des laufenden Arbeitsverhältnisses ist zwar generell negativ zu berücksichtigen, dass es im Vergleich zum nachvertraglichen Wettbewerbsverbot keine ausdrückliche Regelung gibt, die dem jeweiligen Arbeitnehmer ohne größeren Rechercheaufwand ersichtlich wird. Ungeachtet dessen ist gegen eine Konkretisierung dieser Pflichten durch die Rechtsprechung aufgrund der Vielzahl an Fallgestaltungen aber nichts einzuwenden. Dies erfolgte in der Vergangenheit mit Blick auf die schützenswerten Arbeitnehmerinteressen jedoch nur unzureichend. So wurde bereits der Umstand, dass der Arbeitnehmer neben dem Hauptarbeitsverhältnis im Rahmen eines Zweitarbeitsverhältnisses bei einem Arbeitgeber im selben Geschäftsfeld des Hauptarbeitgebers tätig war, als Verstoß gegen das Wettbewerbsverbot angesehen.

Dies ist mit Blick auf die vorliegende Beschränkung durch ein während des laufenden Arbeitsverhältnisses geltendes Wettbewerbsverbot bzw. eine ähnlich wirkende Verschwiegenheitspflicht insbesondere bei einfachen, gering qualifizierten Tätigkeiten unangemessen, da bei diesen Tätigkeiten die mit der Beschränkung der Arbeitnehmerfreizügigkeit verbundene Intensität den für den Arbeitgeber entstehenden Schutzgewinn deutlich überwiegt. Aufgabe der Rechtsprechung ist insoweit, die ein Wettbewerbsverbot bzw. eine ähnlich wirkende Verschwiegenheitspflicht enthaltenden Vorschriften verfassungs- bzw. unionsrechtskonform dahin auszulegen, dass Tätigkeiten, bei denen keine konkrete Gefährdung der Arbeitgeberinteressen und damit kein die Beschränkung der Arbeitnehmerfreizügigkeit überwiegender Schutzgewinn des Arbeitgebers erkennbar ist, von der Anwendung eines während des laufenden Arbeitsverhältnisses geltenden Wettbewerbsverbots bzw. einer ähnlich wirkenden Verschwiegenheitspflicht auszuschließen sind.

Eine entsprechende Tendenz zeichnet sich in der deutschen Rechtsprechung ab. In der benannten Entscheidung vom 24.3.2010[538] hat das BAG erstmals Bedenken hinsichtlich der Geltung eines Wettbewerbsverbots geäußert, wenn bei einfachen Tätigkeiten allenfalls eine untergeordnete wirtschaftliche Unterstützung des Konkurrenzunternehmens gegeben ist und im Übrigen schutzwürdige Interessen des Arbeitgebers nicht berührt sind.[539] Diese Tendenz ist zu begrüßen und fortzusetzen, wobei auch bei höher qualifizierten Tätigkeiten, bei denen in der Regel das Schutzinteresse des Arbeitgebers die Intensität der Beeinträchtigung überwiegt, sodass das

538 BAG, Urteil v. 24.3.2010 – 10 AZR 66/09 = NZA 2010, 693 f.
539 BAG, Urteil v. 24.3.2010 – 10 AZR 66/09, a. a. O. (Seite 694).

Wettbewerbsverbot im Grundsatz angemessen ist, wenn eine konkrete Gefährdung der Arbeitgeberinteressen besteht, eine detaillierte Prüfung im Einzelfall zu erfolgen hat, welchen Inhalt und welches Ausmaß diese Gefährdung hat. Auch dies wird ansatzweise in der aktuelleren Rechtsprechung berücksichtigt, indem beispielsweise detailliert die Überschneidungen der Tätigkeiten beim Haupt- und Zweitarbeitgeber und deren Geschäftsfelder geprüft werden.[540]

II. Nachvertragliche Wettbewerbsverbote bzw. ähnlich wirkende Verschwiegenheitspflichten

Im Hinblick auf nachvertragliche Wettbewerbsverbote bzw. ähnlich wirkende Verschwiegenheitspflichten ist im Gegensatz zur Rechtslage während des laufenden Arbeitsverhältnisses positiv zu bewerten, dass in § 110 S. 1 GewO eine ausdrückliche Regelung vorhanden ist, nach der nachvertragliche Wettbewerbsverbote zulässig sind.

Der in Deutschland in §§ 110 GewO, 74 f. HGB bestehende gesetzliche Rahmen ist zudem geeignet, die erforderliche Einzelfallbetrachtung durchzuführen und ermöglicht insoweit durch die Vielzahl unbestimmter Rechtsbegriffe (berechtigtes geschäftliches Interesse/unbillige Fortkommenserschwerung) eine flexible Handhabung. Auch die in zeitlicher und finanzieller Hinsicht geregelten Mindest- bzw. Höchstgrenzen sind nicht zu beanstanden.

Auch hier ist es aber letztlich Aufgabe der Rechtsprechung, für einen gerechten Interessenausgleich zu sorgen. Hier ist festzustellen, dass die deutsche Rechtsprechung dem mit einzelnen Ausnahmen schon umfangreich nachkommt. So existiert eine Vielzahl von Urteilen, in denen die Rechtsprechung eine detaillierte Interessenabwägung durchführt. Insbesondere sind Urteile ergangen, bei denen zunächst bewertet wurde, ob eine Verwertung von Betriebs- oder Geschäftsgeheimnissen beim Konkurrenten unter Berücksichtigung der konkreten Art der Betriebs- oder Geschäftsgeheimnisse und der Tätigkeit des Arbeitnehmers beim Konkurrenten[541] sowie des jeweils betroffenen Geschäftsfeldes[542] in Betracht kommt. Auch wird die bisherige Stellung des Arbeitnehmers im Betrieb[543], die Mobilität der jeweiligen Berufsgruppe[544] sowie in zeitlicher Hinsicht die technische Entwicklung auf einem Fachgebiet[545] berücksichtigt.

---

540 BAG, Urteil v. 24.3.2010 – 10 AZR 66/09, a. a. O. (Seite 695), LAG München, Urteil v. 29.7.2010 – 3 Sa 731/09 = BeckRS 2010, 74590.

541 U. a. BAG, Urteil v. 21.4.2010 – 10 AZR 288/09, a. a. O. (Seite 1176/1177), BAG, Urteil v. 1.8.1995 – 9 AZR 884/93 = NZA 1996, 310 (311), LAG Niedersachsen, Urteil v. 8.12.2005 – 7 Sa 1871/05 = NZA-RR 2006, 426 (427), LAG Hamm, Urteil v. 14.4.2003 – 7 Sa 1881/02 = NZA-RR 2003, 513 (515, 516).

542 ArbG Mönchengladbach, Urteil v. 5.6.2008 – 4 Ga 24/08 = Juris (Rn. 24, 25).

543 BAG, Urteil v. 21.4.2010 – 10 AZR 288/09, a. a. O. (Seite 1176).

544 BAG, Urteil v. 21.4.2010 – 10 AZR 288/09, a. a. O. (Seite 1176).

545 LAG Hamm, Urteil v. 14.4.2003 – 7 Sa 1881/02 = NZA-RR 2003, 513 (516).

Die überwiegend[546] in Deutschland ergangenen Urteile zeichnen sich zudem überwiegend darin aus, dass sie im Hinblick auf eine finanzielle Kompensation lediglich prüfen, ob eine Karenzentschädigung in der vom Gesetz vorgesehenen Mindesthöhe vereinbart ist und dadurch das Wettbewerbsverbot greift, die Höhe der Karenzentschädigung nicht aber bei der Interessenabwägung berücksichtigt wird.[547] In Bezug auf einige Aspekte besteht aber unter Zugrundelegung der Ergebnisse dieser Arbeit noch Modifizierungsbedarf:

- Bedeutung der Betriebs- oder Geschäftsgeheimnisse für Arbeitgeber und Arbeitnehmer

Es ist keine Rechtsprechung ersichtlich, die zum Wert der jeweils betroffenen Betriebs- oder Geschäftsgeheimnissen für den Arbeitgeber sowie dem Arbeitnehmer Stellung nehmen bzw. dies gegenüberstellen. Es wird insoweit – zunächst richtig – nur geprüft, ob es in Bezug auf die konkreten Betriebs- oder Geschäftsgeheimnisse und der konkreten Tätigkeit des Arbeitnehmers bzw. des konkreten Geschäftsfeldes, in dem der Arbeitgeber sich betätigt, zu einer Interessengefährdung des Arbeitgebers kommen kann. In einem zweiten Schritt wird sodann aber nicht geprüft, ob – eine Interessengefährdung unterstellt – diese für den Arbeitgeber ins Gewicht fällt und – wenn nein – ggf. ein Vorrang der Interessen des Arbeitnehmers bestehen könnte, wenn das/die Betriebs- oder Geschäftsgeheimnis/se für sein berufliches Fortkommen von essentieller Bedeutung ist.

Dies wäre zukünftig zu berücksichtigen, da insbesondere in der Richtlinie Geschäftsgeheimnisschutz in Bezug auf Betriebs- oder Geschäftsgeheimnisse ausdrücklich geregelt ist, dass diese einen kommerziellen Wert aufweisen müssen.

- Aspekt der Arbeitsplatzwahlfreiheit

Zwar wird in einer Vielzahl von Urteilen auch detailliert geprüft, ob das berufliche Fortkommen des Arbeitnehmers durch ein Wettbewerbsverbot bzw. eine ähnlich wirkende Verschwiegenheitspflicht unbillig erschwert wird. Allerdings beschränkt sich diese Prüfung auf die Frage, ob eine bestehende Ausbildung jeglichen Einsatz in einer bestimmten Tätigkeit weiterhin ermöglicht[548] oder es wird schlicht festgestellt, dass eine Tätigkeit außerhalb eines bestimmten Geschäftsbereiches weiterhin möglich bleibt[549]. Selten in die Bewertung der Fortkommenserschwerung wird hingegen mit einbezogen, welchen beruflichen Werdegang und insbesondere welche Spezialisierung der Arbeitnehmer in der Vergangenheit vorgenommen hat und ob ein Wettbewerbsverbot aufgrund dessen zu einer Erschwerung der vom Arbeitnehmer gewünschten Fortsetzung dieses Werdegangs/dieser

546 Mit Ausnahme BAG, Urteil v. 21.4.2010 – 10 AZR 288/09, a. a. O. (Seite 1176).
547 U. a. BAG, Urteil v. 15.1.2014 – 10 AZR 243/13 = NZA 2014, 536.
548 ArbG Mönchengladbach, Urteil v. 5.6.2008 – 4 Ga 24/08 = Juris (Rn. 26).
549 LAG Niedersachsen, Urteil v. 8.12.2005 – 7 Sa 1871/05 = NZA-RR 2006, 426 (428).

Spezialisierung führen kann. Zukünftig wird daher von der Rechtsprechung zu berücksichtigen sein, dass das Recht auf Arbeitsplatzwahlfreiheit und damit auch der Aspekt einer Spezialisierung auf bestimmte Tätigkeiten bzw. auf Tätigkeiten in bestimmten Branchen Bestandteil auch der grundfreiheitlichen Verbürgungen der Arbeitnehmerfreizügigkeit sind.

Literaturverzeichnis

Achterberg: Das nachvertragliche Wettbewerbsverbot in verfassungsrechtlicher Sicht, JuristenZeitung (JZ), 1975, 713.

Bamberger/Roth: Beck'scher Online-Kommentar Arbeitsrecht, BGB, Stand 1.2.2015 Edition 34, Verlag C. H. Beck.

Bauer/Diller: Wettbewerbsverbote, 6. Auflage 2010, Verlag C.H. Beck.

Baumbach/Hopt: Handelsgesetzbuch, 36. Auflage 2014, Verlag C.H. Beck.

Benkard: Patentgesetz, 10. Auflage 2006, Verlag C.H. Beck.

Birkenmeyer: Die unmittelbare Drittwirkung der Grundfreiheiten - zugleich Anmerkung zum Urteil des EuGH v. 17.7.2008 - Rs. C-94/07 (Raccanelli), Zeitschrift Europarecht (EuR), 2010, 662.

Calliess/Ruffert: EUV/AEUV, 4. Auflage, 2011, Verlag C.H. Beck.

Diller: Anmerkung zu BAG, Urteil vom 24.3.2010 - 10 AZR 66/09, AP Nr. 141 zu Art. 12 GG, Verlag C. H. Beck.

Dornbusch/Fischmeier/Löwisch: AR Kommentar zum gesamten Arbeitsrecht, 7. Auflage, 2015, Luchterhand Verlag.

Dreier/Schulze: UrhG, 5. Auflage, 2015, Verlag C.H. Beck.

Ebenroth/Boujong/Joost/Strohn: Handelsgesetzbuch, Band 1, §§ 1–342e, 3. Auflage 2014, Verlag C.H. Beck.

Ehlers: Europäische Grundrechte und Grundfreiheiten, 4. Auflage 2014, Verlag De Gruyter Recht.

Eichhorst/Marx/Thode: Atypische Beschäftigung und Niedriglohnarbeit - Benchmarking Deutschland: Befristete und geringfügige Tätigkeiten, Zeitarbeit und Niedriglohnbeschäftigung, abrufbar im Internet unter: https://www.bertelsmann-stiftung.de/fileadmin/files/BSt/Publikationen/GrauePublikationen/GP_Atypische_Beschaeftigung_und_Niedriglohnarbeit.pdf, 2010, Bertelsmann Stiftung.

Eichmann/von Falckenstein: Geschmacksmustergesetz, 4. Auflage 2010, Verlag C.H.Beck.

Enders: Know How Schutz als Teil des geistigen Eigentums, Gewerblicher Rechtsschutz und Urheberrecht (GRUR), 2012, 25.

Fezer: Markenrecht, 4. Auflage 2009, Verlag C. H. Beck.

Fitting: BetrVG, 27. Auflage 2014, Verlag Franz Vahlen.

Frenz: Handbuch Europarecht, Band 1, Europäische Grundfreiheiten, 2. Auflage 2012, Springer-Verlag Berlin Heidelberg.

Frenz: Grundfreiheiten und Grundrechte, Zeitschrift Europarecht (EuR), 2002, Verlag Nomos.

Fromm/Nordemann/Hertin: Urheberrecht, 11. Auflage 2014, Verlag Kohlhammer.

Gaugenrieder/Unger-Hellmich: Know-how-Schutz - gehen mit dem Mitarbeiter auch die Unternehmensgeheimnisse?, Wettbewerb in Recht und Praxis (WRP), 2011, 1364.

Gaul: Die Abgrenzung nachvertraglicher Geheimhaltungsverpflichtungen gegenüber vertraglichen Wettbewerbsbeschränkungen - zugleich eine Besprechung des BAG-Urteils vom 15.12.1987 - 3 AZR 474/86, Zeitschrift für Wirtschaftsrecht (ZIP), 1988, 689.

Geiger/Khan/Kotzur: EUV/AEUV, 5. Auflage 2010, Verlag C.H. Beck.

Gloy/Loschelder/Erdmann: Wettbewerbsrecht, 4. Auflage 2010, Verlag C.H.Beck.

Grabitz/Hilf/Nettesheim: Das Recht der Europäischen Union, Bd. I EUV/AEUV, 54. EL 2014, Verlag C.H.Beck.

Grobys/Panzer: Stichwortkommentar Arbeitsrecht, 2. Auflage 2014, Verlag Nomos.

Haratsch/König/Pechstein: Europarecht, 9. Auflage 2014, Mohr Siebeck Verlag.

Harte-Bavendamm/Henning-Bodewig: UWG, 3. Auflage 2013, Verlag C.H. Beck.

Henssler/Preis: Diskussionsentwurf eines Arbeitsvertragsgesetzes (ArbVG) – Stand November 2007, Neue Zeitschrift für Arbeitsrecht (NZA) – Beilage, 2007, Verlag C.H. Beck.

Heselhaus/Nowak: Handbuch der europäischen Grundrechte, 2006, Verlag C. H. Beck.

Hobe: Europarecht, 8. Auflage 2014, Verlag Franz Vahlen.

Hümmerichs: Gestaltungs von Arbeitsverträgen, 2. Auflage 2011, Verlag Nomos.

Jarass: Charta der Grundrechte der europäischen Union, 2. Auflage, 2013, Verlag C.H. Beck.

Kadelbach/Petersen: Europäische Grundrechte als Schranken der Grundfreiheiten, Europäische Grundrechte Zeitschrift (EuGRZ), 2003, Verlag N.P. Engel.

Kalbfus: Know-how-Schutz in Deutschland zwischen Strafrecht und Zivilrecht - welcher Reformbedarf besteht?, 1. Auflage 2011, Verlag Carl Heymanns.

Kempen/Kreuder: Nebentätigkeit und arbeitsrechtliches Wettbewerbsverbot bei verkürzter Arbeitszeit, Arbeit und Recht (AuR), 1994, 214.

Kittner: Der „volatile" Arbeitnehmer - Wettbewerb im und außerhalb des Arbeitsverhältnisses, Betriebs-Berater (BB), 2011, 1013.

Kloepfer: Informationsfreiheitsgesetz und Schutz von Betriebs- und Geschäftsgeheimnissen – Betriebs- und Geschäftsgeheimnisse in verschiedenen Rechtsgebieten und verschiedenen Kontexten, Rechtsgutachten im Auftrag des Bundesbeauftragten für den Datenschutz und Informationsfreiheit, Juni 2011.

Kocher: Arbeitnehmerfreizügigkeit und Berufsfreiheit - Ablaufen der Übergangsfristen am 1. Mai 2011 - aktuelle Rechtsprechung - Rückzahlung von Aus- und Weiterbildungskosten, Zeitschrift für Gemeinschaftsprivatrecht (GPR), 2011, 132.

Köhler/Bornkamm: UWG, 33. Auflage 2015, Verlag C.H. Beck.

König/Steiner: Die Vereinbarkeit nachvertraglicher Wettbewerbsverbote mit der Arbeitnehmerfreizügigkeit des EG-Vertrags, Neue Juristische Wochenschrift (NJW), 2002, 3583.

Koós: Die europäische Geschäftsgeheimnis-Richtlinie – ein gelungener Wurf? Schutz von Know-how und Geschäftsinformationen – Änderungen im deutschen Wettbewerbsrecht, MultiMedia und Recht, 2016, 224.

Krüger: Münchener Kommentar zum Bürgerlichen Gesetzbuch, Band 2, Schuldrecht Allgemeiner Teil, §§ 241–432, 6. Auflage 2012, Verlag C. H. Beck.

Landmann/Rohmer: Gewerbeordnung, 68. EL, 2014, Verlag C.H. Beck.

Mes: Patengesetz Gebrauchsmustergesetz, 4. Auflage 2015, Verlag C.H. Beck.

Meyer: Charta der Grundrechte der europäischen Union, 4. Auflage 2014, Verlag Nomos.

Moll: Münchener Anwaltshandbuch Arbeitsrecht, 3. Auflage 2012, Verlag C.H. Beck.

Müller, Carsten: International zwingende Normen des deutschen Arbeitsrechts (Studien zum Ausländischen Und Internationalen Privatrecht), 1. Auflage 2006, Verlag Mohr Siebeck.

Müller-Glöge/Schmidt/Preis: Erfurter Kommentar zum Arbeitsrecht, 15. Auflage 2015, Verlag C.H. Beck.

Neumann: Legislative Einschätzungsprärogative und gerichtliche Kontrolldichte bei Eingriffen in die Tarifautonomie, Recht der Arbeit (RdA), 2007, 71.

Oetker: Kommentar zum Handelsgesetzbuch (HGB), 3. Auflage 2013, Verlag C.H. Beck.

Ohly: Der Geheimnisschutz im deutschen Recht: heutiger Stand und Perspektiven, GRUR, 2014, 1.

Oppermann/Classen/Nettesheim: Europarecht, 6. Auflage 2014, Verlag C.H. Beck.

Palandt: Bürgerliches Gesetzbuch, bearbeitet von Bassenge, Brudermüller, Ellenberger, Götz, Grüneberg, Sprau, Thorn, Weidenkaff, Weidlich, 74. Auflage 2015, Verlag C.H. Beck.

Petermann/Hultsch/Schmidt: Entwurf für ein Gesetz zur Regelung der Mindestbedingungen im Arbeitsverhältnis – Arbeitsvertragsgesetz, online abrufbar unter: dokumente.linksfraktion.net/mdb/42022917.pdf, 2010, Ronald Hande Verlag.

Philippi: Die Charta der Grundrechte der Europäischen Union – Entstehung, Inhalt und Konsequenzen für den Grundrechtsschutz in Europa, Schriften des Europa-Instituts der Universität des Saarlandes – Rechtswissenschaft, 2002, Verlag Nomos.

Pierson/Ahrens/Fischer: Recht des geistigen Eigentums - Patente, Marken, Urheberrecht, Design, 3. Auflage 2014, Verlag Franz Vahlen.

Piper/Ohly/Sosnitza: Gesetz gegen den unlauteren Wettbewerb, 6. Auflage 2014, Verlag C.H. Beck.

Preis: Der Arbeitsvertrag, 4. Auflage 2011, Verlag Dr. Otto Schmidt.

Regenfus: Die „doppelte Analogie" - Erscheinungsformen und Voraussetzungen, Juristische Arbeitsblätter (JA), 2009, 579.

Reufels: Grenzüberschreitende nachvertragliche Wettbewerbsverbote - Vereinbarkeit mit der Arbeitnehmerfreizügigkeit?, Der Arbeits-Rechts-Berater (ArbRB), 2003, 313.

Riedel: Minijobs in der Gebäudereinigung, abrufbar im Internet unter: http://www.boeckler.de/wsimit_2012_01_riedel.pdf, 2012.

Röhricht/Graf von Westphalen: Handelsgesetzbuch, Kommentar zu Handelsstand, Handelsgesellschaften, Handelsgeschäften und besonderen Handelsverträgen (ohne Bilanz-, Transport- und Seerecht), 4. Auflage 2014, Verlag Dr. Otto Schmidt.

Rolfs/Giesen/ Kreikebohm/Udsching: Beck'scher Online-Kommentar Arbeitsrecht, HGB, Stand 1.3.2015 Edition 35, Verlag C. H. Beck.

Roloff: Das Beschränkungsverbot des Art. 39 EG (Freizügigkeit) und seine Auswirkungen auf das nationale Arbeitsrecht, Schriften zum Sozial- und Arbeitsrecht (SAR 208), 2003, Verlag Duncker & Humblot.

Salger/Breitfeld: Regelungen zum Schutz von betrieblichem Know-how - die Sicherung von Geschäfts- und Betriebsgeheimnissen, Betriebs-Berater (BB), 2005, 154.

Salamon/Fuhlrott: Die Reichweite des Wettbewerbsverbots im gekündigten Arbeitsverhältnis - unter besonderer Berücksichtigung taktischer und strategischer Überlegungen, Betriebs-Berater (BB), 2011, 1018.

Sander: Schutz nicht offenbarter betrieblicher Informationen nach der Beendigung des Arbeitsverhältnisses im deutschen und amerikanischen Recht, GRUR Int, 2013, 217.

Schaub, Günther: Arbeitsrechts-Handbuch, Systematische Darstellung und Nachschlagewerk für die Praxis, bearbeitet von Koch, Linck, Treber, Vogelsang, 1. Auflage 2013, Verlag C.H. Beck.

Schaub/Schrader/Straube/Vogelsang: Arbeitsrechtliches Formular- und Verfahrenshandbuch, 10. Auflage 2013, Verlag C.H. Beck.

Schmidt: Münchener Kommentar zum Handelsgesetzbuch, Bd. 1, §§ 1 - 104a, 3. Auflage, 2010, Verlag C.H. Beck.

Schulze/Zuleeg/Kadelbach: Europarecht, Handbuch für die deutsche Rechtspraxis, 3. Auflage, 2015, Verlag Nomos.

Schwab: Arbeitnehmererfindungsgesetz, 1. Auflage 2012, Verlag Nomos.

Schwarze: EU-Kommentar, 3. Auflage 2012, Verlag Nomos.

Spindler/Schuster: Recht der elektronischen Medien, 3. Auflage 2015, Verlag C.H. Beck.

Staub/Weber: Handelsgesetzbuch, HGB, Band 2, §§ 48–104, 2008, Verlag C. H. Beck.

Streinz: EUV/AEUV, 2. Auflage, 2012, Verlag C.H. Beck.

Thomas: Die Relevanzregel in der europäischen Grundfreiheitendogmatik - Zur Frage eines Spürbarkeitserfordernisses bei der Beeinträchtigung von Grundfreiheiten, Neue Zeitschrift für Verwaltungsrecht (NVwZ), 2009, 1202.

Urban: Wettbewerbsverbote rechtssicher vereinbaren, ArbRAktuell, 2012, 241.

Vedder/Heintschel von Heinegg: Europäisches Unionsrecht, EUV/AEUV/Grundrechte-Charta, Handkommentar, 1. Auflage, 2012, Verlag Nomos.

Walter: Baden-Württemberg: Steigender Trend zum Nebenjob, abrufbar im Internet unter: http://www.statistik.baden-wuerttemberg.de/veroeffentl/Monatshefte/PDF/Beitrag13_03_05.pdf, 2013.

Wandtke/Bullinger: Urheberrecht, 4. Auflage, 2014, Verlag C.H. Beck.

Westhoff: Wirtschaftliche und verfassungsrechtliche Legitimität von Wettbewerbsverboten, Recht der Arbeit (RdA), 1976, 353.

Wienbracke: Innerhalb der Union ist die Freizügigkeit der Arbeitnehmer gewährleistet - eine aktuelle Bestandsaufnahme zu Art. 45 AEUV, Zeitschrift Europarecht (EuR), 2012, 483.

Wurzer: IP-Management - Schlüsselkompetenzen in einer Wissensökonomie, Gewerblicher Rechtsschutz und Urheberrecht (GRUR), 2008, 577.

Wurzer: Know-how-Schutz als Teil des Compliance Managements, Corporate Compliance Zeitschrift (CCZ), 2009, 49.

www.ingramcontent.com/pod-product-compliance
Ingram Content Group UK Ltd.
Pitfield, Milton Keynes, MK11 3LW, UK
UKHW021905290926
8980IPUK00015B/1059

9 783631 675830